职业教育中外合作办学专业课程设置实践研究

刘春娣 著

上海大学出版社
·上海·

图书在版编目(CIP)数据

职业教育中外合作办学专业课程设置实践研究 / 刘春娣著. -- 上海：上海大学出版社，2025.5(2025.7重印).
 ISBN 978-7-5671-4819-2
 Ⅰ.①职… Ⅱ.①刘… Ⅲ.①职业教育－国际合作－联合办学－课程设置－研究 Ⅳ.①G712
 中国国家版本馆 CIP 数据核字(2024)第 025693 号

责任编辑　刘　强
封面设计　柯国富
技术编辑　金　鑫　钱宇坤

职业教育中外合作办学专业课程设置实践研究
刘春娣　著
上海大学出版社出版发行
(上海市上大路99号　邮政编码200444)
(https://www.shupress.cn　发行热线 021-66135112)
出版人　余　洋
*
南京展望文化发展有限公司排版
江苏凤凰数码印务有限公司印刷　各地新华书店经销
开本 710 mm×1000 mm　1/16　印张 17.25　字数 291千字
2025年5月第1版　2025年7月第2次印刷
ISBN 978-7-5671-4819-2/G·3604　定价　78.00元

版权所有　侵权必究
如发现本书有印装质量问题请与印刷厂质量科联系
联系电话：025-57718474

内容提要 | SYNOPSIS

我国职业教育课程研究在经历长期努力后已取得巨大进展,反思现今的研究状况,存在以下问题:研究前提上缺乏普遍共识;研究视角上关注宏观理论研究,实践研究较少;研究内容上静态描述性研究较多,动态研究较少;实践运用上模式运用效果不够理想。针对上述问题,本书在引入全面质量管理理念,构建职业教育中外合作办学专业课程设置模型后,选取 S 大学职业教育中外合作办学旅游管理专业课程体系构建作为个案分析,运用质量功能配置模型及其分析工具与方法对职业教育中外合作办学旅游管理专业的课程体系构建现状进行调研与问题分析,以求通过实践验证职业教育专业课程设置模型,并结合评价及反馈最终形成课程设置优化案例。

首先,本书对中外合作办学、中外合作专业、中外合作课程、质量功能配置、课程设置等核心概念进行了界定;基于全面质量管理视角,以生态整合设计取向为理念构建职业教育中外合作办学专业课程设置模型。模型的结构参照系由课程设置依据、课程目标、课程结构、课程内容、课程顺序五个维度构成。

其次,查证归因方面,本书立足职业教育中外合作办学专业课程体系构建现状,从时间维度、地域维度、专业类别维度就分布进行了梳理。从学生、教师、企业三类课程设置顾客视角编制了"职业教育中外合作办学专业课程体系构建现状调查问卷",问卷涉及课程设置依据、课程目标、课程结构、课程内容、课程顺序五个维度,采用方便取样的方法选取了华东地区、华南地区、华中地区、华北地区、西北地区、西南地区中外合作办学的职业教育项目,以学生、教师、企业为调查对象,以检验问卷的信度、因子分析和效度分析。调查结果显示,学生、教师、企业对课程设置的评价存在显著差异。针对职业教育中外合作办学存在问题的归因解析:一是课程价值取向模糊,缺失本体性与本土化;二是课程目标空泛自由,脱离学习者生涯发展规律;三是课程结构失衡,盛行三段式和功利主义;四是课程内容陈旧,固守"学科本位";五是课程顺序混乱,缺乏科学依据。

最后,实践验证部分,本书运用文本分析法对职业教育中外合作办学旅游管理专业的课程设置现状进行描述和问题分析,选取S大学职业教育中外合作办学旅游管理专业课程体系构建进行个案分析,以求通过实践验证职业教育专业课程体系构建模型,并结合评价及反馈最终形成优化建议。

本书的结论为:基于质量功能配置的课程设置模型可以实现职业教育中外合作办学专业课程体系的科学建构。相比传统的职业教育课程设置模式,基于质量功能配置的课程设置模型更具可操作性,更能满足学生、教师、企业三方的需求,推动职业教育中外合作办学的有效发展。

序 | PREFACE

在当今时代背景下,职业教育中外合作办学已然成为我国培育国际化高素质技能创新人才的关键途径与重要渠道。随着技术革新日新月异、经济格局深度调整以及社会观念持续转变,新时代职业教育的对外开放面临着更为严苛的要求与更高层次的挑战。其中,职业教育中外合作办学迈向高质量发展的核心与难点在于,如何迅速适应数智化浪潮下知识体系的重塑、国际竞争加剧所引发的格局变迁,以及产业链不断升级所带来的人才培养新需求,进而构建具有中国特色且达世界水准的专业课程体系,探寻国际化高素质技能创新人才培养的创新路径与有效方案,从而使人才培养成果在国际舞台上彰显出更为强大的影响力、号召力与塑造力,为我国新质生产力的蓬勃发展筑牢坚实支撑。显然,这些问题迫切呼唤我们在理论与实践层面展开深入探究,积极寻求切实可行的解决方案与发展策略,而刘春娣博士的这部著作恰好契合了这一紧迫需求。

该著作呈现出诸多显著特点:

其一,从多学科融合视域提出职业教育中外合作办学专业课程体系构建的新思维。它综合哲学、教育学、社会学、经济学以及心理学等多学科视角,紧密结合职业教育专业课程体系的特质以及我国在国际化高素质技术技能创新人才培育方面的现实需求,采用理论与实践深度交融的研究范式,创造性地提出基于质量功能配置模型的课程体系构建理念,为职业教育中外合作办学的课程体系建设注入了新的活力与智慧。

其二，依据质量功能配置衍生职业教育中外合作办学专业课程体系构建的新准则。沿着历史观、本体论、认识论、实践论、价值论的思维脉络，清晰阐释了质量功能配置模型的方法与原理、发展趋向、基于该模型的课程设置知识论根基，以及实践应用路径，深刻揭示了这一理论背后所蕴含的教育理念与人才培养导向。并且，从课程论的维度有力论证了该原理在知识论、实践论以及价值论层面的坚实依据，为课程体系构建提供了科学且系统的理论支撑。

其三，凭借生态整合设计理念构建职业教育中外合作办学专业课程体系的新架构。以生态整合设计理念作为模型构建的核心理念与基石，巧妙引入质量功能配置这一精准的检测手段与方法，以质量屋为关键转换工具，借助四阶段模型为转换途径，成功实现课程体系构建要素的高效转换，进而构建起职业教育中外合作办学专业课程体系构建模型的整体框架与子模型体系，为课程体系的实际构建提供了具有可操作性的蓝图。

这部著作不仅极大地充实了课程体系构建的理论宝库，而且在实践操作层面提供了极具针对性与实用性的指导策略，致力于打造面向未来的国际化高素质技能创新人才培养新模式。同时，充分彰显了作者严谨治学的态度与勇于探索的学术精神。值此著作问世之际，我由衷期望并坚信，它必将成为职业教育中外合作办学专业课程体系构建领域决策者与研究者的重要参考资料，有力推动职业教育中外合作办学朝着高质量、高效益的方向稳步前行。

石伟平
华东师范大学终身教授

目 录 | CONTENTS

1 引言 ·· 1

2 核心概念阐释 ·· 3
  2.1 中外合作办学 ·· 3
  2.2 中外合作专业 ·· 4
  2.3 中外合作课程 ·· 5
  2.4 质量功能配置 ·· 6
  2.5 课程设置 ·· 7

3 职业教育中外合作办学专业课程设置的实践模型 ··· 9
  3.1 基于质量功能配置的职业教育中外合作办学专业课程设置的模型架构 ·· 9
    3.1.1 基于质量功能配置的职业教育中外合作办学专业课程设置的原理 ··· 9
    3.1.2 基于质量功能配置的职业教育中外合作办学专业课程设置的核心——质量屋 ··· 11
    3.1.3 基于质量功能配置的职业教育中外合作办学专业课程设置的模型展开的四个阶段 ··· 12
  3.2 基于质量功能配置的职业教育中外合作办学专业课程设置的课程内容组织 ··· 13
    3.2.1 课程内容组织模式 ·· 13

3.2.2 课程内容设置方法论 …………………………………… 14
        3.2.3 课程内容设置工具与方法 ……………………………… 16
    3.3 基于质量功能配置的职业教育中外合作办学专业课程设置的
        操作策略 ……………………………………………………………… 19
        3.3.1 职业教育专业课程顾客需求配置 ………………………… 19
        3.3.2 课程目标质量要素配置 …………………………………… 24
        3.3.3 顾客需求与课程目标相关关系矩阵 ……………………… 25
        3.3.4 构建课程目标质量屋,确定课程目标 …………………… 27

4 **职业教育中外合作办学专业课程体系构建现状调查** …………………… 28
    4.1 职业教育中外合作办学专业开设现状 ………………………………… 28
        4.1.1 职业教育中外合作办学机构和项目批准情况现状调查 …… 28
        4.1.2 职业教育中外合作办学专业区域分布调查 ……………… 39
        4.1.3 职业教育中外合作办学专业类别分布调查 ……………… 47
    4.2 职业教育中外合作办学专业课程体系构建现状调查 ………………… 52
        4.2.1 研究设计 …………………………………………………… 52
        4.2.2 学生问卷的调查结果与分析 ……………………………… 57
        4.2.3 教师问卷的调查结果与分析 ……………………………… 75
        4.2.4 企业问卷的调查结果与分析 ……………………………… 92
        4.2.5 学生、教师、企业问卷调查结果的差异比较分析 ………… 111
    4.3 职业教育中外合作办学专业课程体系构建存在的问题及归因
        解析 …………………………………………………………………… 125
        4.3.1 课程价值取向模糊,缺失本体性与本土化 ……………… 125
        4.3.2 课程目标空泛自由,脱离学习者生涯发展规律 ………… 126
        4.3.3 课程结构失衡,盛行三段式和功利主义 ………………… 127
        4.3.4 课程内容陈旧,固守"学科本位" ………………………… 127
        4.3.5 课程顺序混乱,缺乏科学依据 …………………………… 128

5 **职业教育中外合作办学专业课程体系构建的实践验证** ………………… 129
    5.1 职业教育旅游管理专业课程体系构建的现状检视 …………………… 129
        5.1.1 S大学职业教育旅游管理专业课程体系构建现状 ……… 129

  5.1.2 S大学职业教育旅游管理专业课程体系构建评述 …………… 137
 5.2 职业教育旅游管理专业课程体系重构 ……………………………… 139
  5.2.1 课程目标解构——基于课程目标子模型 ……………………… 139
  5.2.2 课程结构与课程内容重构——基于课程结构及课程内容
     子模型 ………………………………………………………… 146
  5.2.3 课程排序重组——基于课程排序子模型 ……………………… 148
  5.2.4 课程设置优化——基于课程相关关系矩阵 …………………… 158
 5.3 职业教育旅游管理专业课程体系构建评价及反馈 ………………… 166
  5.3.1 学生评价及反馈 ………………………………………………… 172
  5.3.2 教师评价及反馈 ………………………………………………… 179
  5.3.3 企业评价及反馈 ………………………………………………… 185
  5.3.4 学生、教师、企业评价的差异比较 …………………………… 192
  5.3.5 结论 ……………………………………………………………… 203

参考文献 ………………………………………………………………………… 204

附录 ……………………………………………………………………………… 208

后记 ……………………………………………………………………………… 262

1 引 言

欧美等发达国家在职业教育课程方面的研究比较充分,包括实证的方法和理论的总结,在职业教育课程的课程目标、课程内容、课程结构、课程评价等方面都有深入的研究。欧洲职业培训发展中心出版的一系列丛书对一些国家高等职业教育开展的相关情况有所描述,如 *Vocational Education and Training in United Kingdom*、*Vocational Education and Training in France* 等。它们侧重于从整体上来介绍各个国家的高等职业教育发展的相关状况,其中对课程略有涉及。其内容和我国的职业教育国别研究的相关书籍情况差不多,主要是静态地描述和逐一呈现职业教育的各个方面,论述课程设置的书不多,描述研究发展动态的书也比较少,这不利于我国掌握最新的国外教育动态,借鉴最新的成果。

各个国家的职业教育名称不同,如在德国就没有高等职业教育的概念,一些国家高等职业教育课程实施的机构也不相同,这造成了国际研究相对还比较匮乏。国外研究比较多的是开始于20世纪80年代的对CBE(Competency Based Education)和DACUM(Developing a Curriculum)课程模式的相关讨论、澳大利亚政府推广的国家资格框架(National Training Framework,NTF)和Training Package,以及对TAFE学院职业证书获得方式和教育体系的衔接等诸多问题的论述;对波及范围较广、影响我国职业教育课程的德国双元制(Dual System)课程体系的论述和研究最多,具有代表性的是欧盟"亚洲联系"项目支持的课题"关于课程开发的课程设计",该课题比较具体地介绍了德国学习领域课程的发展动向,这些成果已被推广到中国。

在经历长期努力后,我国的职业教育课程研究已取得巨大进展,然而反思现今的研究状况,还存在以下一些问题:研究前提方面,缺乏普遍共识;研究视角方面,宏观理论研究较多,实践研究较少;研究内容方面,静态描述性研究较多,动态研究较少;实践运用方面,模式运用效果不够理想,多数文献或者是简单地挪用国外职业教育课程的实践模式,或者是对其模式进行简单改进,或者是表层地叙述实践中的做法。从国外借鉴的实践模式没有与我国的实际情况进行结合,国内的实践模式也没有根本性的变化,在我国的职业教育中外合作办学专业课程设置中没有起到良好的效果。

我国职业教育中外合作办学成功的关键在于课程设置的合理性,因应于此,本书引入"质量功能配置"的检测工具与方法,针对教师、学生、企业对职业教育中外合作办学专业课程设置展开调查,并深入系统地进行系列分析与研究,以对建构的职业教育中外合作办学专业课程设置模型进行实践研究。

2

核心概念阐释

2.1 中外合作办学

中外合作办学是站在中国本土的角度来看待中国与不同国家间的教育交流与合作。其含义不具有多元的解释与争议。它是在我国改革开放的背景下,适应我国教育与文化对外交流的要求,为了把外方的优质教育资源引进到中国,培养具有国际竞争力的高素质人才而发展起来的一种新型的办学形式,因而有着自己特定的内涵,并且是以法律的形式加以界定的。1995年,国家教育委员会制定的《中外合作办学暂行规定》第二条指出,中外合作办学是指"外国法人组织、个人及有关国际组织同中国具有法人资格的教育机构及其他社会组织,在中国境内以招收中国公民为主要对象的教育机构(以下称合作办学机构)实施教育、教学的活动"。

随着中外合作办学的发展,2003年中华人民共和国国务院令第372号发布《中华人民共和国中外合作办学条例》(以下简称《中外合作办学条例》),2013年、2019年相继进行了修订。该条例指出,中外合作办学是指"外国教育机构同中国教育机构(以下简称中外合作办学者)在中国境内合作举办以中国公民为主要招生对象的教育机构(以下简称中外合作办学机构)的活动"。

纵向上,一是中外合作办学者可以合作举办实施除义务教育和军事、警察、政治等特殊性质教育的各级各类教育活动。同时规定中外合作办学机构不得进行宗教教育和开展宗教活动(《中外合作办学条例》第六条限定了合作办学活动的领域)。二是办学主体必须是中外双方,而不能是单独一方。尤其是外国教育机构、其他组织或者个人不得在中国境内单独设立以中国公民为主要招生对象的学校及其他教育机构(《中外合作办学条例》第六十二条),即必须与我国教育机构合作办学。外方可以是教育机构也可以是组织或者个人,但《中外合作办学条例》第七条规定外国宗教组织、宗教机构、宗教院校和宗教教职人员不得在中国境内从事合作办学活动,限定了办学主体的范围与性质。三是中外合作办学是在中国境内,以招收中国公民为主的教育教学活动。这与国际上其他国家之间的合作办学有所不同。国际上对于本国与他国之间的合作办学,是指办学双方可以相互在自己和对方的国家内联合举办学校、互招学生的教育教学活动。

横向上,既包含中外双方在中国境内独立设立教育机构的教育教学活动,也包含中外合作双方在中国境内不设立教育机构的活动(二级学院和中外合作办学机构和项目)。2004年中华人民共和国教育部令第20号发布的《中外合作办学条例实施办法》中指出,中外合作办学机构和项目是指中国教育机构与外国教育机构以不设立教育机构的方式,在学科、专业、课程等方面,合作开展的以中国公民为主要招生对象的教育教学活动。

因而,中外合作办学是指外国教育机构,除宗教组织、宗教机构、宗教院校和宗教人员以外,同中国教育机构在中国境内合作举办的,除实施义务教育和军事、警察、政治等特殊性质教育之外的各级各类的教育机构,开展除宗教教育和宗教活动以外的教育教学活动。它既包括设立教育机构的独立和非独立的合作办学活动,也包括不设立教育机构的合作办学活动。根据法律法规的规定,中外合作办学的内涵,即指中外合作办学者在中国境内合作举办以招收中国公民为主的教育机构的活动。简而言之,就是中外合作办学者在中国境内的教育机构的活动。中外合作办学发展至今,涉及除义务教育、军事、警察和政治教育之外的各个领域的教育。上至高等教育,下至学前教育;既有学历教育,也有非学历教育。在学历教育中又涵盖学前教育、高中和高等教育各个阶段的中外合作办学活动。本书主要针对高等职业教育领域开展的中外合作办学学历教育。

2.2 中外合作专业

《现代汉语词典》中关于专业的解释是:高等学校的一个系里或中等专业学校里,根据科学分工或生产部门的分工把学业分成的门类;产业部门中根据产品生产的不同过程而分成的各业务部分;属性词,指专门从事某种工作或职业的;具有专业水平和知识。潘懋元、王伟廉主编《高等教育学》中对专业的定义是:

课程的一种组织形式。凯尔·桑德斯认为,专业是指一群人在从事一种需要专门技术的职业,这种职业需要特殊的智力来培养和完成,其目的是提供专门性的社会服务。石村善助认为,所谓专门职业,是指通过特殊的教育或训练掌握了已经证实的认识(科学的或高深的知识),具有一定的基础理论的特殊技能,从而按照来自特定的大多数公民自发表达出的具体要求,从事具体的服务、工作,借以为全社会利益效力的职业。

综合来看,高等学校的专业是学科分类与社会分工紧密相连的,是教与学活动的基本单位。

2.3　中外合作课程

课程在学校教育中处于核心地位,教育目标与价值主要通过课程来实施和体现。课程在教育研究与实践领域中处于至关重要的地位。但由于视域和立论基点的不同,人们对课程的界说也迥然有异,关于课程的见解主要有科目说、计划说、经验说、预期说、教材说等。

在西方,英国著名哲学家、教育家斯宾塞在1859年发表的一篇文章《什么知识最有价值》中最早提出"curriculum"(课程)一词,意指"教学内容的系统组织",该词源于拉丁语"cuurere"。"cuurere"是一个动词,意为"跑";"curriculum"则是一个名词,原意为跑道(race-course)。根据这个词源,西方最常见的对课程的定义是"学习的进程",即"学程"。

在我国,根据史料记载,"课程"一词最早出现于唐代,唐代孔颖达在《五经正义》里为《诗经·小雅·巧言》中"奕奕寝庙,君子作之"一句注疏:"以教护课程,必君子监之,乃得依法制也。"这是"课程"一词在汉语文献中的最早显露。孔颖达用"课程"一词指"寝庙",比喻伟大的事业,其含义远远超出学校教育的范围。宋代朱熹在《朱子全书·论学》中频频提及"课程",如"宽着期限,紧着课程""小立课程,大作功夫"等。朱熹所言课程主要指"功课及其进程",这与今天日常语言中"课程"的意义已很相近。就课程内容来说,周代以伦理及技艺为课程,汉代以儒家思想为主流,清末大量采用西式课程。

纵观课程的定义,大致有三:

第一,课程作为学科。《中国大百科全书·教育》中对课程的定义是:所有学科(教学科目)的总和,或学生在教师指导下各种活动的总和,这被称为广义课程;狭义课程是指一门学科或一类活动。

第二,课程作为目标或计划。奥利沃认为,课程是"一组行为目标"。塔巴认为,课程是"学习计划"。钟启泉编写的《现代课程论》中将广义的课程定义为:旨在遵照教育目的、学生的学习活动,由学校有计划、有组织地编制的教育内容。他还从教育计划的角度将狭义的课程定义为:旨在保障青少年一代的健全发展,由学校所实施的施加教育影响的计划。

第三,课程作为学习者的经验或体验。杜威把课程视为学生在教师指导下所获得的经验。廖哲勋、田慧生等学者认为,课程是在学校的一定培养目标指引下,由具体的育人目标、学习内容及学习活动方式组成的,具有多层组织结构和育人计划性能、育人信息载体性能的用以指导学校的教育教学活动的育人方案,是学校教育活动的一个组成部分。

综上所述,笔者较为赞同把课程作为目标或计划,由此得出关于中外合作办学职业教育专业课程的定义:在一定的培养目标人才的计划指引下,凭借理论研究和实践探索,根据学生的身心发展特征以及社会的需求,选择具有针对性的母学科、交叉学科的理论和实践知识,来培养社会迫切需要的高层次、国际化、应用型职业教育人才的目标或计划。

2.4 质量功能配置

以"质量功能配置"(QFD)为关键词,对中外文献进行系统检索发现,各领域专家对质量功能配置的概念尚未有一个统一的定义,仅有一些共通性的认知。一种观点认为,质量功能配置是一种产品开发管理方法,它由顾客需求所驱动;另一种观点认为,质量功能配置是指从质量的保证与不断提高的角度出发,通过一定的市场调查方法获取顾客需求,并采用矩阵图解法和质量屋的方法将顾客需求分解到产品开发的各个过程和各个职能部门中去,以实现对各职能部门和各个过程工作的协调和统一部署,使它们能够共同努力、一起采取措施,最终保证产品质量,使设计和制造的产品能真正满足顾客的需求。

质量功能配置是一种用于实现顾客期望的规划工具。其注重顾客期望或要求,由管理团队运用规划工具推动产品的开发过程。通过实施质量功能配置,可保证组织在最终的产品中实现顾客意愿。"质量功能"指个人为实现适用性所经历的活动的集合。"配置"源于日语单词,指活动的延展或扩展。因此,"质量功能配置"意为生产精品项目的责任。美国供应商研究所有限公司将质量功能配置定义为,在每个阶段将顾客需求转化为适当的企业需求的系统,从研究开始,经过产品设计开发到制造、配送、安装、营销、销售及服务。

质量功能配置是一种在设计新产品或服务,或对其进行提升时,将顾客需求考虑在内的系统的、有组织的方法。这是一种用于规划产品及服务的方法,其着眼于客户的意愿。这一概念源于日本。1972年,三菱神户船坞开发了质量功能配置法。

图2-1显示了一种典型的质量功能配置瀑布式分解模型:按顾客需求→产品技术需求→关键零件特性→关键工序→关键工艺及质量控制参数的路线将顾客需求分解为四个质量屋矩阵。质量功能配置模型结构表明,职业教育课程在本质上必须是动态的。技术的过时及未能满足学生的预期,对于职业教育来说是致命的,因此现代管理技术——质量功能配置是最适合设计规划动态课程的。

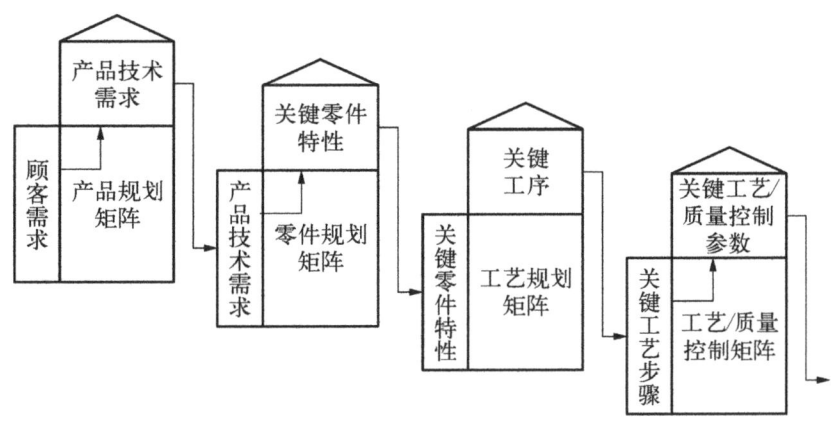

图2-1 质量功能配置瀑布式分解模型示意图

2.5 课程设置

课程设置是课程论研究的重要论题之一。我国课程论专家陈侠在《课程论》中给课程设置下的定义是:"课程设置一般指各级各类学校开设的教学科目和各科的教学时数。"我国另一位教学论专家吴也显教授则指出:"课程设置是为实现各级各类学校的培养目标而规定的教学科目及其目的、内容、范围、分量和进程的总和。"王明伦认为课程设置是培养人才的总体规划,它把为达到培养目标所要求的教学科目及其目的、内容、进度和实现方式等在总体规划中全部体现出来。在江山野主编译的《简明国际教育百科全书》中对课程设置有这样的定义:"课程设置(course offering)是指学校或其他机构安排的课程的整个范围和特征。它也可以指在既定的时间里,如一学年、一学期、四个月或一段时间里安排的那些课程(包括讲习班、自学、实验和其他正规的教学情境)。"因此,我们既可以把中外合作办学职业教育课程设置理解为为实现中外合作办学职业教育专业的目标而开设的教学科目以及各自科目所占的学时、学分等,也可以理解为课程设置是为了实现既定的教育目标而制定的课程方案。

3

职业教育中外合作办学专业课程设置的实践模型

3.1 基于质量功能配置①的职业教育中外合作办学专业课程设置的模型架构

质量功能配置的基本原理就是用质量屋的形式,量化分析顾客需求与工程措施间的关系度,经数据分析处理后找出对满足顾客需求贡献最大的工程措施,即关键措施,从而指导设计人员抓住主要矛盾,开展稳定性优化设计,开发出满足顾客需求的产品。

3.1.1 基于质量功能配置的职业教育中外合作办学专业课程设置的原理

(1) 采集顾客心声

质量功能配置模型所依据的基础是顾客需求,顾客需求是驱动组织开发产品和服务的原动力。质量功能配置模型的基本原理就是通过收集顾客心声,形成顾客心声表,用矩阵图表的形式描述顾客需求与产品设计指标之间的关联关系,并对这些关联关系进行量化分析,通过建立关系矩阵、相关矩阵和一套加权评分方法,确定出刻画顾客需求的关键设计指标,从而设计出满足顾客需求的产品。

---

① 这里所谓"质量功能配置"是指从质量的保证与不断提高的角度出发,通过一定的市场调查方法获取顾客需求,并采用矩阵图解法和质量屋的方法将顾客需求分解到产品开发的各个过程和各个职能部门中去,以实现对各职能部门和各个过程工作的协调和统一部署,使它们能共同努力,一起采取措施,最终保证产品质量,使设计和制造的产品能真正满足顾客需求。

顾客心声是从顾客那里逐字收集到的原始数据。为了捕捉到尽可能完整的顾客需求，通常会从多个来源，采用多种方法对数据进行收集。Tan 指出，除了问卷调查、面对面的会谈和焦点小组之外，还可以从顾客的投诉请求、质保信息和服务报告、失效分析报告，以及商业杂志、数据手册和消费类杂志等获取信息。Klein 推荐使用具有四个步骤的顾客心声 ALST™方法来系统地收集顾客需求。Mazur 建议利用一些软件工程工具，如状态转换图（STD）、数据流程图（DFD）、事件表、事件树等来推导出顾客对服务的需求。

（2）提取顾客需求

在收集顾客需求方面，明确表达出来的顾客需求和隐含的需求都必须被提取出来，并转化成所需要的品质。Shillito 强调，团队必须逐字理解从顾客那里收集来的原始数据。一旦数据被结构化并进行了转化，处理过的对顾客心声的理解就会通过质量功能配置方法配置到设计团队和公司的商业化过程中去。Wulwick 声称，顾客除了给出解决方案之外，很少给出他们的要求，因此对其表述进行转化是绝对必要的。Ulwick 指出这个转化的过程对激励创新来说是很重要的。当专注于从捕获的输入中导出结果时，创新的本质就在于创造出能够解决顾客问题的方案。

在提取信息时，一方面，所要求的品质要按优先级别进行排序，以便确定出重要的信息；另一方面，要将所要求的品质转化为质量要素，然后再对这些质量要素进行评估，以确定哪些才是有效的。这就是质量规划流程，这对所有的质量功能配置应用来说是最基础的。Akao 着重强调了两点内容：一是将所需品质转化为质量要素的转化过程是很重要的，因为这是从顾客理念转化成工程师理念的切入点；二是对所需品质按优先级别排序也是很重要的。他强调，为了避免冗余，应该进一步配置高优先级的项目。

（3）编制顾客心声表

在 20 世纪 90 年代早期，顾客心声表的开发是为了便于聚焦重要的少数并加快产品开发的过程。在应对日益激烈的市场竞争时，为了增强质量功能配置，顾客心声表表现出两个重要的优势：一是制定顾客心声表可以缩短设计和开发的时间，以便向市场提供更新的和更令人兴奋的产品和服务；二是它有助于分析顾客已表达出来的和隐含的需求，并有助于将这种分析与所有要求的功能性组织进行沟通。Nakui 强调，通过将顾客心声和不同的使用情况相结合，可以将有些要求向外进行延伸；同时 Mazur 强调，该分析使对后者的优先排序更有效。

顾客心声表由两部分组成：第一部分，收集关于产品或服务是如何被使用或可能被顾客使用的数据，以便了解是谁在使用产品或服务，他们用这些产品、服务做了什么，以及使用的时间、地点、原因、方式。5W1H 的用途就类似于现场配置方法的用途。第二部分，在考虑了第一部分描述的所有方法的用途后，所收集到的顾客心声会被转化成需求项目，例如对性能的要求、对较低价格的要求等。之后会将需求项目分解成需求品质项目，而这是用进一步配置的亲和图（详见 3.2.3 相关内容）归类的。

3.1.2 基于质量功能配置的职业教育中外合作办学专业课程设置的核心——质量屋

质量屋是质量功能展开图或矩阵的名字，因其顶部有形似屋顶的三角形矩阵而得名。它是一种提供教学规划及交流方法的概念图。

基于质量功能配置模型的课程开发所采用的基本规划手段就是质量屋，质量屋能将顾客意愿转化成满足具体目标值的设计要求。

如图 3-1 所示，左边的外墙为顾客需求、顾客意愿明细或顾客对产品的期待，右边则为优先顾客需求或规划矩阵，天花板或第二层包括技术描述语，房子的中心部分为顾客需求与技术描述语之间的关系，屋顶为技术描述语之间的内在联系，地基为优先技术描述语。这就是质量屋的结构。

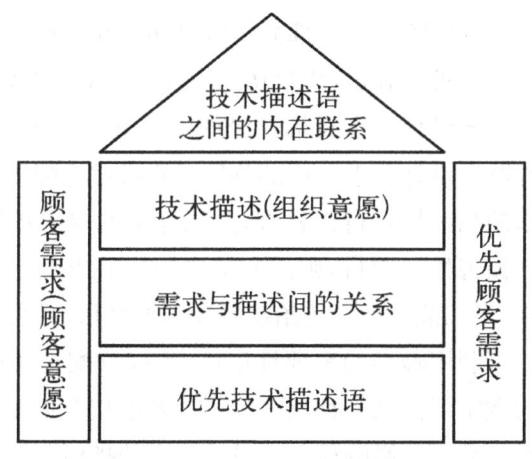

图 3-1　质量屋的结构与功能

3.1.3 基于质量功能配置的职业教育中外合作办学专业课程设置的模型展开的四个阶段

（1）概念设计（确定顾客意愿）

由市场研究人员选择合理的顾客对象，利用各种方法和手段，通过市场调查，全面收集顾客对产品的种种需求，然后将其总结、整理并分类，得到正确、全面的顾客需求以及各种需求的权重（相对重要程度）。在确定顾客需求时应避免主观想象，注意全面性和真实性。顾客意愿应着眼于质量功能展开流程，这可在顾客经历的基础上通过调查报告获得。

（2）产品设计（产品规划）

产品设计的主要任务是确定顾客需求的优先级结构并准备具有竞争力的顾客需求评估。进行产品设计可以采用的方法有层次分析法（AHP），层次分析法是对顾客进行两两比较，是获得顾客需求优先级结构的最佳方法。优先级结构表示需求的相对重要性。相对于组织的竞争对手对顾客需求的相对定位，顾客在确定组织的相对定位时扮演着十分重要的角色。这种顾客需求的竞争性评估可通过顾客调查得以实现，包括问卷调查、直接采访、电话采访及电子邮件互动。

（3）过程设计（开发质量功能配置矩阵的顾客与技术部分）

质量功能展开矩阵的水平部分被认为是与顾客相关的信息。在该顾客部分，顾客需求明细、优先级评定及顾客需求的竞争性评估遵循着适当的次序。

开发质量功能配置矩阵的技术部分。质量功能配置矩阵的垂直部分与技术数据有关。一旦顾客需求被确定，质量功能配置团队就可制定适当的、满足该需求的设计要求。获取各设计要求目标评级的团队进行竞争力技术评估，确定顾客需求内在联系并制定设计要求。这部分位于质量功能配置矩阵技术部分的中间位置。设计要求的相关性可得以检查，互相冲突的要求可得以突出。如果对某一项目的行为会损害另一项目，则需要解决该负面影响。三角部分提供了这些相关性，为整个质量功能配置矩阵给出了屋顶的外形。因此，质量功能配置矩阵被称为质量屋。可利用顾客的重要性层次，连同分配至关联符的权重计算列权重。由此得出的数字可提供一种判断各设计要求相对重要性的方法。列权重可作为突出那些对产品相关影响最大的设计要求的指标。这些列权重输入在质量功能展开矩阵技术部分的底部。

(4) 分析质量功能配置矩阵

完成该质量功能配置矩阵后即可进入分析阶段。关注的焦点应当是设计要求是否满足顾客需求。为满足各项设计要求,对进行的所有必要的步骤进行分析。

3.2 基于质量功能配置的职业教育中外合作办学专业课程设置的课程内容组织

袁振国指出,课程设置即教学计划,是课程总体规划。课程设置依据一定的培养目标选择课程内容,确定学科门类及活动,确定教学时数,编排学年及学期顺序,形成合理的课程体系。因此,课程设置主要是在制定培养目标的前提下,依据一定的原则,确定相应课程、教学内容、学时和学年等,以建构科学合理的课程体系。就中外合作办学理念下职业教育人才培养而言,在课程设置中应坚持目标性、系统性、国际化和实践性等原则。

3.2.1 课程内容组织模式

课程研究者对课程组织的标准与方式的观点似乎更具一致性。关于课程组织的共同原则,泰勒称之为有效组织的标准,他最早提出连续性、顺序性、整合性的观点。之后,研究者不断丰富课程组织的原则标准,林智中将其总结为范畴、顺序性、继续性、统整性、均衡性、衔接性以及学习脉络。总的来说,课程组织要关注学科自身的逻辑,也要考虑学习者认知特征、兴趣需要以及环境中课程资源的可能性。对于课程组织的方式,大体上可以分为垂直组织、水平组织和同心圆组织。赫莫、波斯纳、林智中等认为,在垂直组织中,根据内容间的逻辑关系可以有分割、分层、单线、螺旋等样态的组织方式,建议在高等职业教育系统中采用如图 3-2 所示的课程内容组织模式。

依据该模式,首先要了解行业要求、技术发展及学生需求等,然后确定课程目的及目标,以及在学生中需要培养的能动知识及技能。这将有助于确定教学方法、学生评估方法、学生评分模式的设计以及识别教学过程所需的资源。确定和识别结果指向教学材料及课程实施流程的准备。最后需要从企业和学生等处收集反馈信息。这套流程可以反复进行,以便课程设计及开发流程的持续改进。

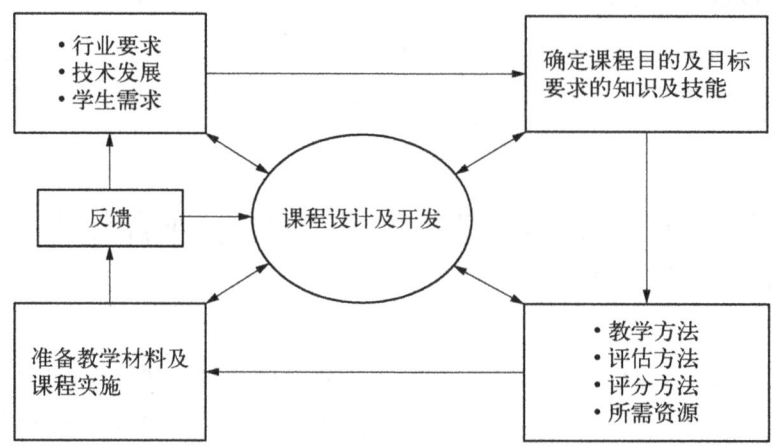

图 3-2 课程内容组织模式

首先,通过调查识别并确定顾客即学生需求。这些需求是基本要求,示于质量屋左边,包括沟通技巧、主题知识及创新能力。它们需要被进一步细化。沟通技巧包括语言技巧、写作技巧、呈现技巧、口头交流技巧、小组讨论技巧、技术词汇的应用及说服技巧等。主题知识包括核心科目、基础科目、数学、边缘学科、计算机语言、技术技能等方面知识及科目知识的深度。创新能力包括思维能力、创意能力、实用技能、概念技能、推理能力等。

其次,将这些顾客需求转化成流程设计及流程属性目标,包括课堂教学、实践课程及图书馆设施。穿过质量屋的顶部进行要素输入,这些特征进一步被识别为教师、课程、设施、互动、教学辅助及课堂教学评估。项目工作、案例研究、工业培训、现场演示、实地培训及学徒是实践工作的基本流程,是图书馆设施的组成要素,包含书刊、网络设施、图书馆的适时性、图书的可阅读性及图书馆设施中书刊的可获得性。

3.2.2 课程内容设置方法论

学生只有在自主进行的职业实践与学习实践活动中才能成为真正意义上的职业人。因此,在企业内对相关职业岗位的实践活动与职业教育课程的实践活动的贯通,需要职业教育者与行业企业依据专业教学需要进行研究设计,形成职业实践与学习实践相互砥砺的培养标准。学生在职业实践与学习实践活动中,既发生着自身与其他职业者、企业岗位、职业素养要求以及个人未来职业发展规划的道德性互动,也生成着自身与整个职业教育体系的意向性互动。我国的职业教育,需要教育专家或课程设置专家通过分析不同职业或岗位的各项标准、特定岗位工作的具体实践与能力要求,结合职业教育体系对各种层次的职业人制订的培养方案与职业要求,使得"职业标准"在经过不断研制与验证之后,转化为"职业教育课程标准",为教育教学与课程设置提供系统化的框架、内容与指标。正因为已有复杂但灵动的多维交互的职业教育院校与企业之间相互融合的教育实践活动,使得处于其中的学生可以自己谱写"行之所达"的未来职业发展之路。与此相应,基于企业中的专项能力实践课程与学校中的基础理论学习课程的职业教育课程标准形成之后,对于职业教育人才的培养来说,最关键的一步便是课程的实施,即针对人才标准进行自适应性的教学设计。学习理念的发展生发出众多学习思想,其中,学习领导思想就提倡学生作为自己学习的领导者。学生自己本身既是职业素养养成的设计者,也是职业发展的规划者,同时是职业教育的行动者与研究者。作为职业主体存在的人,就是在大一统的职业素养锻造中、在实现职业理想的道路中通达职业幸福的终极价值创造者。

我国高等职业教育课程体系构建,是为本国和世界其他地方现有的和潜在的学习者提供优质的、有意义的教育方案和服务的必要条件。Barnett 和 Coate 认为,不管课程规模大小、属于什么类型或课程内容的来源是什么,课程都被认为是所有教育机构的核心和灵魂。不管是从现在看还是从未来看,课程对于高等职业教育的受欢迎程度和有效性都是至关重要的。遗憾的是,学术界普遍认为,开发课程的途径被分解为各种关键元素,如机构领导者、社会的发展趋势、行业因素和政府发挥的作用等,而这些都是极少考虑的、孤立存在的因素。Alberta Education 认为,课程是教学—学习过程的基础,涉及制定学习计划、教学策略、资源分配、具体的课程计划和学生的评估,以及能力开发等。鉴于此,高等教育机构课程开发的方法是且应该是所有利益相关者首先要关注的问题,尤其是教育工作者、决策者、政府、父母以及整个社会首先要关注的问题。

在企业共同体的职业实践与行动中,职业实践与学习实践的融合主要表现在以下方面:课程开发过程中,所有高等教育机构,不论其类型、来源和规模,都应考虑的内容包括围绕制度的环境变量、用来实施课程中的学习和教学活动的教学策略,以及所需的教育机构领导者等。在商业和职业生涯中,职业教育学生的能力可用于企业选拔员工,是获得赔偿、绩效评估、培训需求评估、培训效果评估、战略计划等的基准。Evers、Rush 和 Berdrow 认为,在当今社会中,只有知识是不够的,学生需要适应改变,并运用他们的知识来解决问题。现有文献中描述的四项常用能力包括自我管理、沟通、人员和任务管理、创新与变革管理,其他能力包括批判性思维、人际交往能力和计算机技能等。总体而言,我们的目标是培养学习者的职业能力,涉及的方面包括时间管理技能、道德决策、参与专业化组织、适宜的职业形象、恰当的会议行为等。

总之,考虑到社会、文化和组织环境的持续变革,这种新的后现代氛围要求专业人员具有终身学习的能力。掌握一门学术职业要求学生掌握至少三种重要的能力,不管这些能力属于哪个特定的学科或研究领域:模型与理论的应用(理论上的理解)、有能力运用研究方法(分析和构建思路)、有能力分析实证实践(应用与实践)等。

3.2.3 课程内容设置工具与方法

(1) 课程设置的顾客需求分析

1) 分析工具:顾客心声表

详见 3.1.1 之(3)。

2) 分析方法:亲和图

除了巧妙地选择和组合适当的新质量控制操作工具之外,质量功能配置为了提高其可靠性,还融入了新的技术和方法。其中,在不同的质量功能配置应用中最常见的工具就有亲和图。

亲和图是用于管理和规划质量控制的七种工具之一。它起源于日本人类学家川喜田二郎提出的亲和图法,旨在从错综复杂的信息中建立有序的系统。亲和图是一种对原始素材进行自下而上归类总结的方法,已被广泛用于从大量的想法、意见或问题中识别主要的主题。它提供了一个易于理解和使用的方法,用来对这些自然相关的项目进行分组,之后再识别出能够将所有组联系在一起的足够通用的概念。亲和图能够非常有效地透过错综复杂的信息,把一个问题呈现得清清楚楚。它特别适用于从模糊的、不确定的或欠明了的情况中找出并结构化问题。亲和图有助于人们用三种方法更有效地思考问题:界定问题的性质并使隐藏的问题显现出来;组织并整理混乱的想法;在解决问题的过程中指出正确的方向。Smith 声称,亲和图与界定问题是有关的,因为它要求通过组织整理使复杂局面的方方面面具有一致的表现。此外,亲和图有助于小组成员更好地相互理解、相互学习,从而促进团队合作,并激发执行团队任务的热情。它要求每个参与者都心胸开阔,能够包容"奇怪的"想法。亲和图不是一个逻辑的过程,而是一个创造性的过程,针对所面临的情况能够突破先入为主的观念。

(2) 顾客需求的权重确定

1) 权重确定的工具:关系矩阵

关系矩阵表示的是顾客需求与课程设置要素之间的相互关系,以矩阵的行和矩阵的列交叉点上对应的数字表示两者的关系。两者的紧密程度可以通过量化进行分析。

用 r_{ij} 表示两者的紧密关系并进行量化,采用 1、3、5、7、9 等进行表示:

1——该交点对应的课程设置要素和顾客需求之间存在微弱的关系

3——该交点对应的课程设置要素和顾客需求之间存在较弱的关系

5——该交点对应的课程设置要素和顾客需求之间存在一般的关系

7——该交点对应的课程设置要素和顾客需求之间存在密切的关系

9——该交点对应的课程设置要素和顾客需求之间存在非常密切的关系

实际情况不同的话,也可以在必要的时候用 2、4、6、8 等表示中间等级。有时也采用 1、5、9 三个等级,◎表示 9,○表示 5,△表示 1,空白即为 0,表示不存在关系。

大多数情况下,将关系数值填入关系矩阵后,数据没有规律,分布呈随机状态。若出现关系数值分布异常,则需要对顾客需求、课程设置要素进行调整和修改。

2) 确定的方法:比例配点法

比例配点法就是根据比例分配数值的方法。在关系矩阵中,根据对应关系的不同,将◎、○、△赋以不同的数值,先求出顾客需求的总和,然后根据◎、○、△按比例分配数值,最终体现在纵向的质量特性重要度上。这种计算顾客需求重要度时采用的计算方法称为比例配点法。例如表 3-1 所示,将顾客需求 B 的重要度 6 对◎、○、△符号按 3∶2∶1 的比例进行分配,那么◎为 3,○为 2,△为 1,顾客需求 B 的合计为 3+2+1=6,同理,顾客需求 A 的合计为 3+1=4,顾客需求 C 的合计为 3,从而质量特性 1 的重要度为 3+2+1=6,质量特性 2 由于只存在一个相关符号△,因此重要度为 1,质量特性 3 的重要度为 3+3=6。

表 3-1　采用比例分配法的重要度转换

顾客需求	需求重要度	质量特性 1	质量特性 2	质量特性 3
A	4	△/1		◎/3
B	6	○/2	△/1	◎/3
C	3	◎/3		
	比例分配法	6	1	6

(3) 顾客需求的课程设置要素转换

1) 转换工具：质量屋

质量屋将顾客需求转换成产品和零部件特征并配置到制造过程，是质量功能配置方法的工具。按照质量屋的结构来构建质量屋的过程，就是运用质量功能配置技术进行分析的过程。质量屋一般包括以下六个部分（图 3-3）：

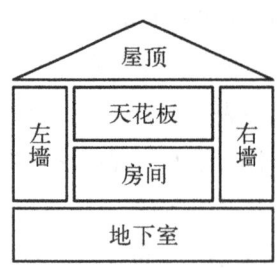

图 3-3　质量屋模型

左墙——WHATS 输入项矩阵。这一部分用于分析和确定顾客需求及其相应的重要度，表示质量屋的"什么"。顾客需求是质量屋的输入项信息，它应当高度概括顾客的期望和要求。

天花板——HOWS 矩阵。这一部分用于提出技术需求，就是根据每一项的顾客需求分别列出对应的技术需求，表示质量屋的"如何"。

房间——相关关系矩阵。这一部分用于分析顾客需求与技术需求的关系程度，通过关系矩阵可以表明技术需求对顾客需求的贡献程度。

屋顶——HOWS 的相互关系矩阵。它表示 HOWS 即技术需求各个项目之间的关联关系，形成三角形的自相关矩阵，可以发现技术需求的重复或交叉等问题。

右墙——评价矩阵。这一部分用于从顾客的角度评估和分析产品的市场竞争能力。

地下室——HOWS 输出项矩阵。这一部分用于分析技术竞争能力，通过定量分析与定性分析相结合得到 HOWS 矩阵，即完成从"什么"到"怎样去做"的变换。

2) 转换方法：四阶段模型

由日本质量功能配置工程师 Macabe 提出的四阶段模型是用于了解质量功能配置基本操作的简化版本。典型的四阶段是：产品规划、产品设计、工艺规划、过程控制。图 2-1 提供了该四阶段模型的模板。

该模型已经被广泛应用于西方国家针对质量功能配置的应用中。美国三大汽车公司，即通用汽车、福特汽车和克莱斯勒汽车，用该模型开发了子系统、部件和车辆等。例如，在为通用汽车凯迪拉克的 D 系车的前座设计保障乘客和第三方安全的安全气囊时，将设计要求级连到了组件配置的第二个阶段、工艺规划的第三个阶段以及生产规划的第四个阶段。所配置的这四个阶段还用于保障发动机盖开口的可靠性。Kriewall 和 Widin 采用该模型，通过有效利用顾客心声开发了人工耳蜗植入，从而确定了设计要求、零部件、工艺规划和生产经营等。有人采用相同的配置阶段，利用该模型开发了学校用具。在锂电池的设计中，四阶段模型用来对产品措施、零部件特征、制造工艺步骤等做详细的说明，并用于制定制造过程控制计划。

3.3 基于质量功能配置的职业教育中外合作办学专业课程设置的操作策略

3.3.1 职业教育专业课程顾客需求配置

(1) 顾客需求的识别和获取

1) 步骤一：合理确定顾客范围

职业教育中外合作办学专业课程设置的顾客范围，如前所述分为内部顾客和外部顾客两部分。我们将学生和教师定义为内部顾客，将企业即用人单位定义为外部顾客，那么顾客需求的来源如图 3-4 所示。

2) 步骤二：选择合适的获取与分析方法

作为课程设置模型的输入，顾客需求起到了至关重要的作用。在确定顾客需求的基础之上，我们将通过科学的方法，如询问、访谈、邮寄问卷、观察、电话等充分获得职业教育中外合作办学专业课程设置的顾客需求。在进行调查时，要合理认识到各种方法的优缺点，并根据职业教育专业课程设置的实际情况和适用条件，选择其中的一种或几种方法综合运用。

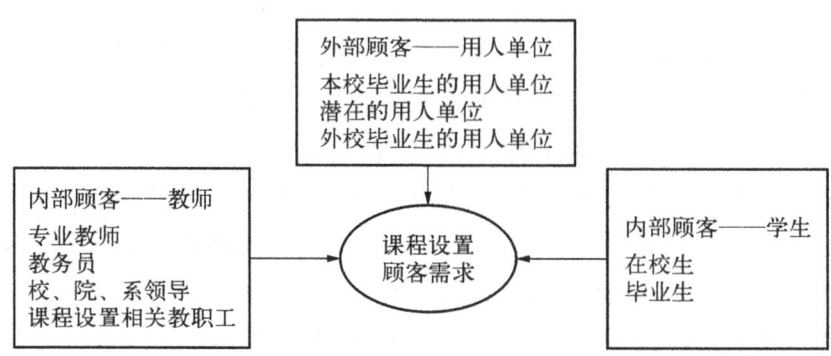

图 3-4　职业教育中外合作办学专业课程设置顾客需求来源

(2) 顾客需求的转换

1) 步骤一：考察顾客需求的原始数据

经过步骤一我们将获得职业教育中外合作办学专业课程设置顾客需求的原始数据，称为顾客心声。顾客心声具有各种各样的内容和形式，不同类别的顾客心声的范畴不尽相同，因此应当对原始数据进行翻译、转换和整理（如图 3-5 所示）。

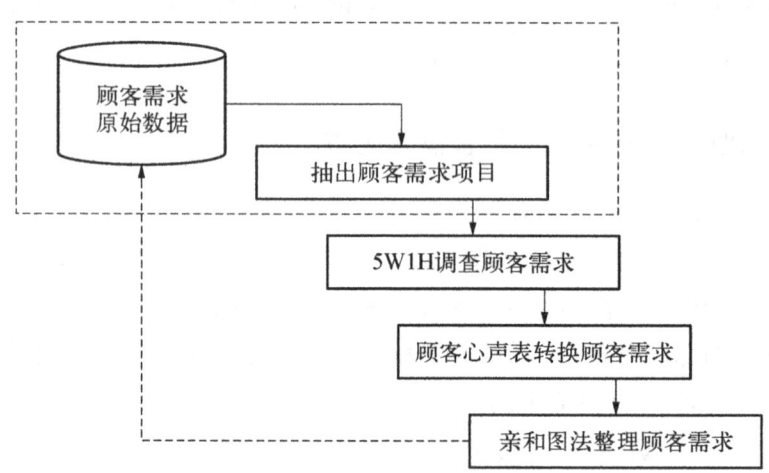

图 3-5　职业教育中外合作办学专业课程设置顾客需求转换流程图

2) 步骤二：抽出顾客需求项目

在获得学生、教师和企业有关职业教育中外合作办学专业课程设置需求的原始数据之后，我们将着力抽出顾客需求项目。实施着力点为：不论其抽象程度如何、表达方式如何,只要是源于真实的内心表达,否定形式的表述方式也可以。

3) 步骤三:顾客需求转换及表述

抽出顾客需求项目之后,我们需要对顾客需求的表述进行具体转换,用凝练简洁的语言将顾客需求表述出来。需要注意的是,在表述形式上要尽量使用实证分析法,回答"是什么"的问题,即展示客观真实的顾客需求,而避免使用规范分析法,即规避使用"怎么样"的表达。

(3) 顾客需求的整合与分析

获得职业教育中外合作办学专业课程设置的顾客心声之后,我们通常会发现存在顾客心声交叉、重复的现象,需要对顾客心声进行层次化的分析和整合。这里将运用到前述的亲和图法对顾客心声进行聚类和层次化分析,亲和图被用来呈现顾客需求中的"深层结构"。

① 将职业教育中外合作办学专业课程设置的顾客心声分别记录在卡片上。

② 为了避免交叉重复,去除顾客心声内容相同的卡片,并将剩余的顾客心声卡片排列成一行。

③ 将顾客心声内容相类似或相近的卡片放在一起,并分类为几个组别。

④ 概括并命名各组,编入蓝色卡片。

⑤ 再将蓝色卡片中内容相类似或相近的卡片放在一起,聚类为几个组别。

⑥ 概括并命名各组,编入红色卡片。

通过上述六个具体流程便形成了顾客需求的三次展开,产生了顾客心声的三次水平。其中,流程③中原来卡片的具体内容就是三次水平,流程④中原来蓝色卡片的内容就是二次水平,而流程⑥中原来红色卡片的内容就是一次水平(如图3-6所示)。

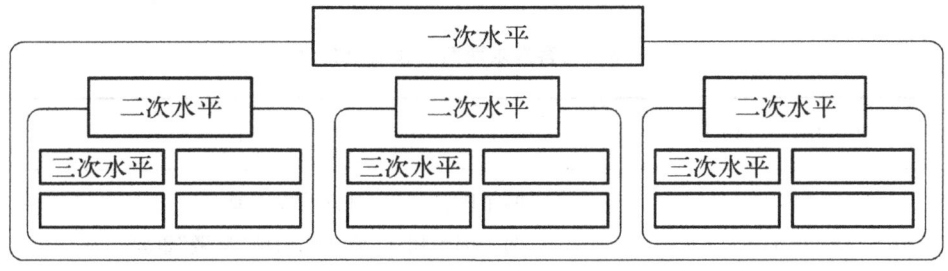

图3-6 职业教育中外合作办学专业课程设置顾客需求聚类

(4) 顾客需求的重要度排序

在职业教育中外合作办学专业课程设置众多的学生需求、教师需求和企业需求中如何科学地进行排序,对后续的分析和研究来说至关重要,我们运用层次分析法,对给出定性描述的顾客需求进行两两比较,分析它们的相对重要程度,从而得到定量的各顾客需求的权重。也就是说,通过定性与定量分析相结合的系统分析,我们可以得到职业教育中外合作办学专业课程设置的顾客需求重要性排序。

1) 步骤一:分析各顾客需求之间的关系,构建层次化结构(如图3-7所示)

2) 步骤二:构建判断矩阵

将上一层次的某个顾客需求作为基准,对某一个层次的各顾客需求的重要度进行两两比较,构建判断矩阵,进入重要的定量分析环节。判断矩阵的基本形式如表3-2所示。

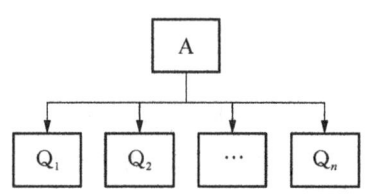

图3-7 职业教育中外合作办学专业课程设置顾客需求层次分析法结构

表3-2 判断矩阵的基本形式

A	Q_1	Q_2	...	Q_n
Q_1	a_{11}	a_{12}	...	a_{1n}
Q_2	a_{21}	a_{22}	...	a_{2n}
...	...	...	...	...
Q_n	a_{n1}	a_{n2}	...	a_{nn}

设有 n 个被比较顾客需求 $1,2,\cdots,n$,判断基准为 C,构造的判断矩阵记为 $A=(a_{ij})_{n\times n}$,其中 a_{ij} 表示因素 i 相对于因素 j 对于基准 C 的重要程度,显然,$a_{ij}=1/a_{ji}$。比较值 a_{ij} 原则上赋以1~9的整数或者倒数,具体如表3-3所示。

表3-3 顾客需求两两比较值及其含义

两两比较值	含 义
1	两个因素相比,对方同样重要
3	两个因素相比,前项比后项"稍微"重要
5	两个因素相比,前项比后项"明显"重要

续 表

两两比较值	含 义
7	两个因素相比,前项比后项"非常"重要
9	两个因素相比,前项比后项"绝对"重要
2,4,6,8	表示上述相邻判断的中间值

以上数值的倒数用于从后项看前项的情况下 $a_{ij}=1/a_{ji}$

3) 步骤三：确定每个层次各顾客需求的重要度数值,并进行一致性检验

计算权重向量 $W=(w_1,w_2,\cdots,w_i,\cdots,w_n)T, w_i$ 为因素 i 的重要度数值,见公式：

$$W_i = \frac{W_i \sum_{i=1}^{n} w_i}{}$$

$$W_i = \sqrt[n]{\prod_{j=1}^{n} a_{ij}}$$

为了防止出现顾客需求 A 比顾客需求 B 重要,顾客需求 B 比顾客需求 C 重要,而顾客需求 C 又比顾客需求 A 重要的情况,应当对判断矩阵进行一致性检验。我们需要计算一致性比率 CR 来决定一致性检验,见公式：

$$CR = CI/RI$$

$$\frac{\lambda_{\max} - n}{n-1}$$

$$\lambda_{\max} = \frac{1}{n} \sum_{i=1}^{n} \frac{(CW)_i}{w_i}$$

式中：

CR——一致性比率

CI——一致性指标

RI——平均随机一致性指数,为判断矩阵 A 的最大特征值(如表 3-4 所示)

λ——矩阵特征根

C——分类的准则

W——几何平均权重

按照 T. L. Saaty 的经验规则,当 $CR<0.1$ 时,判断矩阵的一致性是可接受

的;当 $CR \geqslant 0.1$ 时,应当对判断矩阵作适当修正。

表 3-4　RI 的取值表(随机一致性指标)

判断矩阵阶数	1	2	3	4	5	6	7	8	9
	0	0	0.58	0.90	1.12	1.26	1.36	1.41	1.46

4) 步骤四:计算各个层次的顾客需求的综合权重,并进行排序

根据调查表所得出的结果,每个顾客需求的重要度用 AHP 矩阵表示。然后,通过计算每个顾客的重要度权重的几何平均值,汇总得到 AHP 矩阵。为了完成这项任务,顾客的重要度权重要乘以顾客的要求值,得到顾客需求的重要度权重。

如果职业教育中外合作办学专业课程设置存在多次水平的展开,则假设共有 N 个层次的顾客需求,则属于第二层次的某一顾客需求的综合权重等于其所在层次内部的重要度与其所属顾客需求类别在上一层次内的重要度的乘积,其他各层次以此类推。如果 $N=3$,则需要进行以下步骤:首先,对于一次水平的二次水平,用同样的步骤计算权重。然后,对于二次水平的三次水平,用同样的步骤计算权重。三次水平的重要度用一次、二次、三次的权重乘积算出。

3.3.2　课程目标质量要素配置

本阶段的主要任务是将用学生、教师和企业的语言表达的顾客需求转换成用技术语言表达的课程目标质量要素,即将抽象的顾客需求进行具体的要素化。课程目标质量要素是指成为课程目标的特性、性能,是关于顾客真正需求的代用特性。

(1) 步骤一:考察顾客需求

首先对第一阶段已经获得的按重要度排序的顾客需求进行考察,针对学生、教师和企业的不同顾客需求从课程目标质量要素的角度去思考,也就是说,从课程目标的实现功能角度对顾客需求进行转换,形成课程目标的质量要素。

(2) 步骤二:抽出课程目标质量要素

在抽出课程目标质量要素时,需要参照的条件有:一是具有针对性,即课程目标质量要素是针对相应的来自学生、教师和企业的顾客需求而确定的;二是具有可衡量性,即为了实现对课程目标质量要素的动态调整,这些课程目标质量要

素需要具备可衡量的特征;三是具有全局性,即课程目标质量要素应当是针对整个专业课程设置而言的。

课程目标质量要素抽取出来之后,用亲和图法进行整理,建立课程目标配置表。

(3) 步骤三:课程目标自相关关系矩阵

课程目标的自相关关系矩阵,需要由该领域的权威专家小组进行评判打分。如果改善某一个课程目标将有助于改善另外一个课程目标,则我们认为这两个课程目标是具有正相关关系的,用符号"○"来表示;相反,如果改善某一个课程目标将对另外一个课程目标产生负面影响,则我们认为这两个课程目标是具有负相关关系的,用符号"×"来表示,空白则表示两个课程目标之间没有明显相关关系,如图3-8所示。

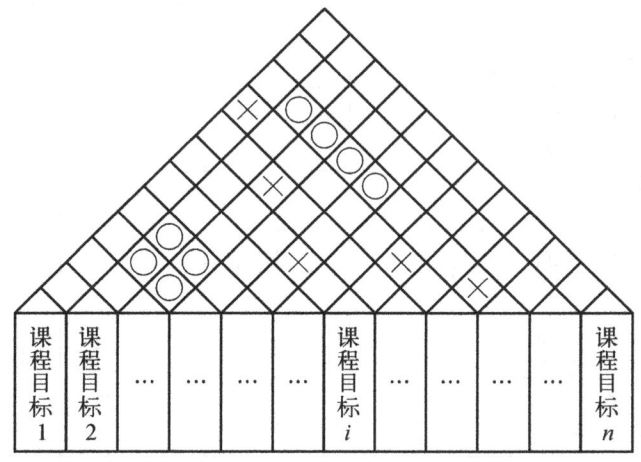

图3-8 课程目标自相关关系矩阵

3.3.3 顾客需求与课程目标相关关系矩阵

(1) 步骤一:建立顾客需求与课程目标相关关系矩阵

在已有的顾客需求和课程目标信息的基础之上,接下来将制作"顾客需求—课程目标"二维关系矩阵,用来衡量和表示各课程目标与各顾客需求项之间错综复杂的关系。通常用一组符号或者数字来表示顾客需求与课程目标之间的相关程度。用数字5表示"强"关系,即实现某个课程目标与满足其对应的顾客需求强相关。用数字3表示"中等"关系,即实现某个课程目标与满足其对应的顾客需求中等相关。用数字1表示"弱"关系,即实现某个课程目标与满足其对应的顾客需求弱相关。空白则表示没有直接相关关系。通过将之前的顾客需求配置表和课程目标配置表进行合理组合,得到"顾客需求—课程目标"二维关系矩阵,如表3-5所示。

表3-5 "顾客需求—课程目标"二维关系矩阵

顾客需求			课程目标1	课程目标2	...	...	...	课程目标i	...	...	课程目标n
一层次	二层次	三层次									
课程设置顾客需求	学生需求	学生需求1	5								
		...	3	5	5	5					5
		学生需求n				5	5	3			3
	教师需求	教师需求1									3
		...									
		教师需求n	3	5	3	3	1				3
	企业需求	企业需求1					3	5	1	5	5
		...		1							5
		企业需求n									

(2)步骤二:将顾客需求权重转化为课程目标权重

本步骤的关键点是将顾客需求的权重转化为课程目标权重的过程。"质量功能配置"中的"质量配置"有两种含义:一是顾客需求项目的层次化分析;二是将顾客需求重要度变换为质量特性的重要度等。所以,重要度转换在整个职业教育中外合作办学专业课程设置中占有非常重要的地位。

如前所述,可以采取独立配点法或比例配点法对重要度进行转换,将经过修正之后的顾客需求重要度(相对权重)转换为课程目标重要度。如表3-6所示,采用 5∶3∶1 分配重要度。经过质量屋的重要度转换,可以得到课程目标的重要度。

表 3－6　课程目标的重要度

课程目标1	课程目标2	...	...	...	...	课程目标i	...	...	...	...	课程目标n
5.08	57.45	20.28	67.90	48.85	28.20	18.67	11.20	95.48	47.62	19.03	34.88

3.3.4　构建课程目标质量屋,确定课程目标

结合前边各步骤提取的顾客需求、课程目标质量要素、课程目标自相关矩阵、顾客需求与课程目标相关性等,可以构建课程目标子模型,推导出课程目标,并按照课程目标的重要度进行排序。

4 职业教育中外合作办学专业课程体系构建现状调查

4.1 职业教育中外合作办学专业开设现状

4.1.1 职业教育中外合作办学机构和项目批准情况现状调查

1994—2022年,经教育部批准的中外合作办学机构和项目共有2 559个,其中:职业教育中外合作办学机构和项目1 301个[①],占比约为51%;职业教育中外合作办学机构234个,职业教育中外合作办学项目1 067个;成人高等专科教育机构和项目85个,分别为:

中外合作办学机构:

宁波城市职业技术学院中澳合作技术与继续教育学院金融管理与实务、市场营销、报关与国际货运、艺术设计

中外合作办学项目:

北京电子科技职业学院与德国德累斯顿工业大学继续教育学院合作举办数控技术专业高职教育项目

北京工业职业技术学院与德国德累斯顿工业大学继续教育学院合作举办机电一体化技术专业高职教育项目

北京吉利大学与德国德累斯顿工业大学继续教育学院合作举办汽车检测与维修技术专业高职教育项目、数控技术专业高职教育项目

北京交通运输职业学院与德国德累斯顿工业大学继续教育学院合作举办汽

---

① 需要特别说明的是,《中外合作办学条例》第五十九条规定:"香港特别行政区、澳门特别行政区和台湾地区的教育机构与内地教育机构合作办学的,参照本条例的规定执行。"一般在统计时会将该类合作办学纳入中外合作办学统计数据。本书所提及数据也是如此,后文一般情况不再特别加以说明。

车检测与维修专业高职教育项目、物流管理专业高职教育项目

北京科技职业学院与德国德累斯顿工业大学继续教育学院合作举办物流管理专业高职教育项目

北京劳动保障职业学院与德国德累斯顿工业大学继续教育学院合作举办汽车检测与维修技术专业高职教育项目

首钢工学院与德国德累斯顿工业大学继续教育学院合作举办计算机辅助设计与制造专业高职教育项目

上海大学与澳大利亚威廉·安格里斯技术与继续教育学院合作举办旅游管理专业高等专科教育项目

上海工商外国语职业学院与澳大利亚北墨尔本技术和继续教育学院合作举办会展策划与管理专业专科合作项目

上海电机学院与澳大利亚博士山技术和继续教育学院合作举办国际商务专业高等专科教育项目、机械制造与自动化专业高等专科教育项目

上海商学院与澳大利亚北悉尼技术与继续教育学院合作举办国际商务专业高等专科教育项目、会计专业高等专科教育项目

上海商业会计学校与澳大利亚昆士兰州布里斯班技术与继续教育学院合作举办会计专业中等职业教育项目

天津工程职业技术学院与澳大利亚西澳州中央技术与继续教育学院合作举办油气开采技术专业高等专科教育项目

重庆工程职业技术学院与澳大利亚堪培门技术与继续教育学院合作举办涉外会计专业高等专科学历教育项目

金陵科技学院与澳大利亚布里斯班北部技术与继续教育学院合作举办国际商务专业高等专科教育项目

无锡职业技术学院与澳大利亚新南威尔士州西南悉尼技术与继续教育学院合作举办国际商务(国际营销)专业高等专科教育项目

南通大学与澳大利亚南澳州阿德莱德技术与继续教育学院合作举办公共事业管理专业高等专科教育项目、社会工作专业高等专科教育项目、英语专业高等专科教育项目

无锡科技职业学院与澳大利亚布里斯班北部技术与继续教育学院合作举办商务英语专业高等专科教育项目

扬州工业职业技术学院与澳大利亚西南科技和继续教育学院合作举办会计

专业专科教育项目

江苏师范大学与澳大利亚迪肯大学西南技术与继续教育学院合作举办市场营销专业高等专科教育项目

南京信息职业技术学院与澳大利亚新南威尔士州西南悉尼技术与继续教育学院合作举办电子信息工程专业高等专科教育项目

无锡城市职业技术学院与澳大利亚博士山技术与继续教育学院合作举办电子商务专业专科教育项目、国际贸易实务专业专科教育项目、计算机信息技术专业专科教育项目

金陵旅馆管理干部学院与澳大利亚威廉·安格里斯技术与继续教育学院合作举办酒店管理专业专科项目

南京旅游职业学院与澳大利亚威廉·安格里斯技术与继续教育学院合作举办酒店管理专业专科项目

中国矿业大学徐海学院与澳大利亚北悉尼技术与继续教育学院合作举办酒店及旅游管理专业高等专科教育项目

苏州市职业大学与澳大利亚启思蒙职业与继续教育学院合作举办机电一体化技术专业专科教育项目

无锡职业技术学院与澳大利亚昆士兰布里斯班技术与继续教育学院合作举办计算机网络技术专业专科教育项目

苏州市职业大学与澳大利亚坎根职业与继续教育学院合作举办学前教育专业专科教育项目

宁波城市职业技术学院中澳合作技术与继续教育学院、浙江机电职业技术学院与澳大利亚博士山技术与继续教育学院合作举办国际贸易实务专业高等专科教育合作项目、数控技术专业高等专科教育项目

杭州职业技术学院与澳大利亚北墨尔本技术与继续教育学院合作举办园林规划设计高等专科学历教育项目、计算机应用技术专业高等专科教育项目

宁波城市职业技术学院与澳大利亚新南威尔士州技术与继续教育学院合作举办大数据与会计专业高等专科教育项目、计算机应用技术专业高等专科教育项目

浙江金融职业学院与澳大利亚西澳州中央技术与继续教育学院合作举办投资与理财专业高等专科教育项目

浙江旅游职业学院与澳大利亚威廉·安格里斯技术与继续教育学院合作举

办酒店管理专业高等专科教育项目、旅游管理专业高等专科教育项目

宁波城市职业技术学院与澳大利亚新南威尔士州西悉尼技术与继续教育学院合作举办旅游管理专业高等专科教育项目

广东岭南职业技术学院与澳大利亚北墨尔本职业技术与继续教育学院合作举办国际商务专业高等专科教育项目、会计专业高等专科教育项目

中山职业技术学院与澳大利亚威廉·安格里斯职业与继续教育学院合作举办旅游管理专业专科教育项目

清远职业技术学院与澳大利亚布里斯本北部职业技术与继续教育学院合作举办国际经济与贸易专业专科教育项目

广州工程技术职业学院与南澳大利亚技术与继续教育学院合作举办会计专业高等专科教育项目

海南软件职业技术学院与澳大利亚新南威尔士州西南悉尼技术与继续教育学院合作举办游戏软件专业专科教育项目、软件技术专业专科教育项目、机械设计与制造专业高等专科教育项目

海南科技职业学院与澳大利亚新南威尔士州西南悉尼技术与继续教育学院合作举办旅游管理专业专科教育项目

山东女子学院与澳大利亚启思蒙技术与继续教育学院合作举办会计专业高等专科教育项目

潍坊职业学院与澳大利亚戈顿技术与继续教育学院合作举办电子商务专业高等专科教育项目

青岛酒店管理职业技术学院与南澳大利亚技术与继续教育学院合作举办酒店管理专业高等专科教育项目

江西外语外贸职业学院与澳大利亚博士山职业与继续教育学院合作举办国际商务专业高等专科教育项目、会计专业高等专科教育项目

南昌航空大学与澳大利亚北墨尔本职业技术与继续教育学院合作举办国际经济与贸易专业高等专科教育项目（已停招）

江西电力职业技术学院与澳大利亚启思蒙技术与继续教育学院合作举办电气技术专业高等专科教育项目、会计电算化专业高等专科教育项目

四川职业技术学院与澳大利亚北墨尔本技术与继续教育学院合作举办计算机软件专业高等专科教育项目

安徽中澳科技职业学院与澳大利亚西澳州中央技术与继续教育学院合作举

办商务英语专业高等专科教育项目

安徽医学高等专科学校与澳大利亚新南威尔士州西南悉尼技术与继续教育学院合作举办医疗保险(国际商务)专业高等专科教育项目

保定电力职业技术学院与澳大利亚启思蒙技术与继续教育学院合作举办电力系统自动化技术专业高等专科教育项目

邢台学院与澳大利亚开放学习技术与继续教育学院合作举办商务管理专业高等专科学历教育项目

湖北交通职业技术学院与澳大利亚博士山技术与继续教育学院合作举办旅游管理专业高等专科教育项目

武汉商学院(原武汉商业服务学院)与澳大利亚北墨尔本技术与继续教育学院合作举办社会体育专业高等专科教育项目

武昌理工学院与澳大利亚博士山职业与继续教育学院合作举办计算机网络技术专业高等专科教育项目

湖南对外经济贸易职业学院与澳大利亚博士山技术与继续教育学院合作举办国际商务专业高等专科教育项目、计算机网络技术专业高等专科教育项目、酒店管理专业高等专科教育项目、市场营销专业高等专科教育项目

湖南交通职业技术学院与澳大利亚博士山技术与继续教育学院合作举办工程机械运用与维护专业高等专科教育项目、汽车运用技术专业高等专科教育项目

湖南涉外经济学院与澳大利亚霍姆斯格兰职业与继续教育学院合作举办会计专业高等专科教育项目

山西电力职业技术学院与澳大利亚启思蒙职业与继续教育学院合作举办发电厂及电力系统专业(电气工程类方向)高等专科教育项目

太原理工大学与澳大利亚北墨尔本技术与继续教育学院合作举办信息技术专业高等专科教育项目、国际商务专业高等专科教育项目

非学历项目3个,分别为:

南京工业大学浦江学院与奥地利维也纳模都尔大学合作举办酒店管理专业非学历课程培训项目

无锡太湖学院与美国加州浸会大学合作举办特许金融分析师(一级)非学历课程培训项目

上海纺织工业职工大学与意大利马兰戈尼学院合作举办时尚设计与营销专

业非学历教育项目

在已经批准的职业教育中外合作办学机构和项目中,由于各种原因已经停招停办的共53个,分别为:

中外合作办学机构:

江苏工程职业技术学院堪培门学院国际商务、会计、服装设计、计算机网络技术(网络安全)专业

闽江学院爱恩国际学院国际经济与贸易、财务会计、市场营销、计算机应用技术、电子商务、金融与保险专业

中外合作办学机构和项目:

钟山职业技术学院与澳大利亚北墨尔本高等技术学院合作举办国际商务专业高等专科教育项目、会计专业专科项目

无锡职业技术学院与丹麦国际商业学院(科灵)合作举办市场营销(营销管理)专业专科教育项目

无锡职业技术学院与美国皮特社区学院合作举办机械制造与自动化专业专科教育项目

镇江市高等专科学校与加拿大荷兰学院合作举办旅游与酒店管理专业高等专科教育项目、商务管理(工商管理—商务经理)专业高等专科教育项目、商业信息技术专业高等专科教育项目、市场营销(市场营销与广告管理)专业高等专科教育项目

常州纺织服装职业技术学院与新加坡莱佛士高等教育学院合作举办时装设计专业高等专科教育项目、室内设计专业高等专科教育项目

无锡南洋职业技术学院与爱尔兰高威—梅友理工学院合作举办酒店与餐饮管理专业高等专科教育项目

无锡南洋职业技术学院与澳大利亚新英格兰大学合作举办计算机专业高等专科教育项目

无锡南洋职业技术学院与美国圣玛丽大学合作举办会计专业高等专科教育项目、金融管理专业高等专科教育项目

南京信息职业技术学院与澳大利亚新南威尔士州西南悉尼技术与继续教育学院合作举办电子信息工程专业高等专科教育项目

南京信息职业技术学院与加拿大不列颠哥伦比亚理工学院合作举办计算机多媒体技术专业高等专科教育项目、计算机网络技术专业高等专科教育项目、软件技术专业高等专科教育项目

江苏工程职业技术学院与澳大利亚中央技术学院合作举办工程造价专业专科教育项目

无锡商业职业技术学院与韩国庆南情报大学合作举办计算机应用技术专业中外合作教育项目、汽车运用技术专业中外合作教育项目

无锡商业职业技术学院与韩国永进专门大学合作举办数控技术专业中外合作教育项目

无锡商业职业技术学院与加拿大剑智文理学院合作举办会计专业高等专科教育项目

无锡商业职业技术学院与马来西亚砂劳越英迪学院合作举办酒店管理专业中外合作教育项目

无锡城市职业技术学院与澳大利亚博士山技术与继续教育学院合作举办电子商务专业专科教育项目、国际贸易实务专业专科教育项目、计算机信息技术专业专科教育项目

无锡城市职业技术学院与新加坡特许科技学院合作举办投资与理财(金融服务)专业专科教育项目、会计(审计)专业专科教育项目

金华职业技术学院与澳大利亚中央技术学院合作举办建筑设计技术专业高等专科教育项目

杭州科技职业技术学院与澳大利亚墨尔本理工学院合作举办会计专业高等专科教育项目、酒店管理专业高等专科教育项目

九江学院与英国桑德兰大学合作举办财务管理专业高等专科教育项目、计算机应用技术专业高等专科教育项目

华东交通大学与澳大利亚斯威本科技大学合作举办电子商务专业高等专科教育项目、国际商务专业高等专科教育项目

江西理工大学与美国蒙东那大学合作举办环境监测与治理技术专业高等专科教育项目

南昌航空大学与澳大利亚北墨尔本职业技术与继续教育学院合作举办国际经济与贸易专业高等专科教育项目

南昌航空大学与加拿大圣力嘉应用艺术与技术学院合作举办空中乘务专业高等专科教育项目

南昌大学与爱尔兰高威—梅努斯理工学院合作举办旅游管理专业高等专科教育项目、软件技术专业高等专科教育项目

安徽医学高等专科学校与美国库克学院合作举办护理专业高等专科教育项目

内蒙古商贸职业学院与英国南埃塞克斯学院合作举办金融与证券专业高等专科教育项目

本书所指向的研究范围不包含以上所述的成人高等专科教育机构和项目、非学历项目和已经停招停办的机构和项目。

1994—1999年,教育部最早批准的职业教育中外合作办学机构和项目为3个,集中在长三角地区。

1994年教育部批准的职业教育中外合作办学机构和项目为江苏师范大学与澳大利亚迪肯大学西南技术与继续教育学院合作举办市场营销专业高等专科教育项目。1995年教育部批准的职业教育中外合作办学机构和项目为金陵科技学院与澳大利亚布里斯班北部技术与继续教育学院合作举办国际商务专业高等专科教育项目。1999年教育部批准的职业教育中外合作办学机构和项目为上海商学院与澳大利亚北悉尼技术与继续教育学院合作举办国际商务专业高等专科教育项目。

2000—2002年,职业教育中外合作办学机构和项目进入缓慢发展阶段。

2000年教育部批准的职业教育中外合作办学机构和项目为3个,分别为:

上海对外经贸大学与英国中兰卡郡大学合作举办商务英语专业高等专科教育项目

广州民航职业技术学院与加拿大圣力嘉文理学院合作举办空中乘务专业高等专科教育项目

广州民航职业技术学院与加拿大圣力嘉文理学院合作举办电子信息工程技术专业高等专科教育项目

2001年教育部批准的职业教育中外合作办学机构和项目为6个,分别为:

上海金融学院与丹麦尼尔斯布鲁克哥本哈根商学院合作举办国际金融专业高等专科教育项目、市场营销专业高等专科教育项目

金陵科技学院与加拿大圣力嘉应用文理学院合作举办会计专业高等专科教育项目

金陵科技学院与新西兰奥克兰理工大学合作举办机械电子工程专业高等专科教育项目

上海师范大学与美国盐湖社区学院合作举办文秘专业高等专科教育项目

广州民航职业技术学院与加拿大卡纳多文理学院合作举办飞机机电设备维

修专业高等专科教育项目

2002年教育部批准的职业教育中外合作办学机构和项目为14个,分别为：

金肯职业技术学院与澳大利亚南昆士兰大学合作举办电子商务专业高等专科教育项目、国际会计专业高等专科教育项目、国际贸易专业高等专科教育项目

硅湖职业技术学院与英国阿格利亚罗斯金大学合作举办法律专业高等专科教育项目、计算机科学与技术专业高等专科教育项目

硅湖职业技术学院与新西兰奥克兰商学院合作举办国际商务专业高等专科教育项目、旅游管理专业高等专科教育项目

上海行健职业学院与法国亚眠庇卡底高等工商教育集团合作举办工商企业管理专业高等专科教育项目

四川天一学院与澳大利亚霍姆斯格兰学院合作举办国际商务专业高等专科教育项目

济源职业技术学院与澳大利亚北墨尔本高等技术学院合作举办国际商务专业高等专科教育项目

金陵旅馆管理干部学院与澳大利亚威廉·安格里斯技术与继续教育学院合作举办酒店管理专业专科教育项目

上海医疗器械高等专科学校与日本大阪滋庆学园合作举办临床工程技术专业高等专科教育项目

镇江市高等专科学校与加拿大荷兰学院合作举办旅游与酒店管理专业高等专科教育项目

常州工学院与加拿大荷兰学院合作举办商务程序分析专业高等专科教育项目

从开设的专业情况看,由于中国加入世界贸易组织的影响,对国际贸易、国际商务相关专业国际化人才需求趋于旺盛。从开设的地区来看,仍然以苏浙沪一带为主。

2003—2008年和2009—2018年,职业教育中外合作办学机构和项目经历了两个阶段的显著波动。

2003—2008年,职业教育中外合作办学机构和项目进入第一轮显著波动阶段——由快速发展到显著下降的过程。其中,2006年是本轮过程变化的拐点。

2003年教育部批准的职业教育中外合作办学机构和项目数与上一年持平,同样是14个。开设专业分别为：草坪管理、电力技术、电力系统自动化技术、公共事业管理、护理、会计、建筑工程管理、社会工作、市场营销、医疗保险(国际商

务）、英语、装饰艺术设计。开设的专业种类出现多元化局面。2004年教育部批准的职业教育中外合作办学机构和项目数大幅度增长，为37个，开设专业集中在商务、护理、多媒体设计、机电一体化、计算机、旅游管理等。2005年教育部批准的职业教育中外合作办学机构和项目数有小幅上升，为42个，开设专业集中在国际贸易、电子商务、旅游管理、计算机应用技术等。

2006年是职业教育中外合作办学机构和项目第一轮显著波动阶段的拐点，教育部批准的职业教育中外合作办学机构和项目数达到峰值，为64个，开设专业集中在商业信息技术、国际经济与贸易、国际酒店与旅游管理、物流管理、体育服务与管理、作物生产技术、市场营销、园艺技术、网络通讯服务、市场营销、视觉艺术设计、数控技术、土木工程、影视动画设计、应用化工技术、信息技术应用、畜牧兽医、计算机科学技术、国际贸易实务、工商企业管理、国际商务、汽车维修技术、金融与会计、企业管理、会计、酒店与餐饮管理、电子信息工程、模具设计与制造、电子信息工程、旅游管理、酒店与旅游管理、酒店及饭店管理等。

在经历了2006年的高峰之后，2007年教育部批准的职业教育中外合作办学机构和项目数出现了明显的下降，仅为37个，开设专业集中在电子商务、国际经济与贸易、国际商务、会计、机电一体化、酒店管理、旅游管理、软件技术、市场营销等。2008年教育部批准的职业教育中外合作办学机构和项目数快速下降至本轮显著波动阶段的波谷，仅为15个，开设专业集中在商务、计算机、酒店及旅游管理等。

2009—2016年，职业教育中外合作办学机构和项目进入第二轮显著波动阶段——由快速发展到显著下降的过程。其中，2012年是本轮过程变化的拐点。

2009年教育部批准的职业教育中外合作办学机构和项目数为16个，开设专业集中在会计、酒店及旅游管理、国际贸易、软件应用技术等。2010年教育部批准的职业教育中外合作办学机构和项目数实现飞速增长，达到53个，开设专业集中在电视节目制作、电子商务、酒店管理、国际经济与贸易、会计、机电一体化、建筑工程技术、汽车检测维修、商务英语等。2011年教育部批准的职业教育中外合作办学机构和项目数小幅回落，为50个，开设专业集中在城市园林、道路桥梁工程技术、电力系统自动化技术、电子商务、动漫设计与制作、多媒体设计与制作、工程机械运用与维护、工商管理、国际经济与贸易、国际贸易实务、会计、计算机应用技术、金融管理与实务、旅游管理、投资与理财、物流管理、医学营养、印刷图文信息处理等。

2012年教育部批准的职业教育中外合作办学机构和项目数飞速增长，

为112个,到达本轮显著波动阶段的波峰,开设专业集中在报关与国际货运、表演艺术、财务管理、导游、电力自动技术、电子商务、工程造价、工商企业管理、国际经济与贸易、国际商务、航空服务、护理、环境治理技术、会计、会计电算化、机电一体化、机械自动化、计算机技术、建筑工程管理、建筑工程技术、经济管理、酒店管理、旅游管理、汽车检测维修、人物形象设计、软件技术、商务管理、市场营销、艺术设计、应用电子技术等。

2013年教育部批准的职业教育中外合作办学机构和项目数又大幅下降,为52个,开设专业集中在船舶工程技术、电气自动化技术、电子商务、工程造价、国际金融、国际经济与贸易、国际商务、护理、环境监测与治理技术、会计、会展策划与管理、机电一体化技术、机械制造与自动化、酒店管理、康复治疗技术、连锁经营管理、旅游管理、汽车检测与维修、数控技术、艺术设计等。

2014年教育部批准的职业教育中外合作办学机构和项目数在经历了2013年的大幅度回落之后又大幅上升,为82个,开设专业集中在财务管理、电气自动化技术、国际经济与贸易、护理、会计、机电一体化、建筑工程管理、金融管理与实务、酒店管理、旅游管理、汽车检测维修、人力资源管理、商务管理、涉外旅游、市场营销、物流管理、医药营销、艺术设计、音乐表演、应用电子技术等。

2015年教育部批准的职业教育中外合作办学机构和项目数与上一年相比基本保持稳定,为78个,开设专业集中在财务管理、电气自动化技术、国际商务、会计、机电一体化技术、机械自动化、计算机网络技术、建筑工程技术、金融保险、酒店管理、旅游管理、汽车电子技术、软件技术、商务管理、市场营销、物流管理、学前教育、艺术设计、应用化工技术、珠宝首饰鉴定等。

2016年教育部批准的职业教育中外合作办学机构和项目数略有增长,为95个,开设专业集中在广告艺术设计、数控技术、机械设计与制造、会计、国际金融、国际贸易实务、市场营销、电子商务、物流管理、工商企业管理、酒店管理、商务英语、信息安全与管理、软件技术、动漫制作技术、旅游管理、建筑设计、机电一体化技术、云计算技术与应用、大数据技术与应用、数字媒体艺术设计、铁道交通运营管理、数字媒体设计与制作、学前教育、会展策划与管理、护理、通信技术、光电制造与应用技术、国际经济与贸易、动漫设计与制作、广播影视节目制作、汽车制造与试验技术、休闲服务与管理、汽车运用与维修技术等。

2017年教育部批准的职业教育中外合作办学机构和项目数又有所回落,为63个,开设专业集中在机电一体化技术、广播影视节目制作、影视动画、会计、时尚设计与营销、日语、学前教育、酒店管理、旅游管理、西餐工艺、国际商务、建筑电气工程技术、园林技术、动漫设计、动漫制作技术、法律事务、计算机应用技术、酒店管理与数字化运营、机械制造与自动化、市场营销、国际金融、国际经济与贸易、电子商务、商务英语、数字媒体艺术设计、大数据技术与应用、云计算技术与应用、物联网应用技术、室内艺术设计、建筑工程技术等。

2018年教育部批准的职业教育中外合作办学机构和项目数再次大幅下降，为41个，开设专业集中在数控技术、模具设计与制造、汽车制造与试验技术、通信系统运行管理、建筑工程技术、护理、计算机网络技术、机械制造与自动化、电气自动化技术、工业机器人技术、美容美体艺术、船舶工程技术、机电一体化技术、旅游管理、空中乘务、学前教育、会计、视觉传播设计与制作、计算机应用技术、铁道信号自动控制、汽车检测与维修技术、铁道交通运营管理数字媒体应用技术（平面设计）、物流管理、金融保险、市场营销等。

4.1.2 职业教育中外合作办学专业区域分布调查

1 301个职业教育中外合作办学机构和项目分布在我国28个省、自治区和直辖市，其中东北地区52个，西北地区32个，西南地区105个，华南地区98个，华东地区665个，华中地区166个，华北地区183个。

（1）东北地区分布情况

在东北地区开设的职业教育中外合作办学机构和项目共有52个，占比约为4.00%，分布在黑龙江、吉林、辽宁（如图4-1所示）。

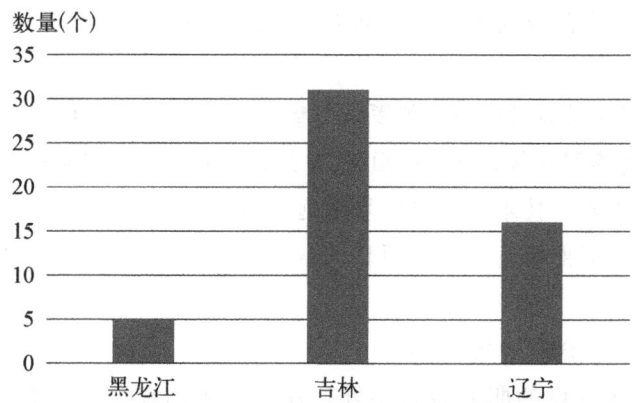

图4-1 东北地区职业教育中外合作办学机构和项目分布图

辽宁开设的职业教育中外合作办学机构和项目为16个，分别为：

中外合作办学机构：

沈阳工程学院红河国际学院发电厂及电力系统、电力系统继电保护与自动化、供用电技术、高压输配电线路施工运行与维护、电厂热能动力装置、火电厂集控运行、工业过程自动化技术、旅游英语、英语、计算机专业

中外合作办学项目：

辽宁林业职业技术学院与加拿大亚岗昆应用文理与技术学院合作举办酒店管理专业专科层次教育项目

辽宁省交通高等专科学校与加拿大百年应用文理与技术学院合作举办汽车运用与维修技术专业高等专科教育项目、物流管理专业高等专科教育项目

辽宁铁道职业技术学院与泰国坦亚武里皇家理工大学联合举办动车组检修技术专业高等专科教育项目

铁道通信与信息化技术专业高等专科教育项目、铁道信号自动控制专业高等专科教育项目

吉林开设的职业教育中外合作办学机构和项目为31个，为东北地区数量最多者，开设专业涉及铁道信号自动控制、铁道供电技术、动车组检修技术、汽车检测与维修技术、多媒体设计与制作、工商企业管理、国际经济与贸易、电子商务技术、计算机网络技术、会计、金融管理与实务、护理、国际金融、空中乘务、铁道车辆、铁道机车、铁道交通运营管理、学前教育、机电一体化、物流管理、医学美容技术、药物制剂技术、康复治疗技术、现代移动通信技术、机械制造及自动化、旅游管理等。

黑龙江开设的职业教育中外合作办学机构和项目为5个，分别为：

哈尔滨金融学院与英国米德塞克斯大学合作举办金融管理与实务专业教育项目

黑龙江建筑职业技术学院与俄罗斯阿穆尔共青城国立技术大学合作举办建筑工程技术专业高等职业教育（专科）项目、建筑设计专业高等职业教育（专科）项目

哈尔滨铁道职业技术学院与俄罗斯远东国立交通大学合作举办高速铁道工程技术专业高等职业教育（专科）项目、铁道交通运营管理专业高等职业教育（专科）项目

（2）西北地区分布情况

在西北地区开设的职业教育中外合作办学机构和项目共有32个，占比约为2.46%，分布在陕西、甘肃、新疆，宁夏和青海尚未开设（如图4-2所示）。

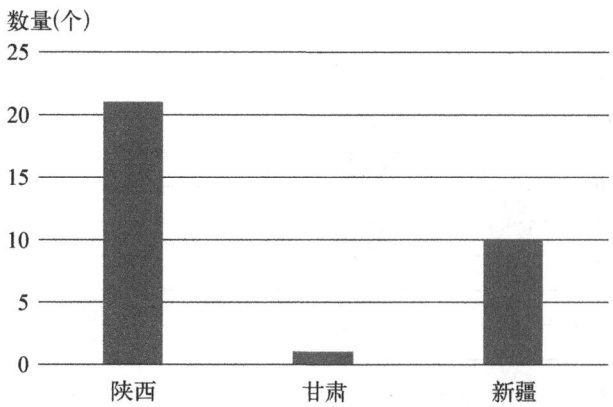

图 4-2　西北地区职业教育中外合作办学机构和项目分布图

陕西开设的职业教育中外合作办学机构和项目为21个，开设专业涉及铁道交通运营管理、城市轨道交通机电技术、铁道供电技术、铁道机车、铁道车辆、铁道工程技术、高速铁道工程技术、铁路物流管理、铁道信号自动控制、电厂热能动力装置、电气工程、工商企业管理、工业工程、计算机网络技术、汽车检测与维修技术、旅游管理、国际商务、计算机应用技术、汽车营销与服务、软件技术等。

甘肃开设的职业教育中外合作办学机构和项目为1个，即兰州石化职业技术学院与加拿大荷兰学院合作举办会计专业专科教育项目。

新疆开设的职业教育中外合作办学机构和项目为10个，开设专业涉及会计与审计、酒店管理、会计、物流管理、软件技术、建筑工程技术、机械制造与自动化、电气自动化技术、汽车运用与维修技术等。

（3）西南地区分布情况

在西南地区开设的职业教育中外合作办学机构和项目共有105个，占比约为8.07%，分布在云南、重庆、四川、贵州，西藏尚未开设（如图4-3所示）。

云南开设的职业教育中外合作办学机构和项目为15个，开设专业涉及应用泰国语休闲服务与管理（圣·安德鲁斯国际高尔夫管理）、会计、机电一体化技术、经济管理、烹饪工艺与营养、市场营销、康复治疗技术、环境监测与治理技术、智能交通技术运用、建筑材料工程技术、电气自动化技术、机械制造与自动化、环境工程技术、测绘工程技术等。

重庆开设的职业教育中外合作办学机构和项目为30个，开设专业涉及计算机应用技术、财务管理、酒店管理、物流管理、机电一体化技术、工业机器人技术、

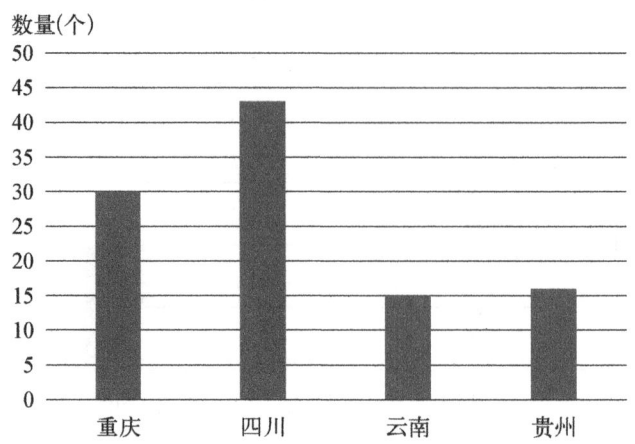

图 4-3　西南地区职业教育中外合作办学机构和项目分布图

软件技术、涉外会计、会计、电子信息工程技术、工程造价、航海技术、轮机工程技术、汽车制造与试验技术、通信系统运行管理、机械设计与制造、建筑工程技术、护理、计算机网络技术、数字媒体艺术设计、智慧健康养老服务与管理、建筑设计、康复治疗技术、数字媒体技术等。

四川开设的职业教育中外合作办学机构和项目为 43 个，开设专业涉及酒店管理、软件技术、文化创意与策划、会展策划与管理、智慧景区开发与管理、人物形象设计、艺术设计、计算机软件、国际商务、会计、建筑工程技术、工程造价、建筑工程管理、医疗美容技术、医学营养、康复技术、心理咨询、数控技术、物流管理、商务管理、旅游管理、计算机信息管理、计算机应用技术、交通运输与管理、土木工程、涉外旅游、会计电算化、空中乘务、广播影视节目制作、数字媒体应用技术、汽车运用与维修技术、机械制造与自动化、学前教育、计算机网络技术等。

贵州开设的职业教育中外合作办学机构和项目为 17 个，开设专业涉及室内艺术设计、建筑工程技术、物流管理、金融保险、会计、市场营销、酒店管理、电气技术、计算机网络技术、学前教育、大数据技术等。

(4) 华南地区分布情况

在华南地区开设的职业教育中外合作办学机构和项目共有 98 个，占比约为 7.53%，分布在广东、广西、海南(如图 4-4 所示)。

广东开设的职业教育中外合作办学机构和项目为 59 个，开设专业涉及供用电技术、电气自动化技术、电子信息工程技术、商务管理、国际商务、会计、体育服

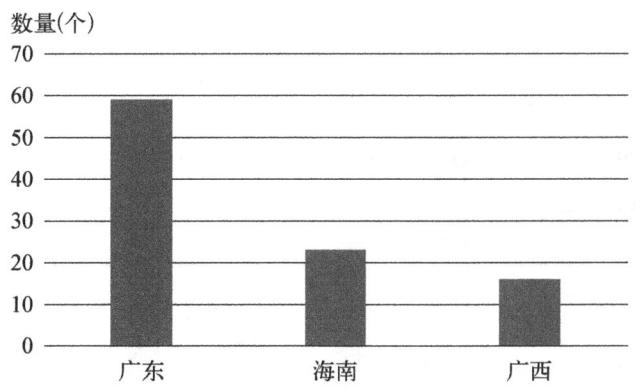

图4-4 华南地区职业教育中外合作办学机构和项目分布图

务与管理、建筑工程技术、建筑设计、应用英语(酒店与会展英语)、金融服务与管理、软件技术、现代物流管理、电子商务、软件工程、计算机应用技术、旅游管理、市场营销、空中乘务、飞机结构修理、飞机电子设备维修、大数据与财务管理、食品检验检测技术、国际经济与贸易、人力资源管理、应用电子技术(光电源及开关电源技术)、动漫制作技术、法律事务、酒店管理与数字化运营、机械制造与自动化、学前教育、健康管理、智能医疗装备技术、网络新闻与传播、铁道交通运营管理、建筑工程技术、工程造价、计算机网络技术、物联网应用技术、铁道供电技术等。

广西开设的职业教育中外合作办学机构和项目为16个,开设专业涉及酒店管理与数字化运营、艺术设计、国际经济与贸易、建筑工程技术、室内设计技术、道路桥梁工程技术、计算机应用技术、金融与会计、网络通讯服务、企业管理、酒店与旅游运营管理、护理、大数据与会计、数字媒体应用技术(平面设计)、机电一体化技术等。

海南开设的职业教育中外合作办学机构和项目为23个,开设专业涉及机电一体化技术、软件技术、旅游管理、财务管理、国际经济与贸易、动漫设计与制作、会计、酒店管理、市场营销、工商企业管理、体育服务与管理、国际商务、游戏软件、机械设计与制造、商务管理(人力资源管理)、高尔夫场地管理等。

(5)华东地区分布情况

在华东地区开设的职业教育中外合作办学机构和项目共有665个,占比约为51.11%,比重超过一半,分布在福建、江苏、山东、上海、浙江、安徽(如图4-5所示)。

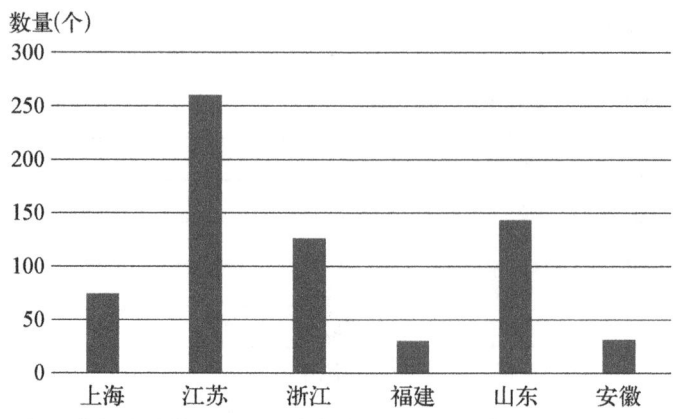

图 4-5 华东地区职业教育中外合作办学机构和项目分布图

福建开设的职业教育中外合作办学机构和项目为 30 个，开设专业涉及电气自动化技术、建筑工程管理、国际经济与贸易、会计等。

江苏开设的职业教育中外合作办学机构和项目为 260 个，开设专业涉及电子商务、国际会计、国际贸易、汽车运用技术、康复治疗技术、汽车检测与维修技术、国际商务、会计、旅游管理、电气自动化技术、汽车技术服务与营销、工商企业管理、会展管理、物流管理、应用电子技术、草坪管理、商务管理、工商财务管理、数控技术、学前教育、机械电子工程、市场营销、机械制造与自动化、公共事业管理、社会工作、英语、国际酒店管理、旅游与酒店管理、动物医学、嵌入式系统工程、软件技术、多媒体设计、时装设计、室内设计、财务管理、计算机应用与维护、商务程序分析、机电一体化技术、信息技术管理、动漫设计与制作、酒店与餐饮管理等。

山东开设的职业教育中外合作办学机构和项目为 144 个，开设专业涉及会计、计算机科学与技术、建筑工程管理、市场营销、国际经济与贸易、建筑设计技术、国际商务、物流管理、机电一体化技术、水利工程、计算机应用技术、信息技术应用、艺术设计、软件技术、影视动画设计、学前教育、服装设计、酒店管理、宠物养护与疫病防治、汽车检测与维修技术等。

上海开设的职业教育中外合作办学机构和项目为 74 个，开设专业涉及印刷图文信息处理、建筑工程管理、城市园林、国际金融、市场营销、国际商务(旅游及商务管理)、工商企业管理、国际商务、机电一体化技术、旅游管理、会展策划与管理、连锁经营管理、国际经济与贸易、商务英语、舞台艺术设计、商务英语、会计、信息技术与信息管理、护理、口腔医学技术、汽车运用技术、计算机应用技术、机械制造与自动化、护理、通信与信息技术、动漫设计与制作、临床工程技术、医疗电子工程、物流管理、文秘、出版与发行、艺术设计、计算机网络技术、广告设计与制作、航空机电设备维修等。

浙江开设的职业教育中外合作办学机构和项目为126个,开设专业涉及国际贸易实务、酒店管理、机械设计与制造、电子商务、建筑设计技术、互联网应用技术、数控技术、机电一体化技术、电子信息工程技术、建筑工程技术、园林规划设计、计算机应用技术、市场营销、国际商务管理、国际物流、工商企业管理、食品营养与检测、计算机软件技术、会计、投资与理财、艺术设计、视觉传达艺术设计、投资与理财、国际金融、会展策划与管理、船舶工程技术、旅游管理、应用韩语、人物形象设计、服装设计、护理、体育服务与管理、卫生信息管理、建筑设备工程技术等。

安徽开设的职业教育中外合作办学机构和项目为31个,开设专业涉及电子商务、计算机应用与维护、会计、金融管理与实务、国际商务、酒店管理、软件技术、会计电算化、商务管理、商务英语、国际经济与贸易、旅游管理、市场营销、工商企业管理、建筑工程管理、装饰艺术设计、医疗保险(国际商务)、护理、多媒体设计与制作、音乐表演、医药营销、建筑工程技术、汽车运用与维修等。

(6) 华中地区分布情况

在华中地区开设的职业教育中外合作办学机构和项目共有166个,占比约为12.76%,分布在江西、湖北、湖南、河南(如图4-6所示)。

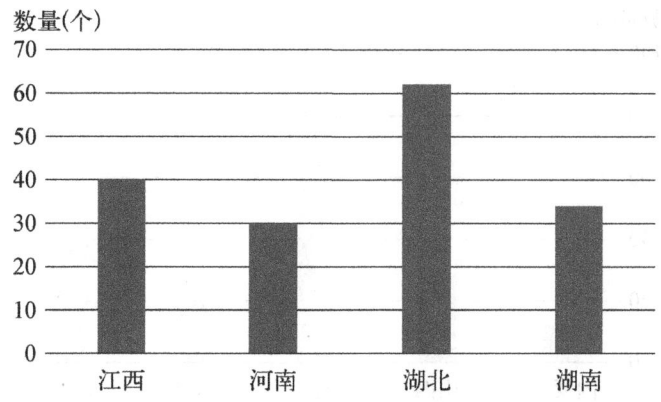

图4-6 华中地区职业教育中外合作办学机构和项目分布图

江西开设的职业教育中外合作办学机构和项目为40个,开设专业涉及计算机应用技术、旅游管理、汽车检测与维修技术、城镇规划、电子商务、建筑工程技术、市场营销、计算机信息管理、商务管理、动漫设计制作、会计、电气技术、国际贸易等。

湖北开设的职业教育中外合作办学机构和项目为62个,开设专业涉及工程造价、建筑工程技术、新闻采编与制作、酒店管理、旅游管理、计算机信息管理、连锁经营管理、数字传媒、艺术设计、工商企业管理、会计(注册会计师方向)、金融管理与实务、市场营销、机电一体化技术、电力技术、会计、护理、导游、电气自动化、舞蹈表演、艺术设计、音乐表演、环境监测与治理技术、动漫设计与制作、社会体育、汽车检测与维修技术、计算机网络技术、珠宝首饰工艺及鉴定等。

湖南开设的职业教育中外合作办学机构和项目为34个,开设专业涉及电子商务、酒店管理、工商管理、会计、商务英语、国际商务、计算机网络技术、市场营销、艺术设计、工程机械运用与维护、汽车运用技术、物流管理、旅游管理、金融保险、机械制造与自动化等。

河南开设的职业教育中外合作办学机构和项目为30个,开设专业涉及国际商务、电子商务、计算机网络技术、应用心理学、畜牧兽医、园艺技术、作物生产技术、电力系统自动化技术、会计、建筑工程技术、国际商贸(市场营销方向)、信息技术(电子商务方向)。

(7) 华北地区分布情况

在华北地区开设的职业教育中外合作办学机构和项目共有183个,占比约为14.07%,分布在内蒙古、北京、山西、天津、河北(如图4-7所示)。

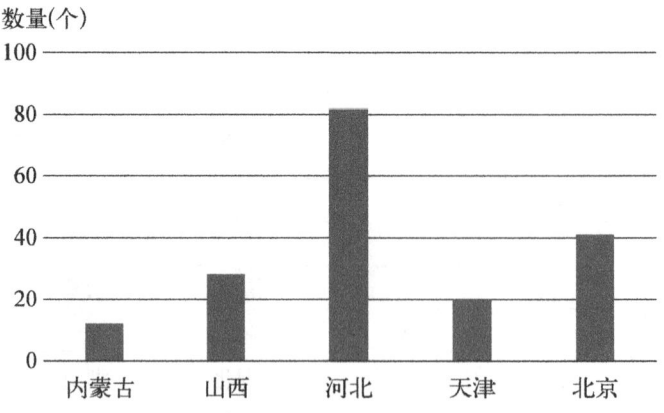

图4-7 华北地区职业教育中外合作办学机构和项目分布图

内蒙古开设的职业教育中外合作办学机构和项目为12个,开设专业涉及护理专业(口腔护理)、道路桥梁工程技术、电气自动化技术、会计电算化、建筑工程技术、汽车检测与维修技术、美术教育、音乐教育、学前教育、金融与证券等。

北京开设的职业教育中外合作办学机构和项目为 41 个,开设专业涉及数控技术、机电一体化、汽车检测与维修技术、物流管理、国际经济与贸易、会计、市场营销、模具设计与制造、电子信息工程、计算机网络技术、计算机辅助设计与制造、工商企业管理、计算机应用技术、商务英语、安全保卫等。

山西开设的职业教育中外合作办学机构和项目为 28 个,开设专业涉及机械制造与自动化、汽车检测与维修技术、图形图像制作、会计、应用电子技术、医药营销、人物形象设计、发电厂及电力系统(电气工程类方向)、旅游管理、市场营销学信息技术、国际商务、经济管理、旅游日语、商务日语、机电一体化、建筑工程技术等。

天津开设的职业教育中外合作办学机构和项目为 20 个,开设专业涉及市场营销、人力资源管理、油气开采技术、新能源应用技术、计算机软件技术、数控技术、软件技术(欧美软件外包)、会计等。

河北开设的职业教育中外合作办学机构和项目为 82 个,开设专业涉及机械制造与自动化、应用电子技术、工商企业管理、国际经济与贸易、会计、金融管理与实务、软件技术、电力系统自动化技术、建筑工程技术、应用化工技术、旅游、市场营销、旅游管理、室内设计技术、机电一体化技术、食品营养与检测、学前教育、艺术设计、表演艺术、航空服务、国际商务、商务管理、游戏软件、计算机应用技术、环境监测与治理技术、汽车电子技术、酒店管理等。

4.1.3 职业教育中外合作办学专业类别分布调查

从专业类别分布来看,1 301 个职业教育中外合作办学机构和项目分散在 382 个不同的专业中,其中仅开设 1 个项目的专业有 236 个,包括作物生产技术、珠宝首饰工艺及鉴定、油气开采技术、应用英语(酒店与会展英语)、应用心理学、英语、印刷图文信息处理、音乐教育、医学营养、医疗美容技术、医疗电子工程、医疗保险(国际商务)、休闲服务与管理(圣·安德鲁斯国际高尔夫管理)、新闻采编与制作、新能源应用技术、心理咨询、舞台艺术设计、舞蹈表演、文秘、卫生信息管理、网络通讯服务、土木工程、图形图像制作、铁道通信信号、铁道交通运营管理、泰国语、水利工程、时装设计、生物技术及应用(生物技术技师)、社会体育、商务日语、商务程序分析、企业管理、农业机械应用技术、美术教育、轮机工程技术、临床工程技术、物联网应用技术、口腔医学技术、空中乘务、交通运输与管理、护理专业(口腔护理)、航空机电设备维修、航海技术、广告设计与制作、公共事业管理、工业工程、工商财务管理、工程机械运用与维护、高尔夫场地管理、法律、发电厂及电力系统专业(电气工程类方向)、动物医学、电视节目制作、电力技术、电厂热能动力装置、船舶工程技术、畜牧兽医、出版与发行、宠物养护与疫病防治、城镇规划、城市园林、草坪管理、表演艺术、安全保卫等。开设2个项目的专业有65个，包括园林规划设计、游戏软件、应用化学技术、应用化工技术、应用韩语、影视动画设计、音乐表演、医药营销、数字媒体设计与制作、社会工作、商务信息技术、软件工程、人物形象设计、人力资源管理、嵌入式系统工程、烹饪工艺与营养、连锁经营管理、康复技术、经济管理、航空服务、道路桥梁工程技术等。开设3个项目的专业有19个，包括应用英语、广播影视节目制作、汽车制造与试验技术、报关与国际货运、大数据技术与应用、会计学、涉外旅游、应用化工技术、西餐工艺、机械制造及自动化等。开设4个项目的专业有10个，分别为：汽车运用技术、工业机器人技术、服装设计、广告设计与制作、金融管理、机电一体化、服装与服饰设计、铁道工程技术、铁道机车、环境工程技术。

通过统计汇总，本书对开设项目数在10个以上的专业进行了重点梳理，如表4-1所示。

表4-1 职业教育中外合作办学机构和项目数在10个以上的专业分布情况

序号	专业	职业教育中外合作办学机构和项目数(个)
1	会计	78
2	旅游管理	44
3	市场营销	40
4	国际商务	38
5	机电一体化技术	38
6	酒店管理	35
7	建筑工程技术	35
8	计算机应用技术	34
9	护理	30
10	软件技术	30
11	电子商务	30

续 表

序号	专业	职业教育中外合作办学机构和项目数(个)
12	物流管理	28
13	学前教育	25
14	国际经济与贸易	23
15	计算机网络技术	22
16	艺术设计	22
17	汽车检测与维修技术	20
18	机械制造与自动化	20
19	工商企业管理	17
20	电气自动化技术	14
21	商务英语	12
22	商务管理	11
23	数控技术	10
24	康复治疗技术	10
25	国际贸易实务	10
合计		676

由表4-1可知,开设项目数在10个以上的专业有25个,集中在会计、旅游管理、市场营销、国际商务、机电一体化技术、酒店管理、建筑工程技术、计算机应用技术、护理、软件技术、电子商务、物流管理、学前教育、国际经济与贸易、计算机网络技术、艺术设计、汽车检测与维修技术、机械制造与自动化、工商企业管理、电气自动化技术、商务英语、商务管理、数控技术、康复治疗技术、国际贸易实务。它们合计开设了676个职业教育中外合作办学机构和项目,占总项目数的比例为51.96%。其中会计和旅游管理是职业教育中外合作办学机构和项目开设最多的两个专业。会计专业从1996年开始开设,2005—2021年经历了五轮明显波动阶段。

旅游管理专业从2002年开始开设,从2011年开始由于经济发展需要和社会需求倒逼的双重作用,作为新兴专业异军突起,发展势头迅猛,如图4-8所示。本书将以旅游管理专业为例来研究中外合作办学职业教育专业的课程设置现状。

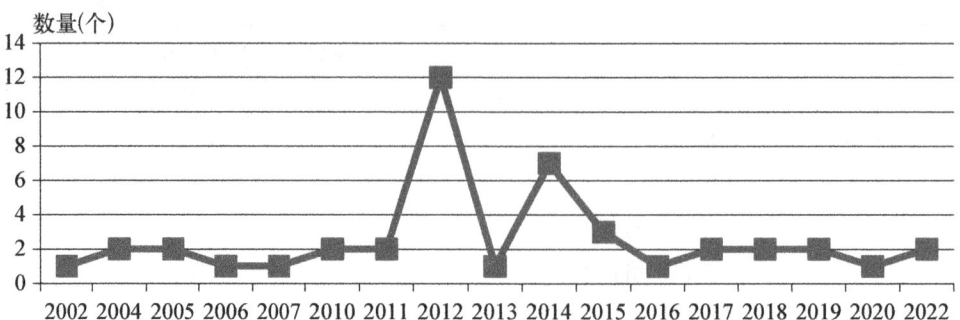

**图 4-8　我国职业教育中外合作办学机构和项目
旅游管理专业开设项目数年度分布图**

开设旅游管理专业的 44 个职业教育中外合作办学机构和项目分布在上海、江苏、浙江、湖北、广东、山西、河北等，具体分布情况如表 4-2 所示。

**表 4-2　开设旅游管理专业职业教育中外合作办学机构
和项目分布情况（含我国港澳台地区）**

序号	项 目 合 作 方	地区分布
1	硅湖职业技术学院与新西兰奥克兰商学院	江苏/华东
2	南京晓庄学院与韩国又松大学	江苏/华东
3	南京工业职业技术学院与加拿大希尔克学院	江苏/华东
4	镇江市高等专科学校与加拿大荷兰学院	江苏/华东
5	钟山职业技术学院与澳大利亚北墨尔本高等技术学院	江苏/华东
6	南通航运职业技术学院与新加坡新瑞教育学院	江苏/华东
7	江苏经贸职业技术学院与荷兰泽兰德大学	江苏/华东
8	江苏第二师范学院与澳大利亚南十字星大学	江苏/华东
9	江苏联合职业技术学院与新西兰北方理工学院	江苏/华东
10	江阴职业技术学院与加拿大圣劳伦斯应用文理和技术学院	江苏/华东
11	南京铁道职业技术学院与美国饭店协会教育学院	江苏/华东
12	南京铁道职业技术学院与美国卡比奥拉尼社区学院	江苏/华东
13	南通职业大学与澳大利亚应用教育学院	江苏/华东
14	上海大学与澳大利亚威廉·安格里斯技术与继续教育学院	上海/华东
15	上海工商职业技术学院与台湾观光学院	上海/华东

续表

序号	项目合作方	地区分布
16	上海工程技术大学与瑞士格劳宾登应用科学大学	上海/华东
17	浙江旅游职业学院与澳大利亚威廉·安格里斯技术与继续教育学院	浙江/华东
18	宁波职业技术学院与加拿大亚岗昆应用文理学院	浙江/华东
19	湖州职业技术学院与新加坡管理发展学院	浙江/华东
20	安徽经济管理干部学院与澳大利亚伊迪斯·科文大学	安徽/华东
21	中山职业技术学院与澳大利亚威廉·安格里斯技术与继续教育学院	广东/华南
22	广东女子职业技术学院与澳大利亚阳光海岸大学	广东/华南
23	广东经贸职业技术学院与英国吉尔福德学院集团	广东/华南
24	广东理工大学与英国知山大学	广东/华南
25	广东师范学院与美国东北州立大学	广东/华南
26	中山职业技术学院与澳大利亚堪培门政府理工学院	广东/华南
27	海南外国语职业学院与澳大利亚西悉尼技术与教育学院	海南/华南
28	海南科技职业学院与澳大利亚南威尔士州技术与继续教育—西悉尼学院	海南/华南
29	武汉职业技术学院与澳大利亚阳光海岸大学	湖北/华中
30	武汉长江工商学院与加拿大汤姆逊河大学	湖北/华中
31	湖北交通职业技术学院与澳大利亚博士山技术与继续教育学院	湖北/华中
32	武汉商学院(原武汉商业服务学院)与德国北黑森应用技术大学	湖北/华中
33	武汉民政职业学院与澳大利亚悉尼国际管理学院	湖北/华中
34	中南林业科技大学与英国威尔士亚伯大学	湖南/华中
35	江西旅游商贸职业学院与英国南兰克郡学院	江西/华中
36	南昌工程学院与韩国浦项学院	江西/华中
37	河北工业职业技术学院与澳大利亚北墨尔本高等技术学院	河北/华北
38	河北旅游职业学院与加拿大拉萨尔学院	河北/华北
39	沧州职业技术学院与乌克兰国立德拉甘马诺夫师范大学	河北/华北
40	太原旅游职业学院与德国北黑森应用技术大学	山西/华北
41	运城学院与日本青森中央学院大学	山西/华北
42	西安职业技术学院与英国奇切斯特学院	陕西/西北
43	内江师范学院与韩国京东大学	四川/西南
44	长春职业技术学院与韩国鲜文大学	吉林/东北

4.2 职业教育中外合作办学专业课程体系构建现状调查

课程设置问题始终是职业教育中外合作办学机构和项目发展的核心问题。目前职业教育中外合作办学机构和项目仍处于发展阶段,存在的问题也是不可忽视的。这些问题既有理论和认识层面的,也有法规和政策层面的,还有大量实践层面的。目前研究的中心集中于如何合理引进、管理、创新和利用国外优质资源,提升职业教育业教育中外合作办学的水平和质量。值得强调的是,课程与教学是中外合作办学质量提升的核心。而其中的焦点问题是专业课程体系构建,比如职业教育中外合作办学专业课程体系呈现全盘拿来、各自为政的状态,专业课程体系构建缺乏科学合理的依据,不能满足专业培养诉求等。能否正确认识和解决这些问题,将直接影响职业教育中外合作办学的发展走向。

4.2.1 研究设计

(1) 研究方法

中外合作办学视域下的职业教育专业课程体系构建现状调查通过问卷调查的形式获得研究数据,并使用 SPSS 软件对调查问卷获得的数据进行统计分析和讨论实证。首先编制"职业教育中外合作办学专业课程体系构建现状调查问卷(学生卷)""职业教育中外合作办学专业课程体系构建现状调查问卷(教师卷)""职业教育中外合作办学专业课程体系构建现状调查问卷(企业卷)",并通过相关性、因子分析保证问卷的高信度和高效度,进而考察课程设置内诸维度及度量指标之间的关系以及它们对课程设置的影响,最后通过大样本的问卷调查研究从学生、教师和企业三种调查对象的角度,清晰地呈现中外合作办学视域下职业教育专业课程体系构建的现状。

(2) 设计方案

本部分研究的目的首先是验证课程设置内诸维度及度量指标之间的关系以及它们对课程设置的影响。其次通过问卷调查从学生、教师和企业三种调查对象的不同视角交叉验证中外合作办学视域下职业教育专业课程体系构建的现状。

本部分研究具体回答了以下几个问题：

① 课程设置是由哪几个维度构成的，每个维度又可以分解成哪些具体的度量指标？

② 从学生的视角分析，职业教育中外合作办学专业课程体系构建现状如何？

③ 从教师的视角分析，职业教育中外合作办学专业课程体系构建现状如何？

④ 从企业的视角分析，职业教育中外合作办学专业课程体系构建现状如何？

⑤ 从学生、教师和企业三者的差异比较中分析，职业教育中外合作办学专业课程体系构建现状如何？

本部分研究通过问卷调查的形式进行定量分析，首先将问卷调查数据输入 Excel，其次使用 SPSS19.0 统计分析软件进行数据的处理，对问卷进行项目分析、因子分析及信度、效度分析，以回答问题①，然后通过大样本问卷调查结果对数据进行描述性分析，以回答问题②③④。

本部分研究在验证课程设置内诸维度及度量指标之间的关系以及它们对课程设置的影响时主要采用定量分析方法。定量分析需要大样本获得的数据以保证分析的准确性和可靠性，而问卷调查能够有效地收集大样本数据，是进行定量分析的可靠研究工具。问卷调查获得的数据容易量化和分析，大样本的概率统计有助于对不同的调查对象进行深入分析并进行数据的差异比较。

本部分研究通过方便取样的方法选取了华东地区、华南地区、华中地区、华北地区、西北地区和西南地区中外合作办学的职业教育项目，从学生、教师和企业三个不同的视角对课程设置现状进行反馈。

(3) 调查对象

经过修订，重新编制了问卷，并于 2022 年 6 月运用重新修订的问卷对大样本进行调查，主要通过方便取样的方法选取了华东地区、华南地区、华中地区、华北地区、西北地区和西南地区中外合作办学的职业教育项目，以学生、教师和企业为不同的调查对象。本次调查共发放学生问卷 2 200 份，回收有效问卷 2 126 份，回收率 96.6%；共发放教师问卷 560 份，回收有效问卷 512 份，回收率 91.4%；共发放企业问卷 220 份，回收有效问卷 200 份，回收率 90.9%。问卷回收后，首先使用 SPSS19.0 软件对问卷进行独立样本 t-test 检验，剔除 Sig. 值大于 0.05 的题项。其次对挑选出的题项进行因子分析,确定问卷的结构效度。最后对问卷进行可靠性分析,以检验问卷的信度。

调查对象的总体调查信息如表4-3、表4-4和表4-5所示。

表4-3 学生调查总样本的构成情况

变量	类别	人数(人)	百分比(%)	变量	类别	人数(人)	百分比(%)
性别	男	1 624	76.4	学生所在地	华东地区	162	7.6
	女	502	23.6		华南地区	318	15.0
年级	大一	1 126	53.0		华中地区	114	5.4
	大二	828	38.9		华北地区	1 280	60.2
	大三	172	8.1		西北地区	54	2.5
					西南地区	198	9.3

表4-4 教师调查总样本的构成情况[①]

变量	类别	人数(人)	百分比(%)	变量	类别	人数(人)	百分比(%)
性别	男	280	54.7	地区	华东地区	96	18.8
	女	232	45.3		华南地区	102	19.9
年龄	20—29岁	72	14.1		华中地区	44	8.6
	30—39岁	180	35.2		华北地区	208	40.6
	40—49岁	158	30.9		西北地区	18	3.5
	50岁以上	102	19.9		西南地区	44	8.6
学历	专科	40	7.8	职务	教师	450	87.9
	本科	266	52.0		辅导员	24	4.7
	硕士	180	35.2		中高层	38	7.4
	博士	26	5.1		其他		

---

① 由于本书在数据处理上采用了四舍五入的方法,故而有时会出现百分比之和不完全等于100%的情况,以下不再逐一说明。

表 4-5 企业调查总样本的构成情况

变量	类别	人数（人）	百分比（%）	变量	类别	人数（人）	百分比（%）
性质	民营企业	66	33.0	规模	大型	74	37.0
	国有企业	54	27.0		中型	92	46.0
	合资公司	46	23.0		小型	34	17.0
	其他	34	17.0	地区	华东地区	36	18.0
					华南地区	46	23.0
职务	一线员工	80	40.0		华中地区	14	7.0
	班组长	48	24.0		华北地区	58	29.0
	部门经理	36	18.0		西北地区	24	12.0
	企业高层	36	18.0		西南地区	22	11.0

（4）研究工具

本部分研究采用"职业教育中外合作办学专业课程体系构建现状调查问卷（学生卷）"（见附录 A-1）、"职业教育中外合作办学专业课程体系构建现状调查问卷（教师卷）"（见附录 A-2）和"职业教育中外合作办学专业课程体系构建现状调查问卷（企业卷）"（见附录 A-3）作为调查工具，问卷由基本情况、关于课程设置满意度的调查和关于课程设置现状的调查三个部分组成。

学生问卷的背景部分包括学生的性别、年级、就读学校所在地区三项内容，教师问卷的背景部分包括性别、年龄、职务、学历和工作学校所在地区五项内容，企业问卷的背景部分包括企业规模、所有制性质、企业类型和所在地区四项内容。问卷的第二部分关于课程设置满意度的调查从您认为对就业影响最大的因素是什么、您认为学校培养社会所需人才应当聚焦于哪个方面、您对目前专业的课程设置是否满意、您对当前课程设置最不满意的是哪个方面等问项进行总体满意度的调查。问卷的核心部分即第三部分关于课程设置现状的调查涉及课程设置依据、课程目标、课程结构、课程内容、课程顺序五个维度，观测指标共有 22 项（如表 4-6 所示）。每个问项采用 Likert 5 级评分法，答案可以在"1. 非常不同意 2. 不同意 3. 一般 4. 同意 5. 非常同意"中进行选择。

（5）数据收集、处理和分析

本部分研究的调查问卷于 2022 年 7 月进行回收。在回收的 2 126 份学生问卷、512 份教师问卷和 200 份企业问卷中通过对关键信息缺失和每个问项选择相同的无效问卷进行剔除，然后根据问卷题项的内容将数据输入 Excel，调查内容和调查结果以数据的形式录入数据库中，导入 SPSS19.0 统计分析软件进行分析。

表 4-6 调查问卷第三部分问项结构

维度观测指标问项	数目
职业教育中外合作办学专业课程体系构建的首要依据是学生职业发展需求	1
职业教育中外合作办学专业课程体系构建的首要依据是外国成功的办学经验	1
职业教育中外合作办学专业课程体系构建的首要依据是区域性经济的特点	1
职业教育中外合作办学专业课程体系构建的首要依据是课程发展的最新趋势	1
职业教育中外合作办学专业课程体系构建的首要依据是学科知识系统	1
课程目标十分明确	1
课程目标中的要求与学生未来的求职或升学方向一致	1
课程目标为专业课程体系构建提供了合理的依据	1
课程目标能满足社会对专业人才培养的要求和期待	1
课程目标能增加学生对已就读专业的信心和归属感	1
开设的课程类型具有多样性	1
课程开设门类提供给学生很大的自由选择空间	1
各类课程开设门类的数量和比例合理	1
开设的课程门类满足了学生的学习需求和兴趣	1
开设的课程门类更加灵活和实用	1
课程内容符合学生专业的学习需求	1
课程内容能激发学生的学习兴趣	1
课程内容具有学科前沿性	1
课程内容具有很强的理论性和学术性	1
课程内容具有实用性	1
课程的学时安排合理	1
课程开设的顺序包括逻辑性、衔接性等合理	1
合计	22

首先通过 SPSS19.0 软件对数据进行项目分析，依临界分数将观察值在量表之得分分成高低两组，以独立样本 t-test 检验两组在每个题项上的差异，将 T 检验结果未达显著性的题项删除。其次对预测样本进行因子分析，以检验问卷的

结构效度,通过 KMO 测度和 Bartlett 球体检验确定可以进行因子分析后,对数据进行探索性因子分析,检验问卷的结构效度。

为保证统计数据和结论的科学性,我们按照排序序号的奇偶性,将收集到的所有数据分为奇数序号组和偶数序号组,针对奇数序号组进行数据的因子分析、信度分析和效度检验,针对偶数序号组数据进行描述性分析。

4.2.2 学生问卷的调查结果与分析

(1) 学生问卷的项目分析

学生问卷中第三部分关于课程设置现状的调查共设 22 个题项,从第 8 题至第 29 题,每个题项均采用 Likert 5 级评分法:选项 1 表示非常不同意,计分为 1;选项 2 表示不同意,计分为 2;选项 3 为一般,计分为 3;选项 4 为同意,计分为 4;选项 5 为非常同意,计分为 5。对问卷高分组和低分组进行独立样本 T 检验,如果方差方程的 Levene 检验的显著性 Sig.值大于 0.05,就需要查看均值方程的 T 检验数据,即看 Sig.(双侧)的结果数据,如果小于 0.05,就说明两组方差的差异显著。通过 T 检验(见附录 B-1)发现,题项 17、19 和 24 的 T 检验结果对应的 Sig.(双侧)值都大于 0.05,所以不显著,不具有鉴别度,在后续的研究中进行剔除,最终形成"职业教育中外合作办学专业课程体系构建现状调查问卷(学生卷)"(见附录 A-4)。在接下来的分析中将挑选出来的 19 道具有鉴别力的题项做因子分析,以检验问卷的结构效度。

(2) 学生问卷的因子分析

本研究接下来对不合格题项剔除后的数据进行 KMO 测度和 Barlett 球体检验,以确定所收集的数据是否适合做因子分析。KMO 测度和 Barlett 球体检验结果如表 4-7 所示,KMO 测度值为 0.902,达到 0.8 以上,表明变量间的共同性因子多,收集的数据适合做因子分析。Barlett 球体检验的近似卡方值为 15 054.299,自由度为 171,Sig.值为 0.000,达显著水平,表明母群体的相关矩阵间有共同因子存在,适合做因子分析。

在主成分因子分析中,共提取出 5 个独立性大的共同因子(见附录 B-3)。

碎石图可以作为挑选因子分析数目的标准,从本研究的碎石图(如图 4-9 所示)中可以看出从第 5 个因子以后,坡度甚为平坦,而且前 5 个因子就是主成分因子分析中提取出的 5 个独立性大的因子,这表明它们就是所要抽取的共同因素。

表4-7 学生问卷因子分析的 KMO 测度和 Barlett 球体检验结果

	结　果
取样足够度的 Kaiser-Meyer-Olkin 度量	0.902
Bartlett 的球形度检验　　　　　　近似卡方	15 054.299
DF　　171	
Sig.　　0.000	

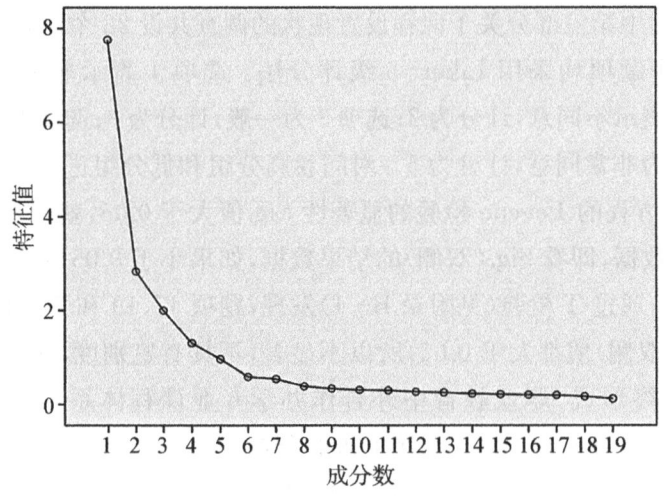

图4-9 学生问卷碎石图

从公因子方差(共同性)表(见附录 B-2)中可以看到,19 个题项抽取公因子方差的最小值为 0.590,因此,都可以用作因子分析。从总的解释方差表(见附录 B-3)可以看到,有 4 个成分的特征值超过了 1：第一个成分(7.758)、第二个成分(2.829)、第三个成分(1.997)、第四个成分(1.305)、第五个成分(0.966)。转轴前 5 个共同因子解释的累计方差为 78.183%,解释了绝大部分的方差。

这 5 个因子对应问卷设计的结构分为五个维度,即课程设置依据、课程结构、课程目标、课程内容、课程顺序。在转轴成分分析中(见附录 B-5),题项对每个共同因子的因子负荷量进行了重新排列,转轴之后,原先转轴之前较大的因子负荷量变得更大,而转轴前较小的因子负荷量却变得更小,但转轴后每个因子在其共同因子之因子负荷量的平方总和未变。在旋转成分矩阵分析中(见附录 B-5),各因子中题项的负荷量在 0.659~0.908 之间,都高于 0.50 的可接受值。

这说明，含有 5 个因子的 19 个题项的学生问卷有较好的结构效度。

通过因子分析，结果显示，用 5 个因子可以评估学生对课程的满意度。从表 4-8 可以看出，各分量之间的相关系数在 0.134～0.706 之间，均达到了十分显著的水平，表明各项目具有较好的区分度和汇聚度，结构效度较高。

表 4-8 学生问卷各维度的相关性系数

	相关性	课程设置依据	课程目标	课程结构	课程内容	课程顺序
课程设置依据	Pearson 相关性	1	0.338	0.333	0.134	0.298
	显著性（双侧）		0.000	0.000	0.000	0.000
	N	1 063	1 063	1 063	1 063	1 063
课程目标	Pearson 相关性	0.338	1	0.706	0.446	0.296
	显著性（双侧）	0.000		0.000	0.000	0.000
	N	1 063	1 063	1 063	1 063	1 063
课程结构	Pearson 相关性	0.333	0.706	1	0.372	0.234
	显著性（双侧）	0.000	0.000		0.000	0.000
	N	1 063	1 063	1 063	1 063	1 063
课程内容	Pearson 相关性	0.134	0.446	0.372	1	0.279
	显著性（双侧）	0.000	0.000	0.000		0.000
	N	1 063	1 063	1 063	1 063	1 063
课程顺序	Pearson 相关性	0.298	0.296	0.234	0.279	1
	显著性（双侧）	0.000	0.000	0.000	0.000	
	N	1 063	1 063	1 063	1 063	1 063

（3）学生问卷的信度分析

在因子分析完之后，为进一步验证问卷的可靠性与有效性，需要进行信度检验。在 Likert 5 级评分法中常用的信度检验方法是内部一致性 α 系数及"折半信度"（Split-half reliability）。问卷的信度越高，说明问卷越稳定。根据学者 Gay 的观点，只要测验问卷的信度系数在 0.8 以上，则表示问卷的信度极佳。此外，统计数据中除了提供信度系数值的大小之外，还应说明此问卷使用的群体，以提供有价值且可比对的信息。

在因子分析中，共提取了 5 个共同因子，这 5 个共同因子层面所包含的题项如表 4-9 所示。

表 4-9 学生问卷 5 个提取因子所包含的题项

因子	所包含的题项
因子 1	题 8,题 9,题 10,题 11,题 12
因子 2	题 13,题 14,题 15,题 16
因子 3	题 17,题 18,题 19,题 20
因子 4	题 21,题 22,题 23,题 24
因子 5	题 25,题 26

学生问卷的总体信度如表 4-10 所示,19 个题项的内部一致性 α 系数为 0.900,大于 0.8 的最优情况,说明整体信度极佳。

表 4-10 学生问卷的项总计统计量

	项已删除的刻度均值	项已删除的刻度方差	校正的项总计相关性	项已删除的内部一致性 α 系数
题 8	53.38	139.983	0.622	0.892
题 9	53.85	146.670	0.255	0.906
题 10	53.28	139.114	0.647	0.891
题 11	53.31	140.853	0.606	0.893
题 12	53.38	139.983	0.622	0.892
题 13	53.04	139.204	0.705	0.890
题 14	53.01	140.755	0.701	0.891
题 15	52.90	140.161	0.708	0.890
题 16	52.92	140.461	0.687	0.891
题 17	53.14	141.064	0.653	0.892
题 18	53.11	142.206	0.637	0.892
题 19	53.11	140.608	0.660	0.891
题 20	53.10	143.050	0.620	0.893
题 21	53.66	150.773	0.147	0.909
题 22	52.93	139.981	0.632	0.892
题 23	53.02	140.429	0.579	0.893
题 24	52.90	139.334	0.606	0.893
题 25	55.08	148.933	0.359	0.899
题 26	55.03	146.604	0.411	0.898

可靠性统计量

内部一致性 α 系数	项数
0.900	19

为进一步探究职业教育中外合作办学专业课程体系构建现状的调查问卷结构及项目的信度，本研究对问卷中各个维度的项目做了信度分析，分析结果如表 4-11、表 4-12、表 4-13、表 4-14、表 4-15 所示。

表 4-11　学生问卷课程设置依据的项总计统计量

	项已删除的刻度均值	项已删除的刻度方差	校正的项总计相关性	项已删除的内部一致性 α 系数
题 8	11.65	15.541	0.783	0.823
题 9	11.23	16.339	0.728	0.838
题 10	11.69	14.676	0.663	0.861
题 11	11.12	16.868	0.649	0.856
题 12	11.15	16.739	0.703	0.844

可靠性统计量

内部一致性 α 系数	项数
0.871	5

如表 4-11 所示，在课程设置依据的分量表中，5 个题项的内部一致性 α 系数为 0.871，信度效果极佳，说明 5 个题项之间高度相关。

表 4-12　学生问卷课程目标的项总计统计量

	项已删除的刻度均值	项已删除的刻度方差	校正的项总计相关性	项已删除的内部一致性 α 系数
题 13	10.26	7.484	0.859	0.907
题 14	10.23	7.948	0.852	0.910
题 15	10.12	7.864	0.840	0.913
题 16	10.15	7.912	0.818	0.920

可靠性统计量

内部一致性α系数	项数
0.933	4

如表4-12所示,在课程目标的分量表中,4个题项的内部一致性α系数为0.933,信度效果极佳,说明4个题项之间高度相关。

表4-13 学生问卷课程结构的项总计统计量

	项已删除的刻度均值	项已删除的刻度方差	校正的项总计相关性	项已删除的内部一致性α系数
题17	9.78	7.199	0.776	0.896
题18	9.75	7.225	0.826	0.879
题19	9.75	6.968	0.811	0.884
题20	9.74	7.482	0.798	0.889

可靠性统计量

内部一致性α系数	项数
0.913	4

如表4-13所示,在课程结构的分量表中,4个题项的内部一致性α系数为0.913,信度效果极佳,说明4个题项之间高度相关。

表4-14 学生问卷课程内容的项总计统计量

	项已删除的刻度均值	项已删除的刻度方差	校正的项总计相关性	项已删除的内部一致性α系数
题21	10.24	10.355	0.480	0.914
题22	9.51	10.000	0.779	0.779
题23	9.60	9.500	0.811	0.762
题24	9.48	9.653	0.759	0.783

可靠性统计量

内部一致性α系数	项数
0.851	4

如表 4-14 所示,在课程内容的分量表中,4 个题项的内部一致性α系数为 0.851,信度效果极佳,说明 4 个题项之间高度相关。

表 4-15 学生问卷课程顺序的项总计统计量

	项已删除的刻度均值	项已删除的刻度方差	校正的项总计相关性	项已删除的内部一致性α系数
题 25	1.33	1.056	0.626	/
题 26	1.29	0.855	0.626	/

可靠性统计量

内部一致性α系数	项数
0.767	2

如表 4-15 所示,在课程顺序的分量表中,2 个题项的内部一致性α系数为 0.767,信度效果较好,说明 2 个题项之间高度相关。

调查问卷的内在信度检验包括对调查问卷中每个公因子的内在结构(公因子内部问项之间的一致性)检验和对整个问卷的内部结构(问卷内部公因子之间的一致性)检验两项。通过对调查问卷中每个因子的内在结构的检验得出,5 个因子中内部一致性 α 系数分别为 0.871、0.933、0.913、0.851、0.767,最低的为 0.767。整个问卷的内部一致性α系数为 0.900,这说明整个问卷内部各公因子之间具有极佳的信度。

在以上结果中没有发现严重影响问卷内部一致性的项目,这说明整个问卷内部各公因子之间以及每个因子的内在题项之间的一致性良好,也具有较高的信度,回答了研究方案中提出的第一个问题。

(4) 学生问卷调查数据分析与结论

本次调查采取了方便取样的方法,共发放学生问卷 2 200 份,回收有效问卷 2 126 份,占总数的 96.6%。样本构成情况如表 4-3 所示。

为了保证数据分析的科学性,按奇偶排序,将数据平均分为奇数序号组和偶数序号组,奇数序号组数据经过项目检验、因子分析和结构效度分析后,剔除不合理题项,最终形成"职业教育中外合作办学专业课程体系构建现状调查问卷(学生卷)"(见附录 A-4)。偶数序号组数据的描述性分析如下:

1) 职业教育中外合作办学专业课程体系构建的现状分析

第一,学生对课程设置现状的满意度。

在收集学生对课程设置现状满意度的数据过程中,笔者设计了 4 个具体的题项,分别是:对就业影响最大的因素是什么、学校培养社会所需人才应当聚焦于哪个方面、对目前专业的课程设置是否满意、对当前课程设置最不满意的是哪个方面。

① 对就业影响最大的因素是什么。

如表 4-16 所示,69.5% 的学生认为课程设置是对就业影响最大的因素,15.1% 的学生认为职业指导是对就业影响最大的因素,11.5% 的学生认为专业广度是对就业影响最大的因素,3.4% 的学生认为学校名声是对就业影响最大的因素,0.5% 的学生认为专业能力是对就业影响最大的因素。可见,大多数学生认为课程设置是对就业影响最大的因素。

表 4-16　学生问卷中关于"对就业影响最大的因素是什么"的现状分布表

对就业影响最大的因素是什么	频率(次)	百分比(%)	有效百分比(%)	累计百分比(%)
专业广度	122	11.5	11.5	11.5
课程设置	739	69.5	69.5	81.0
职业指导	161	15.1	15.1	96.1
学校名声	36	3.4	3.4	99.5
专业能力	5	0.5	0.5	100.0
合计	1 063	100.0	100.0	

② 学校培养社会所需人才应当聚焦于哪个方面。

如表 4-17 所示,63.3% 的学生认为学校培养应当聚焦于培养学生的专业实践能力,20.1% 的学生认为学校培养应当聚焦于通过课程设置培养学生的综合素质,13.2% 的学生认为学校培养应当聚焦于传授专业理论知识,3.4% 的学生认为学校培养应当聚焦于培养学生的创业意识。可见,大多数学生认为学校培养应当聚焦于培养学生的专业实践能力,不少学生希望学校通过课程设置来培养综合素质。

表 4-17 学生问卷中关于"学校培养社会所需人才应当聚焦于哪个方面"的现状分布表

学校培养社会所需人才应当聚焦于哪个方面	频率（次）	百分比（%）	有效百分比（%）	累计百分比（%）
传授专业理论知识	140	13.2	13.2	13.2
培养学生的专业实践能力	673	63.3	63.3	76.5
通过课程设置培养学生的综合素质	214	20.1	20.1	96.6
培养学生的创业意识	36	3.4	3.4	100.0
合计	1 063	100.0	100.0	

③ 对目前专业的课程设置是否满意。

如表 4-18 所示，43%的学生对课程设置现状比较满意，41.4%的学生对课程设置现状一般满意，9.1%的学生对课程设置现状非常满意，4%的学生对课程设置现状比较不满意，2.5%的学生对课程设置现状非常不满意。可见，学生对目前专业的课程设置的总体满意度欠佳。

表 4-18 学生问卷中关于"对目前专业的课程设置是否满意"的现状分布表

对目前专业的课程设置是否满意	频率（次）	百分比（%）	有效百分比（%）	累计百分比（%）
非常满意	97	9.1	9.1	9.1
比较满意	457	43.0	43.0	52.1
一般满意	440	41.4	41.4	93.5
比较不满意	42	4.0	4.0	97.5
非常不满意	27	2.5	2.5	100.0
合计	1 063	100.0	100.0	

④ 对当前课程设置最不满意的是哪个方面。

如表 4-19 所示，41%的学生认为课程设置缺乏区别对待原则，没有突出职业教育专业的技术性和实用性特点，19.9%的学生认为课程内容缺乏创新性和超前意识，18.9%的学生认为课程结构不合理，9.9%的学生认为课程设置与培养目标不相符，9.1%的学生认为课程目标与就业需求不衔接，1.1%的学生认为课程学时和顺序安排不合理。可见，多数学生认为当前学校课程设置较为突出的问题是没有体现出职业教育的技术性和实用性。

表 4-19 学生问卷中关于"对当前课程设置最不满意的是哪个方面"的现状分布表

对当前课程设置最不满意的是哪个方面	频率（次）	百分比（％）	有效百分比（％）	累计百分比（％）
缺乏区别对待原则,没有突出职业教育专业的技术性和实用性特点	436	41.0	41.0	41.0
课程目标与就业需求不衔接	97	9.1	9.1	50.1
课程设置与培养目标不相符	105	9.9	9.9	60.0
课程结构不合理	201	18.9	18.9	78.9
课程内容缺乏创新性和超前意识	212	19.9	19.9	98.9
课程学时和顺序安排不合理	12	1.1	1.1	100.0
合计	1 063	100.0	100.0	

第二,学生对课程设置依据的认识。

如表 4-20 所示[①],65.7％的学生认为课程设置的首要依据是学生的职业发展需求,22.4％的学生认为课程设置的首要依据是外国成功的办学经验,8.3％的学生认为课程设置的首要依据是区域性经济的特点,2.2％的学生认为课程设置的首要依据是课程发展的最新趋势,1.5％的学生认为课程设置的首要依据是学科知识系统。可见,多数学生认为课程设置的首要依据应当是学生的职业发展需求。

表 4-20 学生问卷中关于课程设置首要依据的现状分布表

职业教育中外合作办学专业课程体系构建的首要依据是什么	频率（次）	百分比（％）	有效百分比（％）	累计百分比（％）
学生的职业发展需求	698	65.7	65.7	65.7
外国成功的办学经验	238	22.4	22.4	88.1
区域性经济的特点	88	8.3	8.3	96.3
课程发展的最新趋势	23	2.2	2.2	98.5
学科知识系统	16	1.5	1.5	100.0
合计	1 063	100.0	100.0	

---

① 该题项在采用 Likert 5 级评分法收集数据时,辅以单项选择形式作为补充。由于单项选择形式的统计结果在可读性方面更具优势,故此处不再呈现 Likert 5 级评分法统计结果。后文同此情况者不再加注说明。

4 职业教育中外合作办学专业课程体系构建现状调查

第三,学生对课程目标现状的认识。

如表 4-21 所示,学生对"课程目标十分明确"的态度是:39.9%的学生表示"一般",30.2%表示"同意",13.3%表示"非常同意",9.2%表示"不同意",7.4%表示"非常不同意"。可见,大多数学生认为课程目标的明确度尚可,43.5%的学生认为课程目标十分明确,不需要进行修改和调整。

表 4-21 学生问卷中关于"课程目标十分明确"的现状分布表

课程目标十分明确	频率(次)	百分比(%)	有效百分比(%)	累计百分比(%)
非常不同意	79	7.4	7.4	7.4
不同意	98	9.2	9.2	16.7
一般	424	39.9	39.9	56.5
同意	321	30.2	30.2	86.7
非常同意	141	13.3	13.3	100.0
合计	1 063	100.0	100.0	

如表 4-22 所示,学生对"课程目标中的要求与学生未来的求职或升学方向一致"的态度是:42.2%的学生表示"一般",31%表示"同意",11.9%表示"非常同意",10.3%表示"不同意",4.5%表示"非常不同意"。可见,大多数学生认为课程目标中的要求与学生未来的求职或升学方向一致性程度尚可,仅有11.9%的学生认为课程目标中的要求与学生未来的求职或升学方向一致性程度很高,不需要进行修改和调整。

表 4-22 学生问卷中关于"课程目标中的要求与学生未来的求职或升学方向一致"的现状分布表

课程目标中的要求与学生未来的求职或升学方向一致	频率(次)	百分比(%)	有效百分比(%)	累计百分比(%)
非常不同意	48	4.5	4.5	4.5
不同意	110	10.3	10.3	14.9
一般	449	42.2	42.2	57.1
同意	329	31.0	31.0	88.1
非常同意	127	11.9	11.9	100.0
合计	1 063	100.0	100.0	

如表 4-23 所示,学生对"课程目标为专业课程体系构建提供了合理的依据"的态度是:36.3%的学生表示"同意",35.6%表示"一般",14.3%表示"非常同意",9.2%表示"不同意",4.6%表示"非常不同意"。可见,绝大多数学生认为课程目标为专业课程体系构建提供了合理的依据,仅有13.8%的学生认为课程目标没有为专业课程体系构建提供合理的依据。

表 4-23 学生问卷中关于"课程目标为专业课程体系构建提供了合理的依据"的现状分布表

课程目标为专业课程体系构建提供了合理的依据	频率（次）	百分比（%）	有效百分比（%）	累计百分比（%）
非常不同意	49	4.6	4.6	4.6
不同意	98	9.2	9.2	13.8
一般	378	35.6	35.6	49.4
同意	386	36.3	36.3	85.7
非常同意	152	14.3	14.3	100.0
合计	1 063	100.0	100.0	

如表 4-24 所示,学生对"课程目标能满足社会对专业人才培养的要求和期待"的态度是:39%的学生表示"一般",32%表示"同意",15.3%表示"非常同意",8.9%表示"不同意",4.7%表示"非常不同意"。可见,绝大多数学生认为对课程目标能够满足社会对专业人才培养的要求和期待,仅有13.6%的学生认为课程目标不能满足社会对专业人才培养的要求和期待。

表 4-24 学生问卷中关于"课程目标能满足社会对专业人才培养的要求和期待"的现状分布表

课程目标能满足社会对专业人才培养的要求和期待	频率（次）	百分比（%）	有效百分比（%）	累计百分比（%）
非常不同意	50	4.7	4.7	4.7
不同意	95	8.9	8.9	13.6
一般	415	39.0	39.0	52.7
同意	340	32.0	32.0	84.7
非常同意	163	15.3	15.3	100.0
合计	1 063	100.0	100.0	

第四,学生对课程结构现状的认识。

如表4-25所示,学生对"开设的课程类型具有多样性"的态度是:38.2%的学生表示"一般",32.1%表示"同意",14.1%表示"不同意",9%表示"非常同意",6.6%表示"非常不同意"。可见,多数学生认为开设的课程类型具有多样性,20.7%的学生认为开设的课程类型不具有多样性。

表4-25 学生问卷中关于"开设的课程类型具有多样性"的现状分布表

开设的课程类型具有多样性	频率(次)	百分比(%)	有效百分比(%)	累计百分比(%)
非常不同意	70	6.6	6.6	6.6
不同意	150	14.1	14.1	20.7
一般	406	38.2	38.2	58.9
同意	341	32.1	32.1	91.0
非常同意	96	9.0	9.0	100.0
合计	1 063	100.0	100.0	

如表4-26所示,学生对"各类课程开设门类的数量和比例合理"的态度是:40.3%的学生表示"一般",31.8%表示"同意",14.4%表示"不同意",8.7%表示"非常同意",4.8%表示"非常不同意"。可见,多数学生认为各类课程开设门类的数量和比例合理,19.2%的学生认为各类课程开设门类的数量和比例不合理。

表4-26 学生问卷中关于"各类课程开设门类的数量和比例合理"的现状分布表

各类课程开设门类的数量和比例合理	频率(次)	百分比(%)	有效百分比(%)	累计百分比(%)
非常不同意	51	4.8	4.8	4.8
不同意	153	14.4	14.4	19.2
一般	428	40.3	40.3	59.5
同意	338	31.8	31.8	91.3
非常同意	93	8.7	8.7	100.0
合计	1 063	100.0	100.0	

如表4-27所示,学生对"开设的课程门类满足了学生的学习需求和兴趣"的态度是:43.1%的学生表示"一般",29.8%表示"同意",10.4%表示"非常同

意",8.5%表示"非常不同意",8.2%表示"不同意"。可见,多数学生认为课程门类能满足学习需求和兴趣,16.7%的学生认为课程门类不能满足学习需求和兴趣。

表 4-27　学生问卷中关于"开设的课程门类满足了
学生的学习需求和兴趣"的现状分布表

开设的课程门类满足了学生的学习需求和兴趣	频率（次）	百分比（%）	有效百分比（%）	累计百分比（%）
非常不同意	90	8.5	8.5	8.5
不同意	87	8.2	8.2	16.7
一般	458	43.1	43.1	59.7
同意	317	29.8	29.8	89.6
非常同意	111	10.4	10.4	100.0
合计	1 063	100.0	100.0	

如表 4-28 所示,学生对"开设的课程门类更加灵活和实用"的态度是:44.3%的学生表示"一般",31.6%表示"同意",10.8%表示"不同意",8.1%表示"非常同意",5.2%表示"非常不同意"。可见,多数学生认为课程门类更加灵活和实用,16%的学生认为课程门类并非更加灵活和实用。

表 4-28　学生问卷中关于"开设的课程门类
更加灵活和实用"的现状分布表

开设的课程门类更加灵活和实用	频率（次）	百分比（%）	有效百分比（%）	累计百分比（%）
非常不同意	55	5.2	5.2	5.2
不同意	115	10.8	10.8	16.0
一般	471	44.3	44.3	60.3
同意	336	31.6	31.6	91.9
非常同意	86	8.1	8.1	100.0
合计	1 063	100.0	100.0	

第五,学生对课程内容现状的认识。

如表 4-29 所示,学生对"课程内容符合学生专业的学习需求"的态度是:34.9%的学生表示"非常不同意",27.1%表示"同意",23.8%表示"一般",9.2%表示"非常同意",5%表示"不同意"。可见,仅有36.3%的学生认为课程内容符合学生专业的学习需求,多数学生认为课程内容不符合学生专业的学习需求。

表4-29 学生问卷中关于"课程内容符合学生专业的学习需求"的现状分布表

课程内容符合学生专业的学习需求	频率(次)	百分比(%)	有效百分比(%)	累计百分比(%)
非常不同意	371	34.9	34.9	34.9
不同意	53	5.0	5.0	39.9
一般	253	23.8	23.8	63.7
同意	288	27.1	27.1	90.8
非常同意	98	9.2	9.2	100.0
合计	1 063	100.0	100.0	

如表4-30所示,学生对"课程内容具有学科前沿性"的态度是:34.1%的学生表示"一般",27.1%表示"同意",20.1%表示"非常同意",13.3%表示"不同意",5.5%表示"非常不同意"。可见,多数学生认为课程内容具有学科前沿性,18.7%的学生认为课程内容不具有学科前沿性。

表4-30 学生问卷中关于"课程内容具有学科前沿性"的现状分布表

课程内容具有学科前沿性	频率(次)	百分比(%)	有效百分比(%)	累计百分比(%)
非常不同意	58	5.5	5.5	5.5
不同意	141	13.3	13.3	18.7
一般	362	34.1	34.1	52.8
同意	288	27.1	27.1	79.9
非常同意	214	20.1	20.1	100.0
合计	1 063	100.0	100.0	

如表4-31所示,学生对"课程内容具有很强的理论性和学术性"的态度是:31.4%的学生表示"一般",21.7%表示"非常同意",21.3%表示"同意",20.6%表示"不同意",5%表示"非常不同意"。可见,多数学生认为课程内容具

有较强的理论性和学术性,25.6%的学生认为课程内容不具有很强的理论性和学术性。

表4-31 学生问卷中关于"课程内容具有很强的理论性和学术性"的现状分布表

课程内容具有很强的理论性和学术性	频率(次)	百分比(%)	有效百分比(%)	累计百分比(%)
非常不同意	53	5.0	5.0	5.0
不同意	219	20.6	20.6	25.6
一般	334	31.4	31.4	57.0
同意	226	21.3	21.3	78.3
非常同意	231	21.7	21.7	100.0
合计	1 063	100.0	100.0	

如表4-32所示,学生对"课程内容具有实用性"的态度是:33.3%的学生表示"一般",27.4%表示"同意",22.7%表示"非常同意",9.9%表示"非常不同意",6.8%表示"不同意"。可见,多数学生认为课程内容具有实用性。

表4-32 学生问卷中关于"课程内容具有实用性"的现状分布表

课程内容具有实用性	频率(次)	百分比(%)	有效百分比(%)	累计百分比(%)
非常不同意	105	9.9	9.9	9.9
不同意	72	6.8	6.8	16.7
一般	354	33.3	33.3	50.0
同意	291	27.4	27.4	77.3
非常同意	241	22.7	22.7	100.0
合计	1 063	100.0	100.0	

第六,学生对课程顺序现状的认识。

如表4-33所示,学生对"课程的学时安排合理"态度是:90%的学生表示"非常不同意",3.7%表示"非常同意",2.6%表示"同意",2.5%表示"一般",1.1%表示"不同意"。可见,绝大多数学生认为课程的学时安排不合理。

表 4-33 学生问卷中关于"课程的学时安排合理"的现状分布表

课程的学时安排合理	频率（次）	百分比（%）	有效百分比（%）	累计百分比（%）
非常不同意	957	90.0	90.0	90.0
不同意	12	1.1	1.1	91.2
一般	27	2.5	2.5	93.7
同意	28	2.6	2.6	96.3
非常同意	39	3.7	3.7	100.0
合计	1 063	100.0	100.0	

如表 4-34 所示，学生对"课程开设的顺序包括逻辑性、衔接性等合理"的态度是：89.7%的学生表示"非常不同意"，5.6%表示"非常同意"，2.2%表示"一般"，1.9%表示"同意"，0.6%表示"不同意"。可见，绝大多数学生认为课程开设的顺序包括逻辑性、衔接性等不合理。

表 4-34 学生问卷中关于"课程开设的顺序包括逻辑性、衔接性等合理"的现状分布表

课程开设的顺序包括逻辑性、衔接性等合理	频率（次）	百分比（%）	有效百分比（%）	累计百分比（%）
非常不同意	954	89.7	89.7	89.7
不同意	6	0.6	0.6	90.3
一般	23	2.2	2.2	92.5
同意	20	1.9	1.9	94.4
非常同意	60	5.6	5.6	100.0
合计	1 063	100.0	100.0	

2) 职业教育中外合作办学专业课程体系构建的调查结论

第一，在关于对就业影响最大的因素的调查中，专业能力和学校名声所占比例几乎可以忽略不计，而大多数学生认为课程设置是对就业影响最大的因素。可见，在进行职业教育中外合作办学专业课程体系构建时要充分考虑到如何对学生将来的就业服务。需要注意的是，这里所说的就业服务，并不是片面的只针对具体岗位的就业服务，而是通过课程设置使学生具备受益于整个职业生涯发展的知识和能力。

在被问到学校培养社会所需人才应当聚焦于哪个方面时,大多数学生认为学校培养应当聚焦于培养学生的专业实践能力,不少学生希望学校通过课程设置来培养综合素质。

从对课程设置的满意度来看,学生对目前专业的课程设置的总体满意度欠佳。而学生对目前课程设置不满意的方面覆盖课程目标、课程结构、课程内容、课程学时和课程顺序,其中较为突出的问题是缺乏区别对待原则,没有突出职业教育的技术性和实用性。

第二,多数学生认为课程设置的首要依据应当是学生的职业发展需求。认为课程设置的首要依据是课程发展的最新趋势或学科知识系统的仅有 3.7% 的学生,可见知识本位的课程设置取向已经无法适应学生对职业教育中外合作办学专业课程体系构建的需求。以往的职业教育中外合作办学专业课程体系的构建忽略了学生自身发展的需要,仅仅从企业需求、经济发展需求去考虑。基于学生的视角,正确的课程设置取向应当是在适应经济发展需要的前提下,扬弃国外职业教育专业课程体系构建模式,使成功经验实现本土化,摒弃只聚焦于工作过程本身的课程设置模式,明确课程设置的首要依据是学习者对课程设置的需求,实现人和职业的协调发展。

第三,大多数学生认为课程目标的明确度尚可。大多数学生认为课程目标中的要求与学生未来的求职或升学方向一致性程度尚可。绝大多数学生认为课程目标为专业课程体系构建提供了合理的依据。绝大多数学生认为课程目标能满足社会对专业人才培养的要求和期待。

第四,多数学生认为开设的课程类型具有多样性。多数学生认为各类课程开设门类的数量和比例合理。多数学生认为课程门类能满足学习需求和兴趣。多数学生认为课程门类更加灵活和实用。

第五,多数学生认为课程内容不符合学生专业的学习需求。多数学生认为课程内容具有学科前沿性。多数学生认为课程内容具有较强的理论性和学术性。

在被问到课程内容是否具有实用性时,多数学生认为课程内容具有实用性。但是在被问到课程内容是否符合专业学习需求时,高达 39.9% 的学生认为课程内容不符合专业学习需求。其深层次原因可能是,学习者希望课程设置不是仅能够满足其短期的就业需求,他们更加关注长期的可持续发展所需要的综合职业素养能够在课程设置中得以体现。

第六,绝大多数学生认为课程的学时安排不合理。绝大多数学生认为课程开设的顺序包括逻辑性、衔接性等不合理。

4.2.3 教师问卷的调查结果与分析

(1) 教师问卷的项目分析

教师问卷中第三部分关于课程设置现状的调查共设 22 个题项,从第 10 题至第 31 题,每个题项均采用 Likert 5 级评分法:选项 1 表示非常不同意,计分为 1;选项 2 表示不同意,计分为 2;选项 3 为一般,计分为 3;选项 4 为同意,计分为 4;选项 5 为非常同意,计分为 5。对问卷高分组和低分组进行独立样本 T 检验,如果方差方程的 Levene 检验的显著性 Sig. 值大于 0.05,就需要查看均值方程的 T 检验数据,即看 Sig. (双侧) 的结果数据,如果小于 0.05,就说明两组方差的差异显著。通过 T 检验(见附录 C-1)发现,题项 19、21 和 26 的 T 检验结果对应的 Sig. (双侧) 值都大于 0.05,所以不显著,不具有鉴别度,在后续的研究中进行剔除,最终形成"职业教育中外合作办学专业课程体系构建现状调查问卷(教师卷)"(见附录 A-5)。在接下来的分析中将挑选出来的 19 道具有鉴别力的题项做因子分析,以检验问卷的结构效度。

(2) 教师问卷的因子分析

本研究接下来对不合格题项剔除后的数据进行 KMO 测度和 Barlett 球体检验,以确定所收集的数据是否适合做因子分析。KMO 测度和 Barlett 球体检验结果如表 4-35 所示,KMO 测度值为 0.840,达到 0.8 以上,表明变量间的共同性因子多,收集的数据适合做因子分析。Barlett 球体检验的近似卡方值为 4 274.621,自由度为 171,Sig. 值为 0.000,达显著水平,表明母群体的相关矩阵间有共同因子存在,适合做因子分析。

表 4-35 教师问卷因子分析的 KMO 测度和 Barlett 球体检验结果

	结 果
取样足够度的 Kaiser-Meyer-Olkin 度量	0.840
Bartlett 的球形度检验	近似卡方 4 274.621
DF	171
Sig.	0.000

在主成分因子分析中,共提取出了 5 个独立性大的共同因子(见附录 C-3)。

碎石图可以作为挑选因子分析数目的标准,从本研究的碎石图(如图 4-10 所示)中可以看出从前 5 个因子以后,坡度甚为平坦,而且前 5 个因子就是主成分因子分析中提取出的 5 个独立性大的因子,这表明它们就是所要抽取的共同因素。

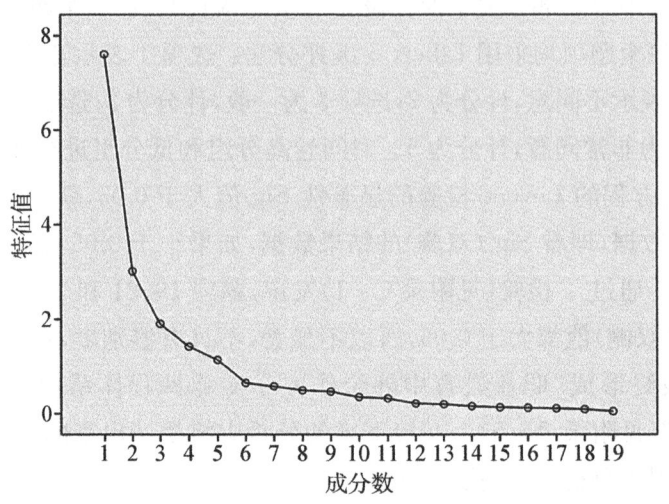

图 4-10 教师问卷碎石图

从公因子方差(共同性)表(见附录 C-2)中可以看到,19 个题项抽取公因子方差的最小值为 0.594,因此,都可以用作因子分析。从总的解释方差表(见附录 C-3)可以看到,有 5 个成分的特征值超过了 1:第一个成分(7.608)、第二个成分(3.009)、第三个成分(1.905)、第四个成分(1.423)、第五个成分(1.140)。转轴前 5 个共同因子解释的累计方差为 79.397%,解释了绝大部分的信息。

这 5 个因子对应问卷设计的结构分为五个维度,即课程设置依据、课程结构、课程目标、课程内容、课程顺序。在转轴成分分析中(见附录 C-5),题项对每个共同因子的因子负荷量进行了重新排列,转轴之后,原先转轴之前较大的因子负荷量变得更大,而转轴前较小的因子负荷量却变得更小,但转轴后每个因子在其共同因子之因子负荷量的平方总和未变;各因子中题项的负荷量在 0.594~0.914 之间,都高于 0.50 的可接受值。这说明,含有 5 个因子的 19 个题项的教师问卷有较好的结构效度。

通过因子分析,结果显示,用 5 个因子可以评价教师对课程的满意度。从表 4-36 可以看出,各分量之间的相关系数在 0.045~0.886 之间,均达到了十分显著的水平,表明各项目具有较好的区分度和汇聚度,结构效度较高。

表 4-36 教师问卷各维度的相关性系数

	相关性	课程设置依据	课程目标	课程结构	课程内容	课程顺序
课程设置依据	Pearson 相关性	1	0.363	0.339	0.266	−0.139
	显著性(双侧)		0.000	0.000	0.000	0.026
	N	256	256	256	256	256
课程目标	Pearson 相关性	0.363	1	0.412	0.569	0.057
	显著性(双侧)	0.000		0.000	0.000	0.361
	N	256	256	256	256	256
课程结构	Pearson 相关性	0.339	0.412	1	0.566	0.009
	显著性(双侧)	0.000	0.000		0.000	0.886
	N	256	256	256	256	256
课程内容	Pearson 相关性	0.266	0.569	0.566	1	0.045
	显著性(双侧)	0.000	0.000	0.000		0.471
	N	256	256	256	256	256
课程顺序	Pearson 相关性	−0.139	0.057	0.009	0.045	1
	显著性(双侧)	0.026	0.361	0.886	0.471	
	N	256	256	256	256	256

(3) 教师问卷的信度分析

在因子分析完之后,为进一步验证问卷的可靠性与有效性,需要进行信度检验。在 Likert 5 级评分法中常用的信度检验方法是内部一致性 α 系数及"折半信度"(Split-half reliability)。问卷的信度越高,说明问卷越稳定。根据学者 Gay 的观点,只要测验问卷的信度系数在 0.8 以上,则表示问卷的信度极佳。此外,统计数据中除了提供信度系数值的大小之外,还应说明此问卷使用的群体,以提供有价值且可比对的信息。

在因子分析中,共提取了 5 个共同因子,这 5 个共同因子层面所包含的题项如表 4-37 所示。

表 4-37 教师问卷 5 个提取因子所包含的题项

因子	所包含的题项
因子 1	题 10,题 11,题 12,题 13,题 14
因子 2	题 15,题 16,题 17,题 18
因子 3	题 19,题 20,题 21,题 22
因子 4	题 23,题 24,题 25,题 26
因子 5	题 27,题 28

教师问卷的总体信度如表 4-38 所示,19 个题项的内部一致性 α 系数为 0.897,大于 0.8 的最优情况,说明整体信度极佳。

表 4-38 教师问卷的项总计统计量

	项已删除的刻度均值	项已删除的刻度方差	校正的项总计相关性	项已删除的内部一致性 α 系数
题 10	63.13	101.313	0.544	0.893
题 11	63.26	102.625	0.508	0.894
题 12	63.15	105.251	0.387	0.899
题 13	62.78	102.015	0.675	0.888
题 14	62.81	99.659	0.616	0.890
题 15	62.26	111.416	0.450	0.895
题 16	62.30	110.727	0.437	0.895
题 17	62.13	111.124	0.459	0.895
题 18	62.40	108.132	0.651	0.891
题 19	62.61	103.070	0.698	0.887
题 20	62.71	102.647	0.676	0.888
题 21	62.66	103.191	0.695	0.887
题 22	62.78	101.881	0.663	0.888
题 23	62.51	101.341	0.671	0.887
题 24	62.67	103.053	0.641	0.889
题 25	62.83	103.411	0.683	0.888
题 26	62.63	103.724	0.633	0.889
题 27	65.30	117.686	−0.070	0.905
题 28	65.38	116.072	0.081	0.901

可靠性统计量

内部一致性α系数	项数
0.897	19

为进一步探究职业教育中外合作办学专业课程体系构建现状的调查问卷结构及项目的信度,本研究对问卷中各个维度的项目做了信度分析,分析结果如表4-39、表4-40、表4-41、表4-42、表4-43所示。

表4-39　教师问卷课程设置依据的项总计统计量

	项已删除的刻度均值	项已删除的刻度方差	校正的项总计相关性	项已删除的内部一致性α系数
题10	13.84	17.220	0.828	0.874
题11	13.97	18.760	0.684	0.905
题12	13.86	19.000	0.635	0.916
题13	13.49	19.098	0.845	0.877
题14	13.52	16.784	0.886	0.861

可靠性统计量

内部一致性α系数	项数
0.908	5

如表4-39所示,在课程设置依据的分量表中,5个题项的内部一致性α系数为0.908,信度效果极佳,说明5个题项之间高度相关。

表4-40　教师问卷课程目标的项总计统计量

	项已删除的刻度均值	项已删除的刻度方差	校正的项总计相关性	项已删除的内部一致性α系数
题15	12.37	2.995	0.671	0.766
题16	12.16	3.340	0.687	0.741
题17	11.80	4.291	0.651	0.775
题18	12.08	4.198	0.620	0.780

可靠性统计量

内部一致性 α 系数	项数
0.814	4

如表 4-40 所示,在课程目标的分量表中,4 个题项的内部一致性 α 系数为 0.814,信度效果极佳,说明 4 个题项之间高度相关。

表 4-41　教师问卷课程结构的项总计统计量

	项已删除的刻度均值	项已删除的刻度方差	校正的项总计相关性	项已删除的内部一致性 α 系数
题 19	11.24	7.845	0.898	0.938
题 20	11.34	7.597	0.887	0.941
题 21	11.29	7.914	0.886	0.941
题 22	11.41	7.215	0.892	0.941

可靠性统计量

内部一致性 α 系数	项数
0.954	4

如表 4-41 所示,在课程结构的分量表中,4 个题项的内部一致性 α 系数为 0.954,信度效果极佳,说明 4 个题项之间高度相关。

表 4-42　教师问卷课程内容的项总计统计量

	项已删除的刻度均值	项已删除的刻度方差	校正的项总计相关性	项已删除的内部一致性 α 系数
题 23	11.25	7.247	0.855	0.922
题 24	11.41	7.569	0.872	0.915
题 25	11.57	7.940	0.882	0.913
题 26	11.37	7.975	0.821	0.931

可靠性统计量

内部一致性 α 系数	项　数
0.939	4

如表 4-42 所示,在课程内容的分量表中,4 个题项的内部一致性 α 系数为 0.939,信度效果极佳,说明 4 个题项之间高度相关。

表 4-43　教师问卷课程顺序的项总计统计量

	项已删除的刻度均值	项已删除的刻度方差	校正的项总计相关性	项已删除的内部一致性 α 系数
题 27	1.08	0.217	0.420	/
题 28	1.16	0.512	0.420	/

可靠性统计量

内部一致性 α 系数	项　数
0.555	2

如表 4-43 所示,在课程顺序的分量表中,2 个题项的内部一致性 α 系数为 0.555,信度效果较好,说明 2 个题项之间高度相关。

调查问卷的内在信度检验包括对调查问卷中每个公因子的内在结构(公因子内部问项之间的一致性)检验和对整个问卷的内部结构(问卷内部公因子之间的一致性)检验两项。通过对调查问卷中每个因子的内在结构的检验得出,5 个因子中内部一致性 α 系数分别为 0.908、0.814、0.954、0.939、0.555,最低的为 0.555。整个问卷的内部一致性 α 系数为 0.897,这说明整个问卷内部各公因子之间具有极佳的信度。

在以上结果中没有发现严重影响问卷内部一致性的项目,这说明整个问卷内部各公因子之间以及每个因子的内在题项之间的一致性良好,也具有较高的信度,回答了研究方案中提出的第一个问题。

(4) 教师问卷调查数据分析与结论

本次调查采取了方便取样的方法,共发放教师问卷 560 份,回收有效问卷 512 份,占总数的 91.4%。样本构成情况如表 4-4 所示。

为了保证数据分析的科学性,按奇偶排序,将数据平均分为奇数序号组和偶数序号组,奇数序号组数据经过项目检验、因子分析和结构效度分析后,剔除不合理题项,最终形成"职业教育中外合作办学专业课程体系构建现状调查问卷(教师卷)"(见附录 A-5)。偶数序号组数据的描述性分析如下:

1) 职业教育中外合作办学专业课程体系构建的现状分析

第一,教师对课程设置现状的满意度。

在收集教师对课程设置现状满意度的数据过程中,笔者设计了 4 个具体的题项,分别是:对就业影响最大的因素是什么、学校培养社会所需人才应当聚焦于哪个方面、对目前专业的课程设置是否满意、对当前学校课程设置最不满意的是哪个方面。

① 对就业影响最大的因素是什么。

如表 4-44 所示,47.3% 的教师认为专业广度是对就业影响最大的因素,38.7% 的教师认为课程设置是对就业影响最大的因素,10.2% 的教师认为职业指导是对就业影响最大的因素,3.5% 的教师认为专业能力是对就业影响最大的因素,0.4% 的教师认为学校名声是对就业影响最大的因素。可见,多数教师认为专业广度和课程设置对就业的影响很大。

表 4-44 教师问卷中关于"对就业影响最大的因素是什么"现状分布表

对就业影响 最大的因素是什么	频率 (次)	百分比 (%)	有效百分 比(%)	累计百分 比(%)
专业广度	121	47.3	47.3	47.3
课程设置	99	38.7	38.7	85.9
职业指导	26	10.2	10.2	96.1
学校名声	1	0.4	0.4	96.5
专业能力	9	3.5	3.5	100.0
合计	256	100.0	100.0	

② 学校培养社会所需人才应当聚焦于哪个方面。

如表 4-45 所示,34.8% 的教师认为学校培养应当聚焦于培养学生的专业实践能力,34% 的教师认为学校培养应当聚焦于传授专业理论知识,31.3% 的教师认为学校培养应当聚焦于通过课程设置培养学生的综合素质。可见,多数教师认为学校培养应当聚焦于培养学生的专业实践能力、传授专业理论知识和通过课程设置培养学生的综合素质。相对而言,教师重视课程设置的比例略低。

表4-45 教师问卷中关于"学校培养社会所需人才应当聚焦于哪个方面"的现状分布表

学校培养社会所需人才应当聚焦于哪个方面	频率(次)	百分比(%)	有效百分比(%)	累计百分比(%)
传授专业理论知识	87	34.0	34.0	34.0
培养学生的专业实践能力	89	34.8	34.8	68.8
通过课程设置培养学生的综合素质	80	31.3	31.3	100.0
培养学生的创业意识				
合计	256	100.0	100.0	

③ 对目前专业的课程设置是否满意。

如表4-46所示,62.9%的教师对课程设置现状比较满意,22.7%的教师对课程设置现状一般满意,14.5%的教师对课程设置现状非常满意,没有教师对课程设置现状比较不满意或非常不满意。可见,大多数教师对目前专业的课程设置较为满意。

表4-46 教师问卷中关于"对目前专业的课程设置是否满意"的现状分布表

对目前专业的课程设置是否满意	频率(次)	百分比(%)	有效百分比(%)	累计百分比(%)
非常满意	37	14.5	14.5	14.5
比较满意	161	62.9	62.9	77.3
一般满意	58	22.7	22.7	100.0
比较不满意				
非常不满意				
合计	256	100.0	100.0	

④ 对当前课程设置最不满意的是哪个方面。

如表4-47所示,59.8%的教师认为课程设置缺乏区别对待原则,没有突出职业教育专业的技术性和实用性特点,14.5%的教师认为课程目标与就业需求不衔接,10.9%的教师认为课程结构不合理,7.4%的教师认为课程内容缺乏创新性和超前意识,6.6%的教师认为课程设置与培养目标不相符,0.8%的教师认为课程学时和顺序安排不合理。可见,多数教师认为当前课程设置较为突出的问题是没有体现出职业教育的技术性和实用性。

表4-47 教师问卷中关于"对当前课程设置最不满意的是哪个方面"的现状分布表

对当前课程设置最不满意的是哪个方面	频率（次）	百分比（%）	有效百分比（%）	累计百分比（%）
缺乏区别对待原则,没有突出职业教育专业的技术性和实用性特点	153	59.8	59.8	59.8
课程目标与就业需求不衔接	37	14.5	14.5	74.2
课程设置与培养目标不相符	17	6.6	6.6	80.9
课程结构不合理	28	10.9	10.9	91.8
课程内容缺乏创新性和超前意识	19	7.4	7.4	99.2
课程学时和顺序安排不合理	2	0.8	0.8	100.0
合计	256	100.0	100.0	

第二,教师对课程设置依据的认识。

如表4-48所示,73%的教师认为课程设置的首要依据是学生的职业发展需求,18.8%教师认为课程设置的首要依据是外国成功的办学经验,7.4%的教师认为课程设置的首要依据是区域性经济的特点,0.4%的教师认为课程设置的首要依据是课程发展的最新趋势,0.4%的教师认为课程设置的首要依据是学科知识系统。可见,大多数教师认为课程设置的首要依据应当是学生的职业发展需求。

表4-48 教师问卷中关于课程设置首要依据的现状分布表

职业教育中外合作办学专业课程体系构建的首要依据是什么	频率（次）	百分比（%）	有效百分比（%）	累计百分比（%）
学生的职业发展需求	187	73.0	73.0	73.0
外国成功的办学经验	48	18.8	18.8	91.8
区域性经济的特点	19	7.4	7.4	99.2
课程发展的最新趋势	1	0.4	0.4	99.6
学科知识系统	1	0.4	0.4	100.0
合计	256	100.0	100.0	

第三,教师对课程目标现状的认识。

如表 4-49 所示,教师对"课程目标十分明确"的态度是:38.7%的教师表示"同意",25.4%表示"非常同意",23%表示"一般",12.9%表示"不同意"。可见,大多数教师认为课程目标的明确度尚可,64.1%的教师认为课程目标十分明确,不需要进行修改和调整。

表 4-49 教师问卷中关于"课程目标十分明确"的现状分布表

课程目标十分明确	频率（次）	百分比（%）	有效百分比（%）	累计百分比（%）
非常不同意				
不同意	33	12.9	12.9	12.9
一般	59	23.0	23.0	35.9
同意	99	38.7	38.7	74.6
非常同意	65	25.4	25.4	100.0
合计	256	100.0	100.0	

如表 4-50 所示,教师对"课程目标中的要求与学生未来的求职或升学方向一致"的态度是:44.1%的教师表示"同意",29.7%表示"非常同意",20.7%表示"一般",5.5%表示"不同意"。可见,大多数教师认为课程目标中的要求与学生未来的求职或升学方向一致性程度尚可,29.7%的教师认为课程目标中的要求与学生未来的求职或升学方向一致性程度很高,不需要进行修改和调整。

表 4-50 教师问卷中关于"课程目标中的要求与学生未来的求职或升学方向一致"的现状分布表

课程目标中的要求与学生未来的求职或升学方向一致	频率（次）	百分比（%）	有效百分比（%）	累计百分比（%）
非常不同意				
不同意	14	5.5	5.5	5.5
一般	53	20.7	20.7	26.2
同意	113	44.1	44.1	70.3
非常同意	76	29.7	29.7	100.0
合计	256	100.0	100.0	

如表 4-51 所示,教师对"课程目标为专业课程体系构建提供了合理的依据"的态度是:55.1%的教师表示"同意",39.1%表示"非常同意",5.9%表示"一般"。可见,绝大多数教师认为课程目标为专业课程体系构建提供了合理的依据。

表 4-51　教师问卷中关于"课程目标为专业课程体系构建提供了合理的依据"的现状分布表

课程目标为专业课程体系构建提供了合理的依据	频率（次）	百分比（%）	有效百分比（%）	累计百分比（%）
非常不同意				
不同意				
一般	15	5.9	5.9	5.9
同意	141	55.1	55.1	60.9
非常同意	100	39.1	39.1	100.0
合计	256	100.0	100.0	

如表 4-52 所示,教师对"课程目标能满足社会对专业人才培养的要求和期待"的态度是:59.8%的教师表示"同意",23%表示"非常同意",17.2%表示"一般"。可见,绝大多数教师认为课程目标能满足社会对专业人才培养的要求和期待。

表 4-52　教师问卷中关于"课程目标能满足社会对专业人才培养的要求和期待"的现状分布表

课程目标能满足社会对专业人才培养的要求和期待	频率（次）	百分比（%）	有效百分比（%）	累计百分比（%）
非常不同意				
不同意				
一般	44	17.2	17.2	17.2
同意	153	59.8	59.8	77.0
非常同意	59	23.0	23.0	100.0
合计	256	100.0	100.0	

第四,教师对课程结构现状的认识。

如表 4-53 所示,教师对"开设的课程类型具有多样性"的态度是:59.4%的教师表示"同意",19.5%表示"非常同意",11.7%表示"一般",5.5%表示"不同意",3.9%表示"非常不同意"。可见,大多数教师认为开设的课程类型具有多样性,仅有9.4%的教师认为开设的课程类型不具有多样性。

表4-53　教师问卷中关于"开设的课程类型具有多样性"的现状分布表

开设的课程类型具有多样性	频率（次）	百分比（%）	有效百分比（%）	累计百分比（%）
非常不同意	10	3.9	3.9	3.9
不同意	14	5.5	5.5	9.4
一般	30	11.7	11.7	21.1
同意	152	59.4	59.4	80.5
非常同意	50	19.5	19.5	100.0
合计	256	100.0	100.0	

如表4-54所示,教师对"各类课程开设门类的数量和比例合理"的态度是:60.5%的教师表示"同意",15.6%表示"非常同意",14.5%表示"一般",7%表示"非常不同意",2.3%表示"不同意"。可见,大多数教师认为各类课程开设门类的数量和比例合理,仅有9.4%的教师认为各类课程开设门类的数量和比例不合理。

表4-54　教师问卷中关于"各类课程开设门类的数量和比例合理"的现状分布表

各类课程开设门类的数量和比例合理	频率（次）	百分比（%）	有效百分比（%）	累计百分比（%）
非常不同意	18	7.0	7.0	7.0
不同意	6	2.3	2.3	9.4
一般	37	14.5	14.5	23.8
同意	155	60.5	60.5	84.4
非常同意	40	15.6	15.6	100.0
合计	256	100.0	100.0	

如表4-55所示,教师对"开设的课程门类满足了学生的学习需求和兴趣"的态度是:53.5%的教师表示"同意",19.9%表示"非常同意",15.6%表示"一

般",9%表示"不同意",2%表示"非常不同意"。可见,大多数教师认为开设的课程门类能满足学生学习需求和兴趣,仅有11%的教师认为开设的课程门类不能满足学生学习需求和兴趣。

表 4-55 教师问卷中关于"开设的课程门类满足了学生的学习需求和兴趣"的现状分布表

开设的课程门类满足了学生的学习需求和兴趣	频率（次）	百分比（%）	有效百分比（%）	累计百分比（%）
非常不同意	5	2.0	2.0	2.0
不同意	23	9.0	9.0	11.0
一般	40	15.6	15.6	26.6
同意	137	53.5	53.5	80.1
非常同意	51	19.9	19.9	100.0
合计	256	100.0	100.0	

如表 4-56 所示,教师对"开设的课程门类更加灵活和实用"的态度是:59%的教师表示"同意",15.2%表示"非常同意",12.1%表示"一般",7.8%表示"非常不同意",5.9%表示"不同意"。可见,大多数教师认为开设的课程门类更加灵活和实用,仅有13.7%的教师认为开设的课程门类并非更加灵活和实用。

表 4-56 教师问卷中关于"开设的课程门类更加灵活和实用"的现状分布表

开设的课程门类更加灵活和实用	频率（次）	百分比（%）	有效百分比（%）	累计百分比（%）
非常不同意	20	7.8	7.8	7.8
不同意	15	5.9	5.9	13.7
一般	31	12.1	12.1	25.8
同意	151	59.0	59.0	84.8
非常同意	39	15.2	15.2	100.0
合计	256	100.0	100.0	

第五,教师对课程内容现状的认识。

如表 4-57 所示,教师对"课程内容符合学生专业的学习需求"的态度是：50%的教师表示"同意",31.6%表示"非常同意",6.6%表示"一般",6.3%表示"非常不同意",5.5%表示"不同意"。可见,大多数教师认为课程内容符合学生专业的学习需求,仅有11.7%的教师认为课程内容不符合学生专业的学习需求。

表4-57 教师问卷中关于"课程内容符合学生专业的学习需求"的现状分布表

课程内容符合学生专业的学习需求	频率（次）	百分比（%）	有效百分比（%）	累计百分比（%）
非常不同意	16	6.3	6.3	6.3
不同意	14	5.5	5.5	11.7
一般	17	6.6	6.6	18.4
同意	128	50.0	50.0	68.4
非常同意	81	31.6	31.6	100.0
合计	256	100.0	100.0	

如表4-58所示,教师对"课程内容具有学科前沿性"的态度是：53.9%的教师表示"同意",19.9%表示"非常同意",18.4%表示"一般",7%表示"非常不同意",0.8%表示"不同意"。可见,大多数教师认为课程内容具有学科前沿性,仅有7.8%的教师认为课程内容不具有学科前沿性。

表4-58 教师问卷中关于"课程内容具有学科前沿性"的现状分布表

课程内容具有学科前沿性	频率（次）	百分比（%）	有效百分比（%）	累计百分比（%）
非常不同意	18	7.0	7.0	7.0
不同意	2	0.8	0.8	7.8
一般	47	18.4	18.4	26.2
同意	138	53.9	53.9	80.1
非常同意	51	19.9	19.9	100.0
合计	256	100.0	100.0	

如表4-59所示,教师对"课程内容具有很强的理论性和学术性"的态度是：47.3%的教师表示"同意",28.1%表示"一般",14.5%表示"非常同意",7%表示

"不同意",3.1%表示"非常不同意"。可见,大多数教师认为课程内容具有较强的理论性和学术性,仅有10.2%的教师认为课程内容不具有很强的理论性和学术性。

表4-59 教师问卷中关于"课程内容具有很强的理论性和学术性"的现状分布表

课程内容具有很强的理论性和学术性	频率(次)	百分比(%)	有效百分比(%)	累计百分比(%)
非常不同意	8	3.1	3.1	3.1
不同意	18	7.0	7.0	10.2
一般	72	28.1	28.1	38.3
同意	121	47.3	47.3	85.5
非常同意	37	14.5	14.5	100.0
合计	256	100.0	100.0	

如表4-60所示,教师对"课程内容具有实用性"的态度是:35.9%的教师表示"同意",31.6%表示"一般",27.7%表示"非常同意",3.5%表示"非常不同意",1.2%表示"不同意"。可见,大多数教师认为课程内容具有实用性。

表4-60 教师问卷中关于"课程内容具有实用性"的现状分布表

课程内容具有实用性	频率(次)	百分比(%)	有效百分比(%)	累计百分比(%)
非常不同意	9	3.5	3.5	3.5
不同意	3	1.2	1.2	4.7
一般	81	31.6	31.6	36.3
同意	92	35.9	35.9	72.3
非常同意	71	27.7	27.7	100.0
合计	256	100.0	100.0	

第六,教师对课程顺序现状的认识。

如表4-61所示,教师对"课程的学时安排合理"的态度是:94.9%的教师表示"非常不同意",2%表示"非常同意",2%表示"同意",1.2%表示"一般"。可见,绝大多数教师认为课程的学时安排不合理。

表 4-61 教师问卷中关于"课程的学时安排合理"的现状分布表

课程的学时安排合理	频率（次）	百分比（%）	有效百分比（%）	累计百分比（%）
非常不同意	243	94.9	94.9	94.9
不同意				
一般	3	1.2	1.2	96.1
同意	5	2.0	2.0	98.0
非常同意	5	2.0	2.0	100.0
合计	256	100.0	100.0	

如表 4-62 所示，教师对"课程开设的顺序包括逻辑性、衔接性等合理"的态度是：96.9%的教师表示"非常不同意"，2%表示"非常同意"，1.2%表示"同意"。可见，绝大多数教师认为课程开设的顺序包括逻辑性、衔接性等不合理。

表 4-62 教师问卷中关于"课程开设的顺序包括逻辑性、衔接性等合理"的现状分布表

课程开设的顺序包括逻辑性、衔接性等合理	频率（次）	百分比（%）	有效百分比（%）	累计百分比（%）
非常不同意	248	96.9	96.9	96.9
不同意				
一般				
同意	3	1.2	1.2	98.0
非常同意	5	2.0	2.0	100.0
合计	256	100.0	100.0	

2）职业教育中外合作办学专业课程体系构建的调查结论

第一，多数教师认为专业广度和课程设置对就业的影响很大。在被问到学校培养社会所需人才应当聚焦于哪个方面时，多数教师认为学校培养应当聚焦于培养学生的专业实践能力、传授专业理论知识和通过课程设置培养学生的综合素质。

从对课程设置的满意度来看，大多数教师对目前专业的课程设置较为满意，可见教师普遍认为课程设置现状尚可。而教师对目前课程设置不满意的方面覆

盖课程目标、课程结构、课程内容、课程学时和课程顺序五个方面,其中较受关注的问题是缺乏区别对待原则,没有突出职业教育专业的技术性和实用性特点。

第二,大多数教师认为课程设置的首要依据应当是学生的职业发展需求。认为课程设置的首要依据是课程发展的最新趋势或学科知识系统的仅有0.8%的教师,可见知识本位的课程设置取向已经无法适应教师对职业教育中外合作办学专业课程体系构建的需求。以往的职业教育中外合作办学专业课程体系的构建忽略了学生自身发展的需要,仅仅从企业需求、经济发展需求去考虑。基于教师的视角,正确的课程设置取向应当是在适应经济发展需要的前提下,扬弃国外职业教育专业课程体系构建模式,使成功经验实现本土化,摒弃只聚焦于工作过程本身的课程设置模式,明确课程设置的首要依据是学习者对课程设置的需求,实现人和职业的协调发展。

第三,大多数教师认为课程目标的明确度尚可。大多数教师认为课程目标中的要求与学生未来的求职或升学方向一致性程度尚可。绝大多数教师认为课程目标为专业课程体系构建提供了合理的依据。绝大多数教师认为课程目标能满足社会对专业人才培养的要求和期待。

第四,大多数教师认为开设的课程类型具有多样性。大多数教师认为各类课程开设门类的数量和比例合理。大多数教师认为开设的课程门类能满足学生的学习需求和兴趣。大多数教师认为开设的课程门类更加灵活和实用。

第五,大多数教师认为课程内容符合学生专业的学习需求。大多数教师认为课程内容具有学科前沿性。大多数教师认为课程内容具有较强的理论性和学术性。大多数教师认为课程内容具有实用性。

第六,绝大多数教师认为课程的学时安排不合理,绝大多数教师认为课程开设的顺序包括逻辑性、衔接性等不合理。

4.2.4 企业问卷的调查结果与分析

(1) 企业问卷的项目分析

企业问卷中第三部分关于课程设置现状的调查共设22个题项,从第10题至第31题,每个题项均采用Likert 5级评分法:选项1表示非常不同意,计分为1;选项2表示不同意,计分为2;选项3为一般,计分为3;选项4为同意,计分为4;选项5为非常同意,计分为5。对问卷高分组和低分组进行独立样本T检验,如果方差方程的Levene检验的显著性Sig.值大于0.05,就需要查看均值方程的 T 检验数据,即看 Sig.(双侧)的结果数据,如果小于 0.05,就说明两组方差的差异显著。通过 T 检验(见附录 D-1)发现,题项 19、21 和 26 的 T 检验结果对应的 Sig.(双侧)值都大于 0.05,所以不显著,不具有鉴别度,在后续的研究中进行剔除,最终形成"职业教育中外合作办学专业课程体系构建现状调查问卷(企业卷)"(见附录 A-6)。在接下来的分析中将挑选出来的 19 道具有鉴别力的题项做因子分析,以检验问卷的结构效度。

(2) 企业问卷的因子分析

本研究接下来对不合格题项剔除后的数据进行 KMO 测度和 Barlett 球体检验,以确定所收集的数据是否适合做因子分析。KMO 测度和 Barlett 球体检验结果如表 4-63 所示,KMO 测度值为 0.813,达到 0.8 以上,表明变量间的共同性因子多,收集的数据适合做因子分析。Barlett 球体检验的近似卡方值为 1900.048,自由度为 171,Sig. 值为 0.000,达显著水平,表明母群体的相关矩阵间有共同因子存在,适合做因子分析。

表 4-63 企业问卷因子分析的 KMO 测度和 Barlett 球体检验结果

	结　果
取样足够度的 Kaiser-Meyer-Olkin 度量	0.813
Bartlett 的球形度检验	近似卡方　1 900.048
DF　171	
Sig.　0.000	

在主成分因子分析中,共提取出了 5 个独立性大的共同因子(见附录 D-3)。

碎石图可以作为挑选因子分析数目的标准,从本研究的碎石图(如图 4-11 所示)中可以看出从第 5 个因子以后,坡度甚为平坦,而且前 5 个因子就是主成分因子分析中提取出的 5 个独立性大的因子,这表明它们就是所要抽取的共同因素。

从公因子方差(共同性)表(见附录 D-2)中可以看到,19 个题项抽取公因子方差的最小值为 0.675,因此,都可以用作因子分析。从总的解释方差表(见附录 D-3)可以看到,有 5 个成分的特征值超过了 1:第一个成分(6.635)、第二个成分(3.268)、第三个成分(2.817)、第四个成分(2.145)、第五个成分(1.001)。转轴前 5 个共同因子解释的累计方差为 83.503%,解释了绝大部分的信息。

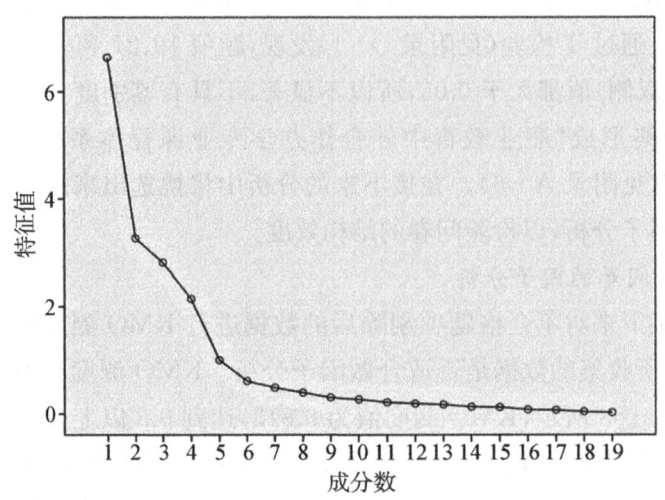

图 4-11 企业问卷碎石图

这 5 个因子对应问卷设计的结构分为五个维度,即课程设置依据、课程结构、课程目标、课程内容、课程顺序。在转轴成分分析中(见附录 D-5),题项对每个共同因子的因子负荷量进行了重新排列,转轴之后,原先转轴之前较大的因子负荷量变得更大,而转轴前较小的因子负荷量却变得更小,但转轴后每个因子在其共同因子之因子负荷量的平方总和未变。各因子中题项的负荷量在 0.727~0.938 之间,都高于 0.50 的可接受值。这说明,含有 5 个因子的 19 个题项的企业问卷有较好的结构效度。

通过因子分析,结果显示,用 5 个因子可以评价企业对课程的满意度。从表 4-64 可以看出,各分量之间的相关系数在 0.020~0.514 之间,均达到了十分显著的水平,表明各项目具有较好的区分度和汇聚度,结构效度较高。

表 4-64 企业问卷各维度的相关性系数

	相关性	课程设置依据	课程目标	课程结构	课程内容	课程顺序
课程设置依据	Pearson 相关性	1	−0.443	−0.125	0.270	−0.338
	显著性(双侧)		0.000	0.216	0.007	0.001
	N	100	100	100	100	100

续 表

	相关性	课程设置依据	课程目标	课程结构	课程内容	课程顺序
课程目标	Pearson 相关性	−0.443	1	0.075	−0.247	0.514
	显著性(双侧)	0.000		0.457	0.013	0.000
	N	100	100	100	100	100
课程结构	Pearson 相关性	−0.125	0.075	1	−0.068	0.020
	显著性(双侧)	0.216	0.457		0.501	0.840
	N	100	100	100	100	100
课程内容	Pearson 相关性	0.270	−0.247	−0.068	1	−0.211
	显著性(双侧)	0.007	0.013	0.501		0.035
	N	100	100	100	100	100
课程顺序	Pearson 相关性	−0.338	0.514	0.020	−0.211	1
	显著性(双侧)	0.001	0.000	0.840	0.035	
	N	100	100	100	100	100

(3) 企业问卷的信度分析

在因子分析完之后,为进一步验证问卷的可靠性与有效性,需要进行信度检验。在 Likert 5 级评分法中常用的信度检验方法是内部一致性 α 系数及"折半信度"(Split-half reliability)。问卷的信度越高,说明问卷越稳定。根据学者 Gay 的观点,测验问卷的信度系数在 0.8 以上,则表示问卷的信度极佳。此外,统计数据中除了提供信度系数值的大小之外,还应说明此问卷使用的群体,以提供有价值且可比对的信息。

在因子分析中,共提取了 5 个共同因子,这 5 个共同因子层面所包含的题项如表 4-65 所示。

表 4-65 企业问卷 5 个提取因子所包含的题项

因 子	所包含的题项
因子 1	题 10,题 11,题 12,题 13,题 14
因子 2	题 15,题 16,题 17,题 18

续 表

因 子	所包含的题项
因子3	题19,题20,题21,题22
因子4	题23,题24,题25,题26
因子5	题27,题28

企业问卷的总体信度如表4-66所示,19个题项的内部一致性 α 系数为0.687,说明整体信度较好。

表4-66 企业问卷的项总计统计量

	项已删除的刻度均值	项已删除的刻度方差	校正的项总计相关性	项已删除的内部一致性 α 系数
题10	51.46	56.695	0.481	0.648
题11	51.29	57.663	0.441	0.654
题12	51.73	59.048	0.381	0.662
题13	51.54	54.635	0.528	0.640
题14	51.83	56.365	0.481	0.648
题15	51.24	67.699	−0.054	0.700
题16	51.33	68.587	−0.117	0.706
题17	51.10	69.687	−0.193	0.711
题18	51.24	68.002	−0.073	0.699
题19	51.38	64.400	0.181	0.683
题20	51.26	62.033	0.240	0.678
题21	51.38	64.056	0.158	0.685
题22	51.13	59.973	0.294	0.672
题23	51.47	54.211	0.581	0.633
题24	51.57	59.743	0.313	0.670
题25	51.59	56.669	0.535	0.644
题26	51.45	57.240	0.427	0.655
题27	51.38	68.016	−0.073	0.697
题28	51.49	69.020	−0.153	0.706

可靠性统计量

内部一致性 α 系数	项数
0.687	19

为进一步探究职业教育中外合作办学专业课程体系构建现状的调查问卷结构及项目的信度,本研究对问卷中各个维度的项目做了信度分析,分析结果如表 4-67、表 4-68、表 4-69、表 4-70、表 4-71。

表 4-67　企业问卷课程设置依据的项总计统计量

	项已删除的刻度均值	项已删除的刻度方差	校正的项总计相关性	项已删除的内部一致性 α 系数
题 10	10.69	22.822	0.966	0.936
题 11	10.52	23.868	0.888	0.949
题 12	10.96	24.827	0.826	0.959
题 13	10.77	21.856	0.945	0.940
题 14	11.06	24.077	0.811	0.962

可靠性统计量

内部一致性 α 系数	项数
0.959	5

如表 4-67 所示,在课程设置依据的分量表中,5 个题项的内部一致性 α 系数为 0.959,信度效果极佳,说明 5 个题项之间高度相关。

表 4-68　企业问卷课程目标的项总计统计量

	项已删除的刻度均值	项已删除的刻度方差	校正的项总计相关性	项已删除的内部一致性 α 系数
题 15	9.14	4.505	0.762	0.832
题 16	9.23	4.442	0.747	0.838
题 17	9.00	4.404	0.757	0.834
题 18	9.14	5.152	0.686	0.863

可靠性统计量

内部一致性α系数	项数
0.877	4

如表4-68所示,在课程目标的分量表中,4个题项的内部一致性α系数为0.877,信度效果极佳,说明4个题项之间高度相关。

表4-69　企业问卷课程结构的项总计统计量

	项已删除的刻度均值	项已删除的刻度方差	校正的项总计相关性	项已删除的内部一致性α系数
题19	9.04	10.827	0.748	0.939
题20	8.92	8.640	0.876	0.894
题21	9.04	9.251	0.899	0.889
题22	8.79	7.723	0.876	0.902

可靠性统计量

内部一致性α系数	项数
0.929	4

如表4-69所示,在课程结构的分量表中,4个题项的内部一致性α系数为0.929,信度效果极佳,说明4个题项之间高度相关。

表4-70　企业问卷课程内容的项总计统计量

	项已删除的刻度均值	项已删除的刻度方差	校正的项总计相关性	项已删除的内部一致性α系数
题23	8.20	12.343	0.901	0.909
题24	8.30	13.566	0.792	0.943
题25	8.32	13.856	0.848	0.927
题26	8.18	12.472	0.902	0.909

可靠性统计量

内部一致性α系数	项数
0.941	4

如表4-70所示,在课程内容的分量表中,4个题项的内部一致性α系数为0.941,信度效果极佳,说明4个题项之间高度相关。

表4-71 企业问卷课程顺序的项总计统计量

	项已删除的刻度均值	项已删除的刻度方差	校正的项总计相关性	项已删除的内部一致性α系数
题27	2.78	0.598	0.499	/
题28	2.89	0.382	0.499	/

可靠性统计量

内部一致性α系数	项数
0.655	2

如表4-71所示,在课程顺序的分量表中,2个题项的内部一致性α系数为0.655,信度效果较好,说明2个题项之间高度相关。

调查问卷的内在信度检验包括对调查问卷中每个公因子的内在结构(公因子内部问项之间的一致性)检验和对整个问卷的内部结构(问卷内部公因子之间的一致性)检验两项。通过对调查问卷中每个因子的内在结构的检验得出,5个因子中内部一致性α系数分别为0.959、0.877、0.929、0.941、0.655,最低的为0.655。整个问卷的内部一致性α系数为0.687,这说明整个问卷内部各公因子之间具有极佳的信度。

在以上结果中没有发现严重影响问卷内部一致性的项目,这说明整个问卷内部各公因子之间以及每个因子的内在题项之间的一致性良好,也具有较高的信度,回答了研究方案中提出的第一个问题。

(4)企业问卷调查数据分析与结论

本次调查采取了方便取样的方法,共发放企业问卷220份,回收有效问卷 200 份,占总数的 90.9%。样本构成情况如表 4-5 所示。

为了保证数据分析的科学性,按奇偶排序,将数据平均分为奇数序号组和偶数序号组,奇数序号组数据经过项目检验、因子分析和结构效度分析后,剔除不合理题项,最终形成"职业教育中外合作办学专业课程体系构建现状调查问卷(企业卷)"(见附录 A-6)。偶数序号组数据的描述性分析如下:

1) 职业教育中外合作办学专业课程体系构建的现状分析

第一,企业对课程设置现状的满意度。

在收集企业对课程设置现状满意度数据过程中,笔者设计了 5 个具体的题项,分别是:对就业影响最大的因素是什么、学校培养社会所需人才应当聚焦于哪个方面、对目前毕业生的工作能力是否满意、对当前课程设置最不满意的是哪个方面,以及目前的课程设置是否能培养出公司需要的人才。

① 对就业影响最大的因素是什么。

如表 4-72 所示,45% 的企业受访者认为职业指导是对就业影响最大的因素,24% 的企业受访者认为专业能力是对就业影响最大的因素,18% 的企业受访者认为课程设置是对就业影响最大的因素,10% 的企业受访者认为学校名声是对就业影响最大的因素,3% 的企业受访者认为专业广度是对就业影响最大的因素。可见,多数企业受访者认为职业指导是对就业影响最大的因素,仅有 18% 的企业受访者认为课程设置是对就业影响最大的因素。

表 4-72 企业问卷中关于"对就业影响最大的因素是什么"的现状分布表

对就业影响最大的因素是什么	频率(次)	百分比(%)	有效百分比(%)	累计百分比(%)
专业广度	3	3.0	3.0	3.0
课程设置	18	18.0	18.0	21.0
职业指导	45	45.0	45.0	66.0
学校名声	10	10.0	10.0	76.0
专业能力	24	24.0	24.0	100.0
合计	100	100.0	100.0	

② 学校培养社会所需人才应当聚焦于哪个方面。

如表 4-73 所示,45% 的企业受访者认为学校培养应当聚焦于培养学生的专业实践能力,35% 的企业受访者认为学校培养应当聚焦于通过课程设置培养学生的综合素质，17%的企业受访者认为学校培养应当聚焦于培养学生的创业意识，3%的企业受访者认为学校培养应当聚焦于传授专业理论知识。可见，多数企业受访者认为学校培养应当聚焦于培养学生的专业实践能力和通过课程设置培养学生的综合素质。

表4-73 企业问卷中关于"学校培养社会所需人才应当聚焦于哪个方面"的现状分布表

学校培养社会所需人才应当聚焦于哪个方面	频率（次）	百分比（%）	有效百分比（%）	累计百分比（%）
传授专业理论知识	3	3.0	3.0	3.0
培养学生的专业实践能力	45	45.0	45.0	48.0
通过课程设置培养学生的综合素质	35	35.0	35.0	83.0
培养学生的创业意识	17	17.0	17.0	100.0
合计	100	100.0	100.0	

③ 对目前专业的课程设置是否满意。

如表4-74所示，53%的企业受访者对课程设置现状比较满意，38%的企业受访者对课程设置现状一般满意，5%的企业受访者对课程设置现状非常满意，4%的企业受访者对课程设置现状比较不满意。可见，多数企业受访者认为课程设置现状尚可。

表4-74 企业问卷中关于"对目前专业的课程设置是否满意"的现状分布表

对目前专业的课程设置是否满意	频率（次）	百分比（%）	有效百分比（%）	累计百分比（%）
非常满意	5	5.0	5.0	5.0
比较满意	53	53.0	53.0	58.0
一般满意	38	38.0	38.0	96.0
比较不满意	4	4.0	4.0	100.0
非常不满意				
合计	100	100.0	100.0	

④ 对当前课程设置最不满意的是哪个方面。

如表4-75所示，47%的企业受访者认为课程目标与就业需求不衔接，27%

的企业受访者认为课程设置缺乏区别对待原则,没有突出职业教育专业的技术性和实用性特点,26%的企业受访者认为课程学时和顺序安排不合理。可见,多数企业受访者认为当前课程设置较为突出的问题是课程目标与就业需求不衔接。

表4-75 企业问卷中关于"对当前课程设置最不满意的是哪个方面"的现状分布表

对当前课程设置最不满意的是哪个方面	频率(次)	百分比(%)	有效百分比(%)	累计百分比(%)
缺乏区别对待原则,没有突出职业教育专业的技术性和实用性特点	27	27.0	27.0	27.0
课程目标与就业需求不衔接	47	47.0	47.0	74.0
课程设置与培养目标不相符				
课程结构不合理				
课程内容缺乏创新性和超前意识				
课程学时和顺序安排不合理	26	26.0	26.0	100.0
合计	100	100.0	100.0	

⑤ 目前的课程设置是否能培养出公司需要的人才。

如表4-76所示,75%的企业受访者认为课程设置有改进的空间,12%的企业受访者认为课程设置能培养出公司需要的人才,7%的企业受访者认为课程设置不能培养出公司需要的人才,6%的企业受访者持不确定的态度。可见,大多数企业受访者认为目前的课程设置有改进的空间。

表4-76 企业问卷中关于"目前的课程设置是否能培养出公司需要的人才"的现状分布表

目前的课程设置是否能培养出公司需要的人才	频率(次)	百分比(%)	有效百分比(%)	累计百分比(%)
能	12	12.0	12.0	12.0
有改进的空间	75	75.0	75.0	87.0
不能	7	7.0	7.0	94.0
不确定	6	6.0	6.0	100.0
合计	100	100.0	100.0	

第二,企业对课程设置依据的认识。

如表4-77所示,60%的企业受访者认为课程设置的首要依据是区域性经济的特点,33%的企业受访者认为课程设置的首要依据是学生的职业发展需求,7%的企业受访者认为课程设置的首要依据是外国成功的办学经验,没有企业受访者认为课程设置的首要依据是课程发展的最新趋势或者学科知识系统。可见,多数企业受访者认为课程设置的首要依据是区域性经济的特点。

表4-77 企业问卷中关于课程设置首要依据的现状分布表

职业教育中外合作办学专业课程体系构建的首要依据是什么	频率(次)	百分比(%)	有效百分比(%)	累计百分比(%)
学生的职业发展需求	33	33.0	33.0	33.0
外国成功的办学经验	7	7.0	7.0	40.0
区域性经济的特点	60	60.0	60.0	100.0
课程发展的最新趋势				
学科知识系统				
合计	100	100.0	100.0	

第三,企业对课程目标现状的认识。

如表4-78所示,企业受访者对"课程目标十分明确"的态度是:52%的企业受访者表示"一般",22%表示"不同意",19%表示"同意",5%表示"非常同意",2%表示"非常不同意"。可见,多数企业受访者认为课程目标的明确度尚可,仅有24%的企业受访者认为课程目标十分明确,不需要进行修改和调整。

表4-78 企业问卷中关于"课程目标十分明确"的现状分布表

课程目标十分明确	频率(次)	百分比(%)	有效百分比(%)	累计百分比(%)
非常不同意	2	2.0	2.0	2.0
不同意	22	22.0	22.0	24.0
一般	52	52.0	52.0	76.0
同意	19	19.0	19.0	95.0
非常同意	5	5.0	5.0	100.0
合计	100	100.0	100.0	

如表4-79所示,企业受访者对"课程目标中的要求与学生未来的求职或升学方向一致"的态度是:44%的企业受访者表示"一般",32%表示"不同意",18%表示"同意",5%表示"非常同意",1%表示"非常不同意"。可知,大多数企业受访者认为课程目标中的要求与学生未来的求职或升学方向一致性程度尚可,仅有23%的企业受访者认为课程目标中的要求与学生未来的求职或升学方向一致性程度较高,不需要进行修改和调整。

表4-79 企业问卷中关于"课程目标中的要求与学生未来的求职或升学方向一致"的现状分布表

课程目标中的要求与学生未来的求职或升学方向一致	频率（次）	百分比（%）	有效百分比（%）	累计百分比（%）
非常不同意	1	1.0	1.0	1.0
不同意	32	32.0	32.0	33.0
一般	44	44.0	44.0	77.0
同意	18	18.0	18.0	95.0
非常同意	5	5.0	5.0	100.0
合计	100	100.0	100.0	

如表4-80所示,企业受访者对"课程目标为专业课程体系的构建提供了合理的依据"的态度是:53%的企业受访者表示"一般",20%表示"不同意",17%表示"同意",10%表示"非常同意"。可知,大多数企业受访者认为课程目标为专业课程体系构建提供了合理的依据。

表4-80 企业问卷中关于"课程目标为专业课程体系的构建提供了合理的依据"的现状分布表

课程目标为专业课程体系构建提供了合理的依据	频率（次）	百分比（%）	有效百分比（%）	累计百分比（%）
非常不同意				
不同意	20	20.0	20.0	20.0
一般	53	53.0	53.0	73.0
同意	17	17.0	17.0	90.0
非常同意	10	10.0	10.0	100.0
合计	100	100.0	100.0	

如表 4-81 所示,企业受访者对"课程目标能满足社会对专业人才的要求和期待"的态度是:61%的企业受访者表示"一般",20%表示"不同意",15%表示"同意",4%表示"非常同意"。可知,多数企业受访者认为课程目标能满足社会对专业人才的要求和期待。

表 4-81 企业问卷中关于"课程目标能满足社会对专业人才的要求和期待"的现状分布表

课程目标能满足社会对专业人才的要求和期待	频率(次)	百分比(%)	有效百分比(%)	累计百分比(%)
非常不同意				
不同意	20	20.0	20.0	20.0
一般	61	61.0	61.0	81.0
同意	15	15.0	15.0	96.0
非常同意	4	4.0	4.0	100.0
合计	100	100.0	100.0	

第四,企业对课程结构现状的认识。

如表 4-82 所示,企业受访者对"开设的课程类型具有多样性"的态度是:52%的企业受访者表示"一般",20%表示"不同意",19%表示"同意",7%表示"非常不同意",2%表示"非常同意"。可知,多数企业受访者认为开设的课程类型具有多样性,27%的企业受访者认为开设的课程类型不具有多样性。

表 4-82 企业问卷中关于"开设的课程类型具有多样性"的现状分布表

开设的课程类型具有多样性	频率(次)	百分比(%)	有效百分比(%)	累计百分比(%)
非常不同意	7	7.0	7.0	7.0
不同意	20	20.0	20.0	27.0
一般	52	52.0	52.0	79.0
同意	19	19.0	19.0	98.0
非常同意	2	2.0	2.0	100.0
合计	100	100.0	100.0	

如表 4-83 所示,企业受访者对"各类课程开设门类的数量和比例合理"的态度是:28%的企业受访者表示"一般",27%表示"不同意",26%表示"同意",10%表示"非常同意",9%表示"非常不同意"。可知,认为各类课程开设门类的数量和比例合理与认为各类课程开设门类的数量和比例不合理的企业受访者比例相当。

表 4-83 企业问卷中关于"各类课程开设门类的数量和比例合理"的现状分布表

各类课程开设门类的数量和比例合理	频率（次）	百分比（%）	有效百分比（%）	累计百分比（%）
非常不同意	9	9.0	9.0	9.0
不同意	27	27.0	27.0	36.0
一般	28	28.0	28.0	64.0
同意	26	26.0	26.0	90.0
非常同意	10	10.0	10.0	100.0
合计	100	100.0	100.0	

如表 4-84 所示,企业受访者对"开设的课程门类满足了学生的学习需求和兴趣"的态度是:42%的企业受访者表示"一般",28%表示"不同意",15%表示"同意",8%表示"非常同意",7%表示"非常不同意"。可知,多数企业受访者认为开设的课程门类能满足学生的学习需求和兴趣,35%的企业受访者认为开设的课程门类不能满足学生的学习需求和兴趣。

表 4-84 企业问卷中关于"开设的课程门类满足了学生的学习需求和兴趣"的现状分布表

开设的课程门类满足了学生的学习需求和兴趣	频率（次）	百分比（%）	有效百分比（%）	累计百分比（%）
非常不同意	7	7.0	7.0	7.0
不同意	28	28.0	28.0	35.0
一般	42	42.0	42.0	77.0
同意	15	15.0	15.0	92.0
非常同意	8	8.0	8.0	100.0
合计	100	100.0	100.0	

如表 4-85 所示,企业受访者对"开设的课程门类更加灵活和实用"的态度是:27%的企业受访者表示"一般",22%表示"不同意",21%表示"非常同意",18%表示"同意",12%表示"非常不同意"。可知,认为开设的课程门类更加灵活和实用与认为开设的课程门类没有更加灵活和实用的企业受访者的比例接近。

表 4-85 企业问卷中关于"开设的课程门类更加灵活和实用"的现状分布表

开设的课程门类更加灵活和实用	频率(次)	百分比(%)	有效百分比(%)	累计百分比(%)
非常不同意	12	12.0	12.0	12.0
不同意	22	22.0	22.0	34.0
一般	27	27.0	27.0	61.0
同意	18	18.0	18.0	79.0
非常同意	21	21.0	21.0	100.0
合计	100	100.0	100.0	

第五,企业对课程内容现状的认识。

如表 4-86 所示,企业受访者对"课程内容符合学生专业的学习需求"的态度是:25%的企业受访者表示"同意",25%表示"非常不同意",22%表示"一般",17%表示"不同意",11%表示"非常同意"。可知,认为课程内容不符合学生专业的学习需求的企业受访者的比例略高。

表 4-86 企业问卷中关于"课程内容符合学生专业的学习需求"的现状分布表

课程内容符合学生专业的学习需求	频率(次)	百分比(%)	有效百分比(%)	累计百分比(%)
非常不同意	25	25.0	25.0	25.0
不同意	17	17.0	17.0	42.0
一般	22	22.0	22.0	64.0
同意	25	25.0	25.0	89.0
非常同意	11	11.0	11.0	100.0
合计	100	100.0	100.0	

如表4-87所示,企业受访者对"课程内容具有学科前沿性"的态度是:42%的企业受访者表示"不同意",22%表示"一般",18%表示"非常同意",14%表示"非常不同意",4%表示"同意"。可知,多数企业受访者认为课程内容不具有学科前沿性,仅有22%的企业受访者认为课程内容具有学科前沿性。

表4-87 企业问卷中关于"课程内容具有学科前沿性"的现状分布表

课程内容具有学科前沿性	频率（次）	百分比（%）	有效百分比（%）	累计百分比（%）
非常不同意	14	14.0	14.0	14.0
不同意	42	42.0	42.0	56.0
一般	22	22.0	22.0	78.0
同意	4	4.0	4.0	82.0
非常同意	18	18.0	18.0	100.0
合计	100	100.0	100.0	

如表4-88所示,企业受访者对"课程内容具有很强的理论性和学术性"的态度是:31%的企业受访者表示"不同意",23%表示"同意",22%表示"一般",18%表示"非常不同意",6%表示"非常同意"。可见,29%的企业受访者认为课程内容具有很强的理论性和学术性。

表4-88 企业问卷中关于"课程内容具有很强的理论性和学术性"的现状分布表

课程内容具有很强的理论性和学术性	频率（次）	百分比（%）	有效百分比（%）	累计百分比（%）
非常不同意	18	18.0	18.0	18.0
不同意	31	31.0	31.0	49.0
一般	22	22.0	22.0	71.0
同意	23	23.0	23.0	94.0
非常同意	6	6.0	6.0	100.0
合计	100	100.0	100.0	

如表4-89所示,企业受访者对"课程内容具有实用性"的态度是:31%的企业受访者表示"一般",21%表示"非常不同意",20%表示"不同意",16%表示

"非常同意",12%表示"同意"。可知,多数企业受访者认为课程内容不具有实用性。

表 4-89 企业问卷中关于"课程内容具有实用性"的现状分布表

课程内容具有实用性	频率(次)	百分比(%)	有效百分比(%)	累计百分比(%)
非常不同意	21	21.0	21.0	21.0
不同意	20	20.0	20.0	41.0
一般	31	31.0	31.0	72.0
同意	12	12.0	12.0	84.0
非常同意	16	16.0	16.0	100.0
合计	100	100.0	100.0	

第六,企业对课程顺序现状的认识。

如表 4-90 所示,企业受访者对"课程的学时安排合理"的态度是:61%的企业受访者表示"一般",25%表示"不同意",14%表示"同意"。可知,不少企业受访者认为课程的学时安排不合理。

表 4-90 企业问卷中关于"课程的学时安排合理"的现状分布表

课程的学时安排合理	频率(次)	百分比(%)	有效百分比(%)	累计百分比(%)
非常不同意				
不同意	25	25.0	25.0	25.0
一般	61	61.0	61.0	86.0
同意	14	14.0	14.0	100.0
非常同意				
合计	100	100.0	100.0	

如表 4-91 所示,企业受访者对"课程开设的顺序包括逻辑性、衔接性等合理"的态度是:42%的企业受访者表示"一般",41%表示"不同意",15%表示"同意",2%表示"非常同意"。可知,多数企业受访者认为课程开设的顺序包括逻辑性、衔接性等不合理。

表 4-91 企业问卷中关于"课程开设的顺序包括
逻辑性、衔接性等合理"的现状分布表

课程开设的顺序包括 逻辑性、衔接性等合理	频率 (次)	百分比 (%)	有效百分 比(%)	累计百分 比(%)
非常不同意				
不同意	41	41.0	41.0	41.0
一般	42	42.0	42.0	83.0
同意	15	15.0	15.0	98.0
非常同意	2	2.0	2.0	100.0
合计	100	100.0	100.0	

2) 职业教育中外合作办学专业课程体系构建的调查结论

第一,多数企业受访者认为职业指导是对就业影响最大的因素。多数企业受访者认为学校培养应当聚焦于培养学生的专业实践能力和通过课程设置培养学生的综合素质。

从对课程设置的满意度来看,多数企业受访者认为课程设置现状尚可。多数企业受访者认为当前课程设置较为突出的问题是课程目标与就业需求不衔接。大多数企业受访者认为目前的课程设置有进步的空间。

第二,多数企业受访者认为课程设置的首要依据是区域性经济的特点。没有企业受访者认为课程设置的首要依据是课程发展的最新趋势或学科知识系统。可见从企业受访者的角度来看,知识本位的课程设置取向显然在实践中早已被淘汰,正确的课程设置取向应当是在适应经济发展需要的前提下,结合我国职业教育中外合作办学的实际情况,立足学生的主体需求,扬弃国外职业教育专业课程体系构建模式,使成功经验实现本土化,实现人和职业的协调发展。

第三,多数企业受访者认为课程目标的明确度尚可。大多数企业受访者认为课程目标中的要求与学生未来的求职或升学方向一致性程度尚可。大多数企业受访者认为课程目标为专业课程体系构建提供了合理的依据。多数企业认为课程目标能满足社会对专业人才的要求和期待。

第四,多数企业受访者认为开设的课程类型具有多样性。认为各类课程开设门类的数量和比例合理与认为各类课程开设门类的数量和比例不合理的企业受访者比例相当。多数企业受访者认为课程门类能满足学生的学习需求和兴趣。认为开设的课程门类更加灵活和实用与认为开设的课程门类没有更加灵活和实用的企业受访者比例接近。

第五,认为课程内容不符合学生专业的学习需求的企业受访者的比例略高。多数企业受访者认为课程内容不具有学科前沿性。多数企业受访者认为课程内容不具有很强的理论性和学术性。多数企业受访者认为课程内容不具有实用性。

第六,不少企业受访者认为课程的学时安排不合理。多数企业受访者认为课程开设的顺序包括逻辑性、衔接性等不合理。

4.2.5 学生、教师、企业问卷调查结果的差异比较分析

(1) 关于课程设置依据的差异比较分析

在表4-92中,学生的均值为2.84,教师的均值为3.43,企业受访者的均值为2.70,其中企业受访者对课程设置依据的总体评价最低,教师对课程设置依据的总体评价最高。$F=38.007$,$p=0.000<0.05$,表明学生、教师和企业受访者关于课程设置依据的评价存在显著差异。

表4-92 学生、教师、企业问卷中关于课程设置依据的描述性分析比较

	N	均值	标准差	标准误	均值的95%置信区间		极小值	极大值
					下限	上限		
学生	1 063	2.84	0.985 30	0.030 22	2.783 0	2.901 6	1.00	5.00
教师	256	3.43	1.053 68	0.065 85	3.303 9	3.563 3	1.00	5.00
企业	100	2.70	1.205 54	0.120 55	2.460 8	2.939 2	1.00	4.80
总数	1 419	2.93	1.040 87	0.027 63	2.884 4	2.993 2	1.00	5.00

单因素方差分析

	平方和	DF	均方	F	显著性
组间	78.269	2	39.134	38.007	0.000
组内	1 458.006	1 416	1.030		
总数	1 536.275	1 418			

(2) 关于课程目标满意度的差异比较分析

在表4-93中,学生的均值为3.39,教师的均值为4.03,企业受访者的均值为3.04,其中企业受访者对课程目标的总体评价最低,教师对课程目标的总体评价最高。$F=70.901$,$p=0.000<0.05$,表明学生、教师和企业受访者关于课程目标的评价存在显著差异。

表 4-93　学生、教师、企业问卷中关于课程目标的描述性分析比较

	N	均值	标准差	标准误	均值的 95% 置信区间		极小值	极大值
					下限	上限		
学生	1 063	3.39	0.920 81	0.028 24	3.341 8	3.452 6	1.00	5.00
教师	256	4.03	0.622 73	0.038 92	3.957 5	4.110 8	2.50	5.00
企业	100	3.04	0.702 68	0.070 27	2.903 1	3.181 9	1.75	5.00
总数	1 419	3.48	0.901 81	0.023 94	3.440 2	3.534 1	1.00	5.00

单因素方差分析

	平方和	DF	均方	F	显著性
组间	104.973	2	52.487	70.901	0.000
组内	1 048.230	1 416	0.740		
总数	1 153.203	1 418			

1) 关于"课程目标十分明确"的差异比较分析

在表 4-94 中,学生的均值为 3.33,教师的均值为 3.77,企业受访者的均值为 3.03,其中企业受访者对"课程目标十分明确"的总体评价最低,教师对"课程目标十分明确"的总体评价最高。F=25.232,p=0.000<0.05,表明学生、教师和企业关于"课程目标十分明确"的评价存在显著差异。

表 4-94　学生、教师、企业问卷中关于"课程目标十分明确"的描述性分析比较

	N	均值	标准差	标准误	均值的 95% 置信区间		极小值	极大值
					下限	上限		
学生	1 063	3.33	1.057	0.032	3.26	3.39	1	5
教师	256	3.77	0.974	0.061	3.65	3.89	2	5
企业	100	3.03	0.834	0.083	2.86	3.20	1	5
总数	1 419	3.38	1.045	0.028	3.33	3.44	1	5

单因素方差分析

	平方和	DF	均方	F	显著性
组间	53.337	2	26.668	25.232	0.000
组内	1 496.575	1 416	1.057		
总数	1 549.911	1 418			

2) 关于"课程目标中的要求与学生未来的求职或升学方向一致"的差异比较分析

在表 4-95 中,学生的均值为 3.35,教师的均值为 3.98,企业受访者的均值为 2.94,其中企业受访者对"课程目标与学生未来的求职或升学方向一致"的总体评价最低,教师对"课程目标与学生未来的求职或升学方向一致"的总体评价最高。$F=60.231$,$p=0.000<0.05$,表明学生、教师和企业受访者关于"课程目标与学生未来的求职或升学方向一致"的评价存在显著差异。

表 4-95 学生、教师、企业问卷中关于"课程目标与学生未来的求职或升学方向一致"的描述性分析比较

	N	均值	标准差	标准误	均值的 95% 置信区间		极小值	极大值
					下限	上限		
学生	1 063	3.35	0.973	0.030	3.30	3.41	1	5
教师	256	3.98	0.852	0.053	3.88	4.09	2	5
企业	100	2.94	0.862	0.086	2.77	3.11	1	5
总数	1 419	3.44	0.983	0.026	3.39	3.49	1	5

单因素方差分析

	平方和	DF	均方	F	显著性
组间	107.518	2	53.759	60.231	0.000
组内	1 263.837	1 416	0.893		
总数	1 371.354	1 418			

3) 关于"课程目标为专业课程体系构建提供了合理的依据"的差异比较分析

在表 4-96 中,学生的均值为 3.46,教师的均值为 4.33,企业受访者的均值为 3.17,其中企业受访者对"课程目标为专业课程体系构建提供了合理的依据"的总体评价最低,教师对"课程目标为专业课程体系构建提供了合理的依据"的总体评价最高。$F=101.687$,$p=0.000<0.05$,表明学生、教师和企业受访者关于"课程目标为专业课程体系构建提供了合理的依据"的评价存在显著差异。

表 4-96 学生、教师、企业问卷中关于"课程目标为专业课程体系构建提供了合理的依据"的描述性分析比较

	N	均值	标准差	标准误	均值的 95% 置信区间		极小值	极大值
					下限	上限		
学生	1 063	3.46	0.998	0.031	3.40	3.52	1	5
教师	256	4.33	0.583	0.036	4.26	4.40	3	5
企业	100	3.17	0.865	0.087	3.00	3.34	2	5
总数	1 419	3.60	0.992	0.026	3.55	3.65	1	5

单因素方差分析

	平方和	DF	均方	F	显著性
组间	175.125	2	87.563	101.687	0.000
组内	1 219.314	1 416	0.861		
总数	1 394.440	1 418			

4) 关于"课程目标能满足社会对专业人才的要求和期待"的差异比较分析

在表 4-97 中,学生的均值为 3.44,教师的均值为 4.06,企业受访者的均值为 3.03,其中企业受访者对"课程目标能满足社会对专业人才的要求和期待"的总体评价最低,教师对"课程目标能满足社会对专业人才的要求和期待"的总体评价最高。$F=60.100$,$p=0.000<0.05$,表明学生、教师和企业受访者关于"课程目标能满足社会对专业人才的要求和期待"的评价存在显著差异。

表 4-97 学生、教师、企业问卷中关于"课程目标能满足社会对专业人才的要求和期待"的描述性分析比较

	N	均值	标准差	标准误	均值的 95% 置信区间		极小值	极大值
					下限	上限		
学生	1 063	3.44	1.008	0.031	3.38	3.50	1	5
教师	256	4.06	0.633	0.040	3.98	4.14	3	5
企业	100	3.03	0.717	0.072	2.89	3.17	2	5
总数	1 419	3.53	0.971	0.026	3.47	3.58	1	5

单因素方差分析

	平方和	DF	均方	F	显著性
组间	104.524	2	52.262	60.100	0.000
组内	1 231.338	1 416	0.870		
总数	1 335.862	1 418			

(3) 关于课程结构满意度的差异比较分析

在表 4-98 中,学生的均值为 3.25,教师的均值为 3.77,企业受访者的均值为 2.98,其中企业受访者对课程结构的总体评价最低,教师对课程结构的总体评价最高。$F=42.777$,$p=0.000<0.05$,表明学生、教师和企业受访者关于课程结构的评价存在显著差异。

表 4-98 学生、教师、企业问卷中关于课程结构的描述性分析比较

	N	均值	标准差	标准误	均值的 95% 置信区间		极小值	极大值
					下限	上限		
学生	1 063	3.25	0.882 85	0.027 08	3.197 8	3.304 1	1.00	5.00
教师	256	3.77	0.914 61	0.057 16	3.659 9	3.885 0	1.00	5.00
企业	100	2.98	0.994 46	0.099 45	2.785 2	3.179 8	1.00	4.75
总数	1 419	3.32	0.922 90	0.024 50	3.278 0	3.374 2	1.00	5.00

单因素方差分析

	平方和	DF	均方	F	显著性
组间	68.816	2	34.408	42.777	0.000
组内	1 138.964	1 416	0.804		
总数	1 207.780	1 418			

1) 关于"开设的课程类型具有多样性"的差异比较分析

在表 4-99 中,学生的均值为 3.23,教师的均值为 3.85,企业受访者的均值为 2.89,其中企业受访者对"开设的课程类型具有多样性"的总体评价最低,教师对"开设的课程类型具有多样性"的总体评价最高。$F=50.648$,$p=0.000<0.05$,表明学生、教师和企业受访者关于"开设的课程类型具有多样性"的评价存在显著差异。

表 4-99 学生、教师、企业问卷中关于"开设的课程类型具有多样性"的描述性分析比较

	N	均值	标准差	标准误	均值的 95% 置信区间		极小值	极大值
					下限	上限		
学生	1 063	3.23	1.017	0.031	3.17	3.29	1	5
教师	256	3.85	0.930	0.058	3.74	3.97	1	5
企业	100	2.89	0.863	0.086	2.72	3.06	1	5
总数	1 419	3.32	1.026	0.027	3.26	3.37	1	5

单因素方差分析

	平方和	DF	均方	F	显著性
组间	99.694	2	49.847	50.648	0.000
组内	1 393.600	1 416	0.984		
总数	1 493.294	1 418			

2) 关于"各类课程开设门类的数量和比例合理"的差异比较分析

在表 4-100 中,学生的均值为 3.25,教师的均值为 3.75,企业受访者的均值为 3.01,其中企业受访者对"各类课程开设门类的数量和比例合理"的总体评价最低,教师对"各类课程开设门类的数量和比例合理"的总体评价最高。$F=32.180,p=0.000<0.05$,表明学生、教师和企业受访者关于"各类课程开设门类的数量和比例合理"的评价存在显著差异。

表 4-100　学生、教师、企业问卷中关于"各类课程开设门类的数量和比例合理"的描述性分析比较

	N	均值	标准差	标准误	均值的95%置信区间 下限	均值的95%置信区间 上限	极小值	极大值
学生	1 063	3.25	0.970	0.030	3.19	3.31	1	5
教师	256	3.75	0.985	0.062	3.63	3.88	1	5
企业	100	3.01	1.141	0.114	2.78	3.24	1	5
总数	1 419	3.33	1.007	0.027	3.27	3.38	1	5

单因素方差分析

	平方和	DF	均方	F	显著性
组间	62.516	2	31.258	32.180	0.000
组内	1 375.414	1 416	0.971		
总数	1 437.930	1 418			

3) 关于"开设的课程门类满足了学生的学习需求和兴趣"的差异比较分析

在表 4-101 中,学生的均值为 3.26,教师的均值为 3.80,企业受访者的均值为 2.89,其中企业受访者对"开设的课程门类满足了学生的学习需求和兴趣"的总体评价最低,教师对"开设的课程门类满足了学生的学习需求和兴趣"的总体评价最高。$F=40.236,p=0.000<0.05$,表明学生、教师和企业受访者关于"开设的课程门类满足了学生的学习需求和兴趣"的评价存在显著差异。

表 4-101　学生、教师、企业问卷中关于"开设的课程门类满足了
学生的学习需求和兴趣"的描述性分析比较

	N	均值	标准差	标准误	均值的 95% 置信区间		极小值	极大值
					下限	上限		
学生	1 063	3.26	1.035	0.032	3.19	3.32	1	5
教师	256	3.80	0.925	0.058	3.69	3.92	1	5
企业	100	2.89	1.014	0.101	2.69	3.09	1	5
总数	1 419	3.33	1.043	0.028	3.27	3.38	1	5

单因素方差分析

	平方和	DF	均　方	F	显著性
组间	82.883	2	41.441	40.236	0.000
组内	1 458.425	1 416	1.030		
总数	1 541.308	1 418			

4) 关于"开设的课程门类更加灵活和实用"的差异比较分析

在表 4-102 中,学生的均值为 3.27,教师的均值为 3.68,企业受访者的均值为 3.14,其中企业受访者对"开设的课程门类更加灵活和实用"的总体评价最低,教师对"开设的课程门类更加灵活和实用"的总体评价最高。$F=19.934$,$p=0.000<0.05$,表明学生、教师和企业受访者关于"开设的课程门类更加灵活和实用"的评价存在显著差异。

表 4-102　学生、教师、企业问卷中关于"开设的课程
门类更加灵活和实用"的描述性分析比较

	N	均值	标准差	标准误	均值的 95% 置信区间		极小值	极大值
					下限	上限		
学生	1 063	3.27	0.941	0.029	3.21	3.32	1	5
教师	256	3.68	1.055	0.066	3.55	3.81	1	5
企业	100	3.14	1.311	0.131	2.88	3.40	1	5
总数	1 419	3.33	1.005	0.027	3.28	3.38	1	5

单因素方差分析

	平方和	DF	均方	F	显著性
组间	39.232	2	19.616	19.934	0.000
组内	1 393.432	1 416	0.984		
总数	1 432.664	1 418			

（4）关于课程内容满意度的差异比较分析

在表 4-103 中，学生的均值为 3.23，教师的均值为 3.80，企业受访者的均值为 2.75，其中企业受访者对课程内容的总体评价最低，教师对课程内容的总体评价最高。$F=47.775$，$p=0.000<0.05$，表明学生、教师和企业受访者关于课程内容的评价存在显著差异。

表 4-103　学生、教师、企业问卷中关于课程内容的描述性分析比较

	N	均值	标准差	标准误	均值的 95% 置信区间		极小值	极大值
					下限	上限		
学生	1 063	3.23	1.022 56	0.031 36	3.174 1	3.297 2	1.00	5.00
教师	256	3.80	0.914 67	0.057 17	3.688 2	3.913 4	1.00	5.00
企业	100	2.75	1.192 89	0.119 29	2.513 3	2.986 7	1.00	5.00
总数	1 419	3.30	1.050 06	0.027 88	3.248 7	3.358 1	1.00	5.00

单因素方差分析

	平方和	DF	均方	F	显著性
组间	98.835	2	49.418	47.775	0.000
组内	1 464.684	1 416	1.034		
总数	1 563.519	1 418			

1）关于"课程内容符合学生专业的学习需求"的差异比较分析

在表 4-104 中，学生的均值为 2.71，教师的均值为 3.95，企业受访者的均值为 2.80，其中企业受访者对"课程内容符合学生专业的学习需求"的总体评价最低，教师对"课程内容符合学生专业的学习需求"的总体评价最高。$F=87.559$，$p=0.000<0.05$，表明学生、教师和企业受访者关于"课程内容符合学生专业的

学习需求"的评价存在显著差异。

表4-104 学生、教师、企业问卷中关于"课程内容符合学生专业的学习需求"的描述性分析比较

	N	均值	标准差	标准误	均值的95％置信区间		极小值	极大值
					下限	上限		
学生	1 063	2.71	1.415	0.043	2.62	2.79	1	5
教师	256	3.95	1.080	0.068	3.82	4.09	1	5
企业	100	2.80	1.356	0.136	2.53	3.07	1	5
总数	1 419	2.94	1.437	0.038	2.86	3.01	1	5

单因素方差分析

	平方和	DF	均方	F	显著性
组间	322.217	2	161.109	87.559	0.000
组内	2 605.449	1 416	1.840		
总数	2 927.666	1 418			

2) 关于"课程内容具有学科前沿性"的差异比较分析

在表4-105中,学生的均值为3.43,教师的均值为3.79,企业受访者的均值为2.70,其中企业受访者对"课程内容具有学科前沿性"的总体评价最低,教师对"课程内容具有学科前沿性"的总体评价最高。$F=34.982$,$p=0.000<0.05$,表明学生、教师和企业受访者关于"课程内容具有学科前沿性"的评价存在显著差异。

表4-105 学生、教师、企业问卷中关于"课程内容具有学科前沿性"的描述性分析比较

	N	均值	标准差	标准误	均值的95％置信区间		极小值	极大值
					下限	上限		
学生	1 063	3.43	1.114	0.034	3.36	3.50	1	5
教师	256	3.79	1.003	0.063	3.67	3.91	1	5
企业	100	2.70	1.291	0.129	2.44	2.96	1	5
总数	1 419	3.44	1.135	0.030	3.39	3.50	1	5

单因素方差分析

	平方和	DF	均方	F	显著性
组间	85.993	2	42.996	34.982	0.000
组内	1 740.415	1 416	1.229		
总数	1 826.407	1 418			

3) 关于"课程内容具有很强的理论性和学术性"的差异比较分析

在表 4-106 中,学生的均值为 3.34,教师的均值为 3.63,企业受访者的均值为 2.68,其中企业受访者对"课程内容具有很强的理论性和学术性"的总体评价最低,教师对"课程内容具有很强的理论性和学术性"的总体评价最高。$F=25.309$,$p=0.000<0.05$,表明学生、教师和企业受访者关于"课程内容具有很强的理论性和学术性"的评价存在显著差异。

表 4-106 学生、教师、企业问卷中关于"课程内容有很强的理论性和学术性"的描述性分析比较

	N	均值	标准差	标准误	均值的 95% 置信区间		极小值	极大值
					下限	上限		
学生	1 063	3.34	1.171	0.036	3.27	3.41	1	5
教师	256	3.63	0.924	0.058	3.52	3.74	1	5
企业	100	2.68	1.188	0.119	2.44	2.92	1	5
总数	1 419	3.35	1.151	0.031	3.29	3.41	1	5

单因素方差分析

	平方和	DF	均方	F	显著性
组间	64.866	2	32.433	25.309	0.000
组内	1 814.547	1 416	1.281		
总数	1 879.412	1 418			

4) 关于"课程内容具有实用性"的差异比较分析

在表 4-107 中,学生的均值为 3.46,教师的均值为 3.83,企业受访者的均值

为 2.82,其中企业受访者对"课程内容具有实用性"的总体评价最低,教师对"课程内容具有实用性"的总体评价最高。$F=27.671$,$p=0.000<0.05$,表明学生、教师和企业受访者关于"课程内容具有实用性"的评价存在显著差异。

表 4-107 学生、教师、企业问卷中关于"课程内容具有实用性"的描述性分析比较

	N	均值	标准差	标准误	均值的 95% 置信区间		极小值	极大值
					下限	上限		
学生	1 063	3.46	1.196	0.037	3.39	3.53	1	5
教师	256	3.83	0.966	0.060	3.71	3.95	1	5
企业	100	2.82	1.336	0.134	2.55	3.09	1	5
总数	1 419	3.48	1.191	0.032	3.42	3.55	1	5

单因素方差分析

	平方和	DF	均方	F	显著性
组间	75.617	2	37.808	27.671	0.000
组内	1 934.744	1 416	1.366		
总数	2 010.361	1 418			

(5) 关于课程顺序满意度的差异比较分析

在表 4-108 中,学生的均值为 1.31,教师的均值为 1.12,企业受访者的均值为 2.84,其中教师对课程顺序的总体评价最低,企业受访者对课程顺序的总体评价最高。$F=179.508$,$p=0.000<0.05$,表明学生、教师和企业受访者关于课程顺序的评价存在显著差异。

表 4-108 学生、教师、企业问卷中关于课程顺序的描述性分析比较

	N	均值	标准差	标准误	均值的 95% 置信区间		极小值	极大值
					下限	上限		
学生	1 063	1.31	0.880 41	0.027 00	1.256 5	1.362 5	1.00	5.00
教师	256	1.12	0.501 94	0.031 37	1.059 3	1.182 9	1.00	4.00

续 表

	N	均值	标准差	标准误	均值的95%置信区间		极小值	极大值
					下限	上限		
企业	100	2.84	0.603 25	0.060 33	2.715 3	2.954 7	2.00	4.50
总数	1 419	1.38	0.903 52	0.023 99	1.336 0	1.430 1	1.00	5.00

单因素方差分析

	平方和	DF	均 方	F	显著性
组间	234.133	2	117.067	179.508	0.000
组内	923.448	1 416	0.652		
总数	1 157.581	1 418			

1) 关于"课程的学时安排合理"的差异比较分析

在表4-109中,学生的均值为1.29,教师的均值为1.16,企业受访者的均值为2.89,其中企业受访者对"课程的学时安排合理"的总体评价最高,教师对"课程的学时安排合理"的总体评价最低。$F=164.082$,$p=0.000<0.05$,表明学生、教师和企业受访者关于"课程的学时安排合理"的评价存在显著差异。

表4-109 学生、教师、企业问卷中关于"课程的
学时安排合理"的描述性分析比较

	N	均值	标准差	标准误	均值的95%置信区间		极小值	极大值
					下限	上限		
学生	1 063	1.29	0.925	0.028	1.23	1.34	1	5
教师	256	1.16	0.715	0.045	1.07	1.25	1	5
企业	100	2.89	0.618	0.062	2.77	3.01	2	4
总数	1 419	1.38	0.967	0.026	1.33	1.43	1	5

单因素方差分析

	平方和	DF	均方	F	显著性
组间	249.399	2	124.700	164.082	0.000
组内	1 076.137	1 416	0.760		
总数	1 325.536	1 418			

2) 关于"课程开设的顺序包括逻辑性、衔接性等合理"的差异比较分析

在表4-110中，学生的均值为1.33，教师的均值为1.08，企业受访者的均值为2.78，其中企业受访者对"课程开设的顺序包括逻辑性、衔接性等合理"的总体评价最高，教师对"课程开设的顺序包括逻辑性、衔接性等合理"的总体评价最低。$F=126.702$，$p=0.000<0.05$，表明学生、教师和企业受访者关于"课程开设的顺序包括逻辑性、衔接性等合理"的评价存在显著差异。

表4-110 学生、教师、企业问卷中关于"课程开设的顺序包括逻辑性、衔接性等合理"的描述性分析比较

	N	均值	标准差	标准误	均值的95%置信区间		极小值	极大值
					下限	上限		
学生	1 063	1.33	1.028	0.032	1.27	1.39	1	5
教师	256	1.08	0.466	0.029	1.02	1.14	1	4
企业	100	2.78	0.773	0.077	2.63	2.93	2	5
总数	1 419	1.39	1.014	0.027	1.34	1.44	1	5

单因素方差分析

	平方和	DF	均方	F	显著性
组间	221.169	2	110.585	126.702	0.000
组内	1 235.877	1 416	0.873		
总数	1 457.046	1 418			

4.3 职业教育中外合作办学专业课程体系构建存在的问题及归因解析

4.3.1 课程价值取向模糊，缺失本体性与本土化

从调查结果的统计数据中我们发现，多数学生和教师认为课程设置的首要依据是学生的职业发展需求，而多数企业受访者认为课程设置的首要依据是区域性经济的特点。另外我们还发现，22.4%的学生、18.8%的教师以及7%的企业受访者认为课程设置的首要依据是外国成功的办学经验。因此在职业教育中外合作办学专业课程体系构建实践中，应更加凸显本体性。在借鉴外国成功办学经验的同时，可能存在盲目信奉"拿来主义"的现象，缺失国际经验的本土化。

课程价值取向一方面都带有较强的工具理性和技术理性烙印，即以学生掌握具体的操作技能或与具体的职业岗位相对接为宗旨进行专业课程体系构建，而职业教育的本体性往往被忽视。教育的最终目的不是培养满足功利需要的"机器人"，而是培养人格健全、全面发展和可持续发展的人。正如张楚廷教授所指出的那样，我国的教育"有社会的需要，有政治、经济、文化、科学技术的需要，恰好没有人的要求，没有人的发展的要求"。于是我们的职业教育中外合作办学专业课程体系构建仅仅停留在为学生毕业找工作服务，只关注与具体就业岗位的操作技能对接，而没有以"以人为本"的理念作为指导，人本理性更是无从谈起。

另一方面，由于国外职业教育先行先试，取得了令人瞩目的成绩，于是，在职业教育中外合作办学专业课程体系构建中存在着非常普遍的"拿来主义"。似乎国外的成功经验是万能的，是"放之四海而皆准"的真理，而忽视了这些国外职业教育专业课程体系构建模式的产生和成功运行有其特定的历史背景和条件。任何不结合实际情况的机械照搬和"拿来"都将是十分愚蠢的做法，也必将永远处于跟随状态。只有将国外的成功经验细嚼慢咽、内化、吸收，并结合本土特点，将其本质和核心灵活有机运用才能形成真正有益于职业教育中外合作办学专业课程体系构建的本土模式，而这样的应用才会是具有长久生命力和可持续竞争力的。

4.3.2 课程目标空泛自由,脱离学习者生涯发展规律

从调查结果的统计数据中我们发现,64.1%的教师、43.5%的学生以及24%的企业受访者对"课程目标十分明确"表示赞同,多数学生和绝大多数企业受访者持不同态度。由此,可以推测,课程目标可能存在空泛自由的现象。

73.8%的教师、42.9%的学生以及23%的企业受访者对"课程目标与学生未来求职或升学方向一致"表示赞同,82.8%的教师、47.3%的学生以及19%的企业受访者对"课程目标能满足社会对专业人才培养的要求和期待"表示赞同,可见,在课程目标满足学生就业需求和社会需求方面,教师表现出极高的认同度,而多数学生和大多数企业受访者持不同态度。究其原因在于,一方面教师作为课程目标的制定者,没有将企业的真正需求考虑进去,单方面认为课程目标完全能够满足就业需求和社会需求;另一方面,教师对就业需求和社会需求的关注是功利主义的,没有着眼于学生的整个职业生涯发展规律。

教育部在《关于制订高职高专教育专业教学计划的原则意见》中明确提出了职业教育的培养目标,即"培养拥护党的基本路线,适应生产、建设、管理、服务第一线需要的,德、智、体、美等方面全面发展的高等技术应用性专门人才",并提出"在具有必备的基础理论知识和专门知识的基础上,重点掌握从事本专业领域实际工作的基本能力和基本技能;具备较快适应生产、建设、管理、服务第一线岗位需要的实际工作能力;具有创业精神、良好的职业道德和健全的体魄"等要求。此后,教育部在多个文件中均反复强调:高等职业教育"肩负着培养面向生产、建设、服务和管理第一线需要的高技能人才的使命";"要全面贯彻党的教育方针,以服务为宗旨,以就业为导向,走产学结合发展道路,为社会主义现代化建设培养千百万高素质技能型专门人才,为全面建设小康社会、构建社会主义和谐社会作出应有的贡献"。职业教育中外合作办学专业课程目标理应服从和遵循这一培养目标的要求,培养高素质的技能型专门人才。这里的职业性是基于学习者生涯发展规律并为其整个职业生涯发展服务的。而目前大多数课程目标虽然能体现一定的职业岗位需求,但往往片面地理解为单一的操作技能和训练,将其等同于整个生涯发展所需的综合职业素质,没有从整体上来培养和服务于学习者的生涯发展,导致课程目标空泛自由,脱离了学习者的生涯发展规律。

4.3.3 课程结构失衡,盛行三段式和功利主义

德国物理学家普朗克说,科学是内在的统一体,它被分解为单独的部分,不是由于事物的本质,而是由于人类认识能力的局限性……实际存在着通过生物学和人类学到社会科学的连续链条,这是一根任何一处都不能打断的链条。在职业教育中外合作办学专业课程体系构建中也存在一根这样的链条——课程结构。

从调查结果的统计数据中我们发现,78.9%的教师、41.1%的学生以及21%的企业受访者对"开设的课程类型具有多样性"表示赞同;76.1%的教师、40.5%的学生以及36%的企业受访者对"各类课程开设门类的数量和比例合理"表示赞同;73.4%的教师、40.2%的学生以及23%的企业受访者对"开设的课程门类满足了学生的学习需求和兴趣"表示赞同;74.2%的教师、39.7%的学生以及39%的企业受访者对"开设的课程门类更加灵活和实用"表示赞同。这表明,大多数教师对课程结构总体满意,而形成鲜明对比的是大多数企业受访者和多数学生对课程结构总体不满意。可见,学生和企业受访者均认为课程结构需要在开设的课程类型、各类课程开设门类的数量和比例、开设的课程门类满足学生的学习需求和兴趣且更加灵活和实用方面进行改进。

目前,职业教育中外合作办学专业课程结构存在三段式和改良版三段式盛行的现象,究其原因主要在于功利主义思想的影响。很多学校从狭隘角度片面理解就业导向,将促进和提高就业率等同于培养学生的综合职业素质,等同于服务学生的整个职业生涯。于是,在保证必要的专业课、职业技能课的前提下,大幅度删减人文素养、拓展类课程,在某种程度上导致培养出来的学生有知识没文化,职业的可持续竞争力不强。还有很多学校将能力本位的课程窄化为技能操作课程。而从企业的角度来看,单一的操作技能如果通过集中性的技能培训完全可以在五个月内或者稍长一些的时间里得以实现。那么,职业教育中外合作办学专业课程体系构建的本质就是应当对学习者本身作为个体的人和职业人的可持续发展进行考虑,从知识、能力、技能、情感、态度和价值观等全方位进行专业课程体系构建,从而使学生受益于整个职业生涯。

4.3.4 课程内容陈旧,固守"学科本位"

从调查结果的统计数据中我们发现,81.6%的教师、36.3%的学生以及36%

的企业受访者对"课程内容符合学生专业的学习需求"表示赞同;73.8%的教师、47.2%的学生以及22%的企业受访者对"课程内容具有学科前沿性"表示赞同;61.8%的教师、43%的学生以及29%的企业受访者对"课程内容具有很强的理论性和学术性"表示赞同;63.6%的教师、50.1%的学生以及28%的企业受访者对"课程内容具有实用性"表示赞同。该结果显示,一方面大多数教师认为课程内容符合学习者专业的学习需求,并认为课程内容具有学科前沿性、具有很强的理论性和学术性以及实用性;而另一方面,多数学生认为课程内容不符合学习者专业的学习需求,课程内容不具有学科前沿性、没有很强的理论性和学术性。大多数企业受访者认为课程内容不符合学习者专业的学习需求,课程内容不具有学科前沿性、没有很强的理论性和学术性以及实用性。

课程内容是"按照课程目标选择和组织的基本材料,包括知识、技能和过程、价值等部分"。虽然职业教育中外合作办学专业深受国外先进经验的影响,从最初的学科本位向能力本位、人格本位和素质本位进行转变,但是由于学科本位思想根深蒂固,其影响依然渗透在专业课程体系构建和课程内容之中。表现为很多学校名义上冠以最新的理念来设置课程,但在具体操作上还是不自觉地固守"学科本位",从学科的逻辑顺序考虑,按照学科体系选择课程内容,不能有效满足学习者自身对生涯发展的需求,课程之间缺少内在的逻辑关联和有机整合。

4.3.5 课程顺序混乱,缺乏科学依据

从调查结果的统计数据中我们发现,绝大多数学生和教师,以及不少企业受访者认为课程的学时安排不合理。绝大多数学生和教师,以及多数企业受访者认为课程开设的顺序包括逻辑性、衔接性等不合理。

这一方面说明了当前职业教育中外合作办学专业课程顺序存在混乱不清的现象,另一方面也从侧面表明了学生和教师与企业评价标准不一,课程排序缺乏科学依据。而当前存在较为普遍的现象就是根据学科的逻辑进行排序,如公共基础课排在专业基础课之前,专业基础课排在专业课之前等。一则这种建立在知识本位基础之上的学科逻辑排序早已无法适应国际化高技能人才的培养需求;二则人格本位的新理念呼唤课程排序充分考虑到顾客(学生、教师和企业)的需求,尤其是根据课程顾客的综合需求进行重要度的排序。

5 职业教育中外合作办学专业课程体系构建的实践验证

国外典型的职业教育课程设置模式主要集中在德国的双元制课程设置模式、加拿大的 CBE 职业教育课程模式、澳大利亚的 TAFE 职业教育课程设置模式、瑞士的 CBL 课程设置模式和批判式课程设置模式。一方面,这些课程设置模式都有其特定的产生背景和适应条件,模式本身较为泛化,不易操作;另一方面,模式较之模型更加固化,不利于根据实际需求进行动态调整。而笔者基于质量功能配置构建的职业教育中外合作办学课程设置模型更具可操作性,更易于结合学生、教师和企业三方的需求动态构建和调整课程设置。

本章用文本分析法对职业教育中外合作办学旅游管理专业的课程体系构建现状进行描述和问题分析,选取 S 大学职业教育中外合作办学旅游管理专业课程体系构建作个案分析,以求通过实践验证职业教育专业课程体系构建模型,结合评价及反馈最终形成优化建议。

5.1 职业教育旅游管理专业课程体系构建的现状检视

以下选取具有代表性的 S 大学职业教育旅游管理专业课程体系构建为个案进行分析和研究。

5.1.1 S 大学职业教育旅游管理专业课程体系构建现状

(1) 指导思想

为适应我国社会、经济和科学技术发展对中高级旅游管理人才培养的需求,体现教育"面向现代化、面向世界、面向未来"的思想,实践 S 大学建设现代化特色大学的办学理念,本专业坚持加强基础理论,突出针对性、应用性和实用性的专业特色,贯彻德智体美全面发展的教育方针,重视知识、能力、素质协调发展,理论联系实际,强化创新能力的培养,为社会不断输送有理想、有道德、有文化、有纪律的优秀国际化高素质技能型人才。

(2) 培养目标

培养拥护党的基本路线,适应社会主义市场经济需要的,熟悉旅游相关法律法规,能熟练运用英语进行口头和书面跨文化沟通、协商、谈判,能熟练进行跨国旅游产品设计、旅游产品营销,能熟练认知和控制酒店服务、景区服务、旅行社服务流程的中高级旅游管理人才。德智体美全面发展,并具有一定的创新精神。

(3) 知识结构和能力要求

第一,专业知识要求。

① 掌握企业管理相关基础理论。

② 掌握旅游及休闲产业业态发展趋势及前沿理念。

③ 掌握旅游及休闲产业的主要产品、景观与建筑规划设计基础知识。

④ 掌握旅游产品营销管理相关基础知识。

⑤ 掌握旅游财务管理相关基础知识。

第二,职业能力要求。

① 具有计算机操作技巧和通用能力,并获得计算机一级证书。

② 具有较强的英语交流、磋商、谈判和专业翻译能力,获得英语三级及以上证书。

③ 具有良好的企业管理能力。熟悉企业管理基本业务流程,能够对企业的营销、财务等进行控制。

④ 具有旅游及休闲行业产品营销能力。熟悉旅游及休闲行业产品,熟练进行产品设计、定价及开展相应营销活动。对酒店服务、景区服务以及旅行社服务进行控制。

(4) 就业方向

毕业生主要面向跨国旅游机构的基层营销人员和管理人员,瑞士及其他国家驻华办事处商务代表或基层经营管理人员。

就业面较广,也可从事国内旅游机构的基层营销和管理工作,在涉外经贸部门、政府机构等从事国际商务活动。

(5) 课程方案

具体课程方案如表5-1所示。

5 职业教育中外合作办学专业课程体系构建的实践验证

表5-1 S大学职业教育旅游管理专业课程方案

课程性质	课程名称	学分	总学时	讲课学时	实验学时	上机学时	考核方式	各学期学分分配					
								一 16周	二 16周	三 16周	四 16周	五 16周	六 16周
公共基础必修课	国防教育	(1.0)	(16)	(16)	0	0		(1)					
	形势与政策	(2.0)	(40)	(40)	0	0		(2)	(2)	(2)	(2)		(2)
	大学生就业指导	(1.0)	(16)	(16)	0	0							
	思想道德修养与法律基础	3	48	32	16	0	*	3					
	毛泽东思想和中国特色社会主义理论体系概论	4	64	32	32	0				4			
	大学英语(一)	4	64	32	32	0	*	4					
	大学英语(二)	4	64	32	32	0	*		4				
	大学英语(三)	2	32	6	26	0	*			2			
	大学英语(四)	2	32	16	16	0					2		
	英语听力与口语(一)	2	32	6	26	0		2					
	英语听力与口语(二)	2	32	16	16	24			2				
	英语听力与口语(三)	2	32	16	16	0				2			

续表

课程性质	课程名称	学分	总学时	讲课学时	实验学时	上机学时	考核方式	一 16周	二 16周	三 16周	四 16周	五 16周	六 16周
公共基础必修课	英语听力与口语(四)	2	32	16	16	0					2		
	商务英语(一)	2	32	16	16	0						2	
	商务英语(二)	2	32	16	16	0							2
	计算机应用基础(一)	4	64	16	48	64	*	4					
	计算机应用基础(二)	2	32	8	24	32			2				
	体育(一)	1	16	16	0	0		1					
	体育(二)	1	16	16	0	0			1				
	体育(三)	0.5	16	16	0	0				0.5			
	体育(四)	0.5	16	16	0	0					0.5		
小计		40	656	324	332	120	0	14	9	8.5	4.5	2	2
专业基础能力课	微观经济学	4	64	32	32	16		4					
	宏观经济学	4	64	32	32	16			4				
	财务与会计	4	64	32	32	16			4				

续表

课程性质	课程名称	学分	总学时	讲课学时	实验学时	上机学时	考核方式	各学期学分分配					
								一 16周	二 16周	三 16周	四 16周	五 16周	六 16周
专业基础能力课	旅游财务管理	2	32	16	16	8				2			
	合同法与公司法	4	64	48	16					4			
	宪法与旅游法	4	64	48	16						4		
	环境与可持续性	2	32	16	16						2		
	旅游与可持续性	4	64	32	32							4	4
	旅游及休闲产业产品介绍	4	64	32	32								
	项目管理理论	2	32	16	16						2	2	
	项目管理实务	2	32	16	16								
	消费者行为学	4	64	16	48						4		
	服务管理	4	64	16	48							4	4
	小计	44	704	352	352	24	0	4	8	6	12	6	8

续表

课程性质	课程名称	学分	总学时	讲课学时	实验学时	上机学时	考核方式	各学期学分分配					
								一 16周	二 16周	三 16周	四 16周	五 16周	六 16周
管理能力课	企业与环境	2	32	16	16			2					
	战略管理	4	64	32	32				4				
	生产工艺	2	32	16	16					2			
	组织与人力资源	2	32	16	16					2			
	营销与分销	2	32	16	16					2			
	社会学	2	32	16	16							2	
	心理学	2	32	16	16							2	
	沟通	2	32	16	16						2		
	人力资源管理	2	32	16	16							2	
	旅游营销	2	32	16	16	8					2		
	文化研究/艺术	4	64	32	32							4	
	运输系统与物流	4	64	32	32							4	
	小计	30	480	240	240	8	0	2	4	6	4	14	0

134

续表

课程性质	课程名称	学分	总学时	讲课学时	实验学时	上机学时	考核方式	各学期学分分配					
								一 16周	二 16周	三 16周	四 16周	五 16周	六 16周
方法能力课	科研精要	2	32	16	16			2					
	科研方法：研究论文	2	32	16	16	8				2			
	实证社会研究：实际经验	2	32	16	16	16					2		
	决策方法	2	32	16	16					2			
	数学	4	64	32	32			4					
	应用统计学	2	32	16	16	8						2	
	商务礼仪	2	32	16	16				2				
	演讲与修辞技术	2	32	16	16				2		2		
	应用信息技术	2	32	16	16	32							
	电子旅游管理	2	32	16	16	16						2	
	跨文化管理	4	64	32	32								4
	小计	26	416	208	208	80	0	6	4	4	4	4	4

续表

课程性质	课程名称	学分	总学时	讲课学时	实验学时	上机学时	考核方式	各学期学分分配					
								一 16周	二 16周	三 16周	四 16周	五 16周	六 16周
集中实训课	军训	(2)	2w					(2w)					
	合作教育(一)	(1)	(3w)						(3w)				
	合作教育(二)	1	(4w)								(4w)		
	毕业论文	8	8w										8w
	小计	9					0	0	0	0	0	0	0
课堂教学总计		140	2 256	1 124	1 132	232		26	25	25	25	26	14
全程总计		149	2 556										

该课程设置要求学生必须修满 2 556 学时,其中,公共基础必修课 656 学时、专业基础能力课 704 学时、管理能力课 480 学时、方法能力课 416 学时、集中实训课 300 学时。课程设置具体内容如下:

第一,公共基础必修课主要包括国防教育、形势与政策、大学生就业指导、思想品德修养与法律基础、毛泽东思想和中国特色社会主义理论体系概论、大学英语、英语听力与口语、商务英语、计算机应用基础、体育。

第二,专业基础能力课主要包括微观经济学、宏观经济学、财务与会计、旅游财务管理、合同法与公司法、宪法与旅游法、环境与可持续性、旅游与可持续性、旅游及休闲产业产品介绍、项目管理理论、项目管理实务、消费者行为学、服务管理。

第三,管理能力课主要包括企业与环境、战略管理、生产工艺、组织与人力资源、营销与分销、社会学、心理学、沟通、人力资源管理、旅游营销、文化研究/艺术、运输系统与物流。

第四,方法能力课主要包括科学精要、科学方法(研究论文)、实证社会研究(实际经验)、决策方法、数学、应用统计学、商务礼仪、演讲与修辞技术、应用信息技术、电子旅游管理、跨文化管理。

5.1.2　S大学职业教育旅游管理专业课程体系构建评述

(1) 课程理念突出国际化,但忽视了本土适应性

强调国际化视野,凸显了中外合作办学的国际特征。职业教育中外合作办学的重要特征就是外向型和国际化,培养的人才是能够适应经济全球化和教育国际化这一发展趋势的,这一点在指导思想里也有明确的体现,即强调培养优秀的国际化人才。这充分表明了中外合作办学专业培养的人才必须能够适应国际化人才的需求。

但同时,课程设置的"拿来主义"痕迹太过突出,忽视了国外先进经验在我国往往会遭遇水土不服的现象。这也从一个侧面反映了模式的弊端,即模式是单一的和片面的,借鉴模式的同时无法针对其模式适用的历史条件和背景进行相应的调试,而模型则是多元的、立体的,可以结合实际情况具体分析,并给出有针对性的策略建议。

(2) 课程目标体现了就业指向性,但漠视了学习者生涯发展需求

对接就业岗位(群),从该课程方案的培养目标来看,与对应的就业岗位(群)

相衔接,明确提出培养能够胜任对应岗位群的高素质技能型人才,这与职业教育强调就业导向有明显的关系。提出的能够胜任国际型旅游企业和机构产品营销等岗位,以及其他涉外企业和机构的从事国际商务活动的岗位等,在培养目标中明确培养能够胜任对应就业岗位群的高素质技能型人才的描述,充分体现了职业教育的就业指向性特征,既符合我国职业教育发展的实际需要,也符合职业教育中外合作办学旅游管理专业自身的特点和需要。

然而,学习者是这个教学过程的促进者,开展教育教学工作的起点应当是关注学习者、了解学习者的需求,包括其职业生涯发展的需要等,这样才能使教育这个培养人的过程是双向互动和促进的,才是生动有效的,才是真正体现"以人为本"的教育理念的。但该课程方案中没有体现对学习者的关注,似乎整个教育培养过程就是教师们的独角戏,这无疑已经与现代的教育理念相背离。在这样的培养目标指引下,很容易出现在培养实践中只关注教师"教"的方面,而忽视学习者对于"学"的关注的现象,很难实现教学相长的良性互动,实现有效教学和有效学习。

(3) 课程结构摆脱了传统三段式的形式,但仍有学科本位的影子

从课程结构上看,该课程方案分为公共基础必修课、专业基础能力课、管理能力课、方法能力课和集中实训课五大模块。形式方面摆脱了固有的传统三段式和改良三段式的影响,特别是管理能力课和方法能力课模块的开设令人耳目一新,是课程结构上的一大进步。然而仔细分析模块的课程组成,可以看出仍有学科本位、知识本位的影子,比如管理能力课中的营销与分销、社会学、心理学和战略管理课程都属于宽基础的学科平台课程。这些课程与经济管理类的所有专业都有一定的联系,而与该旅游管理专业的紧密程度似乎并不明显。

(4) 课程内容"知识拼盘"现象严重,课程之间关系松散

课程内容上有着明显的知识拼盘现象。比如专业基础能力课除了旅游财务管理、环境与可持续性、旅游与可持续性、旅游及休闲产业产品介绍,其余课程的开设在大多数经管类专业的课程方案里都会出现,雷同现象严重,缺乏旅游管理专业的特色课程。在方法能力课中,一方面,科学精要、科学方法(研究论文)、实证社会研究(实际经验)、决策方法这几门课程存在课程内容重复交叉现象,另一方面,与旅游管理专业密切相关的课程只有电子旅游管理一门课。由此可见,该课程方案存在学科本位、知识本位课程堆砌现象,课程与课程之间、课程与课程目标之间的关系松散。

(5) 课程顺序缺乏顾客需求的科学支撑

大多数课程顺序没有规律可循,没有考虑到顾客即学生、教师和企业的需求,缺乏科学依据和支撑。职业教育专业课程体系构建应当与市场接轨,与顾客即学生、教师和企业的动态需求相适应。如今,新理论的产生及其应用到企业实践的更新速度越来越快,换代周期越来越短,每3—5年就会淘汰大量的职业技能,涌现出新的工作岗位,而旅游管理行业更是如此。因此,在进行职业教育专业课程体系构建之前,充分征求、搜集、整理和分析顾客需求至关重要,课程顺序也是如此。

5.2 职业教育旅游管理专业课程体系重构

5.2.1 课程目标解构——基于课程目标子模型

职业教育中外合作办学旅游管理专业课程体系构建的顾客范围如前所述,分为内部顾客和外部顾客两部分。笔者将学生和教师定义为内部顾客,将企业即用人单位定义为外部顾客。在广泛收集学生、教师和企业对职业教育中外合作办学旅游管理专业课程体系构建的顾客需求基础之上,进行了顾客需求要素提取和聚类,得到课程目标层次结构如表5-2所示。

表5-2 职业教育旅游管理专业课程体系构建目标的层次结构

一次配置	二次配置	三次配置
职业教育旅游管理专业课程体系构建目标	通用性职业素质	思想政治素质
		职业道德素质
		身体素质
		心理素质
		计算机应用素质
		语言运用素质
	关键性职业素质	旅游产品设计素质
		营销素质

续　表

一次配置	二次配置	三次配置
		客户管理素质
		旅游法规认知素质
		组织运行旅游团队素质
		财务知识
		与旅游行业相关的知识
	方法性职业素质	信息获取与处理素质
		独立思考与决策素质
		学习掌握新技术素质
		交际与沟通素质
	发展性职业素质	继续学习素质
		创造创新素质
		职业适应素质
		自主创业素质

　　为使顾客需求意见咨询更具科学性和代表性,笔者设计了职业教育中外合作办学旅游管理专业课程目标顾客意见咨询表(见附录 E-1),并通过方便取样的方法对学生、教师和企业进行了顾客需求的意见咨询,共发放意见咨询表 150 份,其中学生 90 份、教师 30 份、企业 30 份。本次意见咨询表回收率为 100%,有效问卷分别为学生 86 份、教师 28 份、企业 29 份,总体有效率为 95.3%。

　　在专家给出的数据资料基础上,笔者采用层次分析法对课程目标进行科学判断,并运用层次分析法确定各个一次配置、二次配置和三次配置的课程目标的重要度。

　　采用的评分标准和评分示例如表 5-3 和表 5-4 所示。

表 5-3　评 分 标 准

		定义标度说明
同等重要	1	两个指标具有相同的重要性
稍微重要	3	两个指标中一个指标比另一个指标稍微重要,反之为 1/3
明显重要	5	两个指标中一个指标比另一个指标明显重要,反之为 1/5

续 表

定义标度说明		
强烈重要	7	两个指标中一个指标比另一个指标强烈重要,反之为 1/7
绝对重要	9	两个指标中一个指标比另一个指标极度重要,反之为 1/9
		2、4、6、8 表示上述相邻判断的中间值

按表 5-3 所示评分标准,例如,A1 比 A2 极端重要,A1 比 A3 明显重要,A3 比 A2 稍微重要,在矩阵中应如表 5-4 所示进行填写("/"表示无须填写)。

表 5-4 评 分 示 例

矩 阵	A1	A2	A3
A1	1	9	5
A2	/	1	1/3
A3	/	/	1

在层次分析法中,如表 5-5 所示,通常用对应它的最大特征根 λ_{max} 的特征向量作为权向量,该权向量即为该层次指标对上一层次某一指标的权重因子。并利用一致性指标、一致性比率和随机一致性指标做一致性检验。一致性指标 $CI = \frac{(\lambda_{max} - n)}{n - 1}$(其中 n 为矩阵阶数),CI 是衡量比较判断矩阵不一致程度的标准。一致性率 $CR = CI/RI$(RI 为平均随机一致性指标,见表 5-5),若 $CR < 0.1$,则判断矩阵的一致性是可以接受的。若 $CR \geq 0.1$,则需要对判断矩阵的一致性做适当修正。

表 5-5 平均随机一致性指标

判断矩阵阶数	1	2	3	4	5	6	7	8	9
	0	0	0.58	0.90	1.12	1.26	1.36	1.41	1.46

运用 Yaahp 软件中的"群决策"方法,将课程目标顾客意见咨询表的原始数据输入 Yaahp 软件中,将随机一致性不符合标准的数据剔除后,经过群决策法——专家数据集结方法得到各专家判断矩阵的加权几何平均,得出各项课程

目标的权重如表 5-6 至表 5-10 所示。

表 5-6 课程目标二次配置的权重判断矩阵

判断矩阵	通用性职业素质	专业性职业素质	方法性职业素质	发展性职业素质	W_i
通用性职业素质	1.000 0	1.901 5	2.721 0	3.600 1	0.442 7
专业性职业素质	0.525 9	1.000 0	1.993 1	3.129 1	0.286 3
方法性职业素质	0.367 5	0.501 7	1.000 0	2.385 4	0.175 7
发展性职业素质	0.277 8	0.319 6	0.419 2	1.000 0	0.095 2

判断矩阵一致性比例 CR＝0.020 7,CI＝0.018 6,RI＝0.9,对总目标的权重为 1.000 0。

表 5-7 通用性职业素质权重判断矩阵

通用性职业素质	思想政治素质	职业道德素质	身体素质	心理素质	计算机应用素质	语言运用素质	W_i
思想政治素质	1.000 0	0.680 2	5.081 2	1.630 9	3.762 5	3.422 8	0.260 1
职业道德素质	1.470 2	1.000 0	6.164 2	3.197 5	5.103 4	3.672 2	0.365 1
身体素质	0.196 8	0.162 2	1.000 0	0.234 5	0.509 7	0.326 1	0.042 9
心理素质	0.613 2	0.312 7	4.263 8	1.000 0	2.613 7	1.700 7	0.158 9
计算机应用素质	0.265 8	0.195 9	1.962 0	0.382 6	1.000 0	0.488 8	0.067 0
语言运用素质	0.292 2	0.272 3	3.066 3	0.588 0	2.046 0	1.000 0	0.106 0

判断矩阵一致性比例 CR＝0.015 6,CI＝0.019 4,RI＝1.24,对总目标的权重为 0.442 7。

表 5-8 专业性职业素质权重判断矩阵

专业性职业素质	旅游产品设计素质	营销素质	客户管理素质	旅游法规认知素质	组织运行旅游团队素质	财务知识	与旅游行业相关的知识	W_i
旅游产品设计素质	1.000 0	1.693 4	0.550 8	3.828 1	3.168 2	4.823	4.385 2	0.236 9
营销素质	0.590 5	1.000 0	0.338 4	2.506 4	1.498 7	4.584	3.144 2	0.152 7

续 表

专业性职业素质	旅游产品设计素质	营销素质	客户管理素质	旅游法规认知素质	组织运行旅游团队素质	财务知识	与旅游行业相关的知识	W_i
客户管理素质	1.815 6	2.954 8	1.000 0	4.858 3	3.616 9	5.282 6	5.203 5	0.336 7
旅游法规认知素质	0.261 2	0.399 0	0.205 8	1.000 0	0.834 8	2.960 4	1.587 4	0.077 9
组织运行旅游团队素质	0.315 6	0.667 3	0.276 5	1.197 9	1.000 0	3.640 2	2.568 9	0.104 4
财务知识	0.207 3	0.218 2	0.189 3	0.337 8	0.274 7	1.000 0	0.561 4	0.038 1
与旅游行业相关的知识	0.228 0	0.318 0	0.192 2	0.630 0	0.389 3	1.781 1	1.000 0	0.053 4

判断矩阵一致性比例 CR＝0.021 3,CI＝0.028 1,RI＝1.32,对总目标的权重为 0.286 3。

表 5-9 方法性职业素质权重判断矩阵

方法性职业素质	信息获取与处理素质	独立思考与决策素质	学习掌握新技术素质	交际与沟通素质	W_i
信息获取与处理素质	1.000 0	2.872 1	1.319 5	3.638 4	0.417 6
独立思考与决策素质	0.348 2	1.000 0	0.554 6	2.021 3	0.172 1
学习掌握新技术素质	0.757 9	1.802 9	1.000 0	3.134 1	0.310 9
交际与沟通素质	0.274 8	0.494 7	0.313 9	1.000 0	0.099 4

判断矩阵一致性比例 CR＝0.006 8,CI＝0.006 1, RI＝0.9,对总目标的权重为 0.175 7。

表 5-10 发展性职业素质权重判断矩阵

发展性职业素质	持续学习素质	创造创新素质	职业适应素质	自主创业素质	W_i
持续学习素质	1.000 0	3.181 1	1.829 9	4.265 2	0.467 7
创造创新素质	0.314 4	1.000 0	0.567 8	2.102 0	0.164 6
职业适应素质	0.546 5	1.761 1	1.000 0	3.158 8	0.276 1
自主创业素质	0.234 5	0.475 7	0.316 6	1.000 0	0.091 6

判断矩阵一致性比例 CR＝0.007 4，CI＝0.006 7，RI＝0.9，对总目标的权重为 0.095 2。

结合前边各步骤提取的顾客需求、课程目标质量要素、课程目标自相关矩阵、顾客需求与课程目标相关性等，可以构建课程目标子模型，推导出课程目标，并按照课程目标的重要度进行排序，如表 5-11 所示。

表 5-11 课程目标的最终权重

一次配置	二次配置	二次配置权重	三次配置	三次配置权重	综合权重
旅游管理专业课程目标	通用性职业素质	0.442 7	思想政治素质	0.260 1	0.115 1
			职业道德素质	0.365 1	0.161 6
			身体素质	0.042 9	0.019 0
			心理素质	0.158 9	0.070 3
			计算机应用素质	0.067 0	0.029 7
			语言应用素质	0.106 0	0.046 9
	专业性职业素质	0.286 3	旅游产品设计素质	0.236 9	0.067 8
			营销素质	0.152 7	0.043 7
			客户管理素质	0.336 7	0.096 4
			旅游法规认知素质	0.077 9	0.022 3
			组织运行旅游团队素质	0.104 4	0.029 9
			财务知识	0.038 1	0.010 9
			与旅游行业相关的知识	0.053 4	0.015 3
	方法性职业素质	0.175 7	信息获取与处理素质	0.417 6	0.073 4
			独立思考与决策素质	0.172 1	0.030 2

续 表

一次配置	二次配置	二次配置权重	三次配置	三次配置权重	综合权重
旅游管理专业课程目标	方法性职业素质	0.175 7	学习掌握新技术素质	0.310 9	0.054 6
			交际与沟通素质	0.099 4	0.017 5
	发展性职业素质	0.095 2	继续学习素质	0.467 7	0.044 5
			创造创新素质	0.164 6	0.015 7
			职业适应素质	0.276 1	0.026 3
			自主创业素质	0.091 6	0.008 7

从表5-11可以看出，课程目标的二次配置通用性职业素质、专业性职业素质、方法性职业素质和发展性职业素质对职业教育中外合作办学旅游管理专业课程体系构建的影响程度为：通用性职业素质0.442 7，专业性职业素质0.286 3，方法性职业素质0.175 7，发展性职业素质0.095 2。

如表5-11所示，从课程目标的三次配置可以看出，职业教育中外合作办学旅游管理专业对人才的继续学习、信息获取与处理素质、职业道德素质、客户管理素质、学习掌握新技术素质、职业适应素质最为看重，这六项职业素质排在课程目标的前六位。

通用性职业素质是职业教育中外合作办学旅游管理专业课程目标的关键部分，其中职业道德素质和思想政治素质是通用性职业素质的首要素质，其次是心理素质和语言运用素质。由此可以看出课程目标与顾客需求的一致性，即旅游业人才职业素质的首要需求便是职业道德素质和思想政治素质，这符合旅游行业的"爱岗敬业"标准，而良好的心理素质和语言运用素质需要旅游专业人才能够在工作中灵活运用语言能力和平和的心态与顾客交流沟通。

专业性职业素质是职业教育中外合作办学旅游管理专业课程目标的核心部分，其中客户管理素质、旅游产品设计素质和营销素质是首要素质。旅游行业最重要的资源就是服务并维护好客户，这是旅游企业可持续发展的最强有力的支撑，同时旅游产品设计也会直接影响销售市场的预期，营销素质更是会影响到企业的最终利润。

方法性职业素质是职业教育中外合作办学旅游管理专业课程目标的重要部分,其中信息获取与处理素质和学习掌握新技术素质尤为突出,这对于当今互联网+时代的旅游行业人才需求来说显得尤为重要。

发展性职业素质是职业教育中外合作办学旅游管理专业课程目标的不可或缺的部分,它虽然权重所占不大,但是体现了课程目标关注学习者的生涯发展这一导向。其中的继续学习素质和职业适应素质是可以使学习者受益于整个职业生涯的核心素质。

由此得到的课程目标是科学合理的,在此基础之上笔者将进行课程结构及课程内容的重构。

5.2.2 课程结构与课程内容重构——基于课程结构及课程内容子模型

在得到课程目标及其权重和排序后,根据课程结构及课程内容子模型,首先将课程目标配置输入,在进行了课程目标提取、聚类和转换后得到课程结构及课程内容配置如表5-12所示。

表5-12 职业教育旅游管理专业课程结构及课程内容的层次结构

一 次 配 置	课程结构(课程群)	课程内容(课程名称)
职业教育旅游管理专业课程结构	通用性素质课	国防教育
		形势与政策
		大学生就业指导
		思想道德修养与法律基础
		毛泽东思想和中国特色社会主义理论体系概论
		大学英语
		英语听力与口语
		商务英语
		计算机应用基础
	专业性素质课	体育
		旅游经济学

续 表

一次配置	课程结构(课程群)	课程内容(课程名称)
		旅游学概论
		旅游会计
		旅游法律法规
		旅游及休闲产业产品介绍
		旅游项目管理
		消费者行为学
		服务管理
		旅游营销学
	方法性素质课	人力资源管理
		科学与逻辑方法论
		决策方法
		应用统计学
		旅游公关礼仪
		应用信息技术
		电子旅游管理
		跨文化管理
		沟通技巧
	发展性素质课	互联网思维
		创新教育基础与实践
		批判性思维
		大学生创业基础
		学习力与反思力
		职业与人生
		情绪管理
		感恩与职场

为了获取课程目标与课程结构及课程内容之间的关系,笔者向 S 大学职业教育学院中外合作办学旅游管理专业的学生、教师、相关企业发放了职业教育中外合作办学旅游管理专业课程目标与课程结构及课程内容相关度意见咨询表(见附录 E-2),共发放 100 份,回收 99 份,其中有效问卷 90 份。对于课程目标与课程结构及课程内容之间的模糊关系矩阵,笔者采用 Likert 5 级评

分法,分为非常有帮助、很有帮助、有些帮助、几乎没什么帮助四个量度,分别赋以 5 分、3 分、1 分和 0 分(如表 5-13 所示),并将最终结果进行加权平均统计。

表 5-13 评 分 标 准

非常有帮助	5
很有帮助	3
有些帮助	1
几乎没什么帮助	0

由于课程门数较多,因此将课程目标与课程结构及课程内容相关关系质量屋,按照课程属性分为四类,即课程目标与通用性职业素质课相关关系质量屋、课程目标与专业性职业素质课相关关系质量屋、课程目标与方法性职业素质课相关关系质量屋、课程目标与发展性职业素质课相关关系质量屋。为让质量屋清晰明了,笔者只将课程目标与课程结构及课程内容有相关关系的统计结果显示在质量屋中。在确定了课程目标与课程结构及课程内容的相关度后,便可得出各门课程的重要度 W_j,如公式 7-1 所示。

$$W_j = \sum_{i=1}^{m} W_i P_{ij}, j=1,2,\cdots,n$$

式中:W_i 为能力需求指标的权重;P_{ij} 为课程目标 i 与旅游管理专业设置课程 j 之间的相关程度。统计结果如表 5-14 至 5-17 所示。

5.2.3 课程排序重组——基于课程排序子模型

根据课程结构及课程内容重要度,可以得到课程的排序如表 5-18 至表 5-21 所示。

所得到的通用性素质课、专业性素质课、方法性素质课和发展性素质课的课程权重及重要度排序可以作为课程方案最终课程排序的重要依据。这里需要说明的是,课程重要度排序不等于课程排序,最终课程方案中课程的排序需要综合考虑学习者的学习准备状况、职业成长逻辑规律、自主学习规律、工作过程顺序,以及课程目标、课程结构层次等因素。

5 职业教育中外合作办学专业课程体系构建的实践验证

表 5-14 课程目标与通用性素质课相关关系矩阵

课程及权重		权重	国防教育	形势与政策	大学生就业指导	思想道德修养与法律基础	毛泽东思想和中国特色社会主义理论体系概论	大学英语	英语听力与口语	商务英语	计算机应用基础	体育
课程目标												
通用性职业素质	思想政治素质	0.1151	5	3	3	4.87	5	0	0	0	0	0
	职业道德素质	0.1616	4.87	3	5	5	4.6	0	0	0	0	0
	身体素质	0.0190	1.07	0	0	1	1	0	0	0	0	5
	心理素质	0.0703	1.07	0	3.13	1.07	1	0	0	0	0	3
	计算机应用素质	0.0297	0	0	0	0	0	0	0	0	5	0
	语言运用素质	0.0469	0	0	0	0	0	5	5	5	0	0
专业性职业素质	旅游产品设计素质	0.0678	0	0	0	0	0	0	0	0	0	0
	营销素质	0.0437	0	0	0	0	0	1	3	3	3	0
	客户管理素质	0.0964	0	0	0	0	0	1	3	3	0	0
	旅游法规认知素质	0.0223	0	0	0	0	0	0	0	0	0	0
	组织运行旅游团队素质	0.0299	0	0	0	0	0	0	0	0	0	0

续表

课程及权重	权重	国防教育	形势与政策	大学生就业指导	思想道德修养与法律基础	毛泽东思想和中国特色社会主义理论体系概论	大学英语	英语听力与口语	商务英语	计算机应用基础	体育
课程目标											
财务知识	0.010 9	0	0	0	0	0	0	0	0	0.07	0
与旅游行业相关的知识	0.015 3	0	0	0	0	0	0	0	0	0	0
信息获取与处理素质	0.073 4	0	0	0	0	0	0.33	0.4	0.33	3.13	0
独立思考与决策素质	0.030 2	0	0.07	1.13	0.07	0	0.27	0.27	0.4	0.93	0
学习掌握新技术素质	0.054 6	0	0	0	0	0	0.13	0.13	0.13	3	0
交际与沟通素质	0.017 5	0	0	1.07	0	0	3	3	3	0	0
持续学习素质	0.044 5	0	0	0	0	0	0	0	0	3	0
创造创新素质	0.015 7	0	0	0	0	0	0.07	0	0	0	0
职业适应素质	0.026 3	0	0	3	0	0	0.6	0.6	0.6	0.2	0
自主创业素质	0.008 7	0	0	1.07	0	0	0	0	0	0	0
课程重要度 W_j	/	1.458	0.832	1.515	1.465	1.409	0.484	0.768	0.767	0.913	0.306

方法性职业素质；发展性职业素质

表 5-15 课程目标与专业性素质课相关关系矩阵

课程及权重		权 重	旅游经济学	旅游学概论	旅游会计	旅游法律法规	旅游及休闲产业产品介绍	旅游项目管理	消费者行为学	服务管理	旅游营销学	人力资源管理
课程目标												
通用性职业素质	思想政治素质	0.115 1	0	0	0	0	0	0	0	0	0	0
	职业道德素质	0.161 6	0	0	0	0	0	0	0	0	0	0
	身体素质	0.019 0	0	0	0	0	0	0	0	0	0	0
	心理素质	0.070 3	0	0	0	0	0	0	0	0	0	0
	计算机应用素质	0.029 7	0	0	0	0	0	0	0	0	0	0
	语言运用素质	0.046 9	0	0	0	0	0	0	0	0	0	0
专业性职业素质	旅游产品设计素质	0.067 8	3	1.20	1.13	0	3	0	0	0	3	0
	营销素质	0.043 7	0	0	0	0	1	3	1	3	5	0
	客户管理素质	0.096 4	0	1	0	0	0	3	5	5	0	0.20
	旅游法规认知素质	0.022 3	0	0	0	5	0.07	0	0	0	0	0
	组织运行旅游团队素质	0.029 9	0	1	0	0	0.07	5	0.07	0.07	0	5

续表

课程及权重 / 课程目标	权重	旅游经济学	旅游学概论	旅游会计	旅游法律法规	旅游及休闲产业产品介绍	旅游项目管理	消费者行为学	服务管理	旅游营销学	人力资源管理
财务知识	0.010 9	1	1.13	5	0	0	2.93	0	0	0	0
与旅游行业相关的知识	0.015 3	0.93	3.07	0	3.07	5	0	0	0	0.27	0
方法性职业素质 — 信息获取与处理素质	0.073 4	3	0	0	0	0.07	0	0	0.07	0.07	0
方法性职业素质 — 独立思考与决策素质	0.030 2	3	0	1	0	0	0	0	0	0.13	1.07
方法性职业素质 — 学习掌握新技术素质	0.054 6	1	0	0	0	1.07	1	2.93	0	0	0
方法性职业素质 — 交际与沟通素质	0.017 5	0	0	0	0	0.00	0	2.93	3	0	1
发展性职业素质 — 持续学习素质	0.044 5	0	0	0	0	0	0	0	0	0	0
发展性职业素质 — 创造创新素质	0.015 7	0	0	0	0	0	0	0	0	0	0
发展性职业素质 — 职业适应素质	0.026 3	0	0	0	0.4	0.13	0	0	0	0	0
发展性职业素质 — 自主创业素质	0.008 7	0	0	0	0.53	0.13	0	0	0	0	0
课程重要度 W_j	/	0.594	0.267	0.162	0.174	0.395	0.619	0.579	0.672	0.435	0.218

152

5 职业教育中外合作办学专业课程体系构建的实践验证

表 5-16 课程目标与方法素质课相关系矩阵

课程及权重 课程目标		权重	科学与逻辑方法论	决策方法	应用统计学	旅游公关礼仪	应用信息技术	电子旅游管理	跨文化管理	沟通技巧	互联网思维
通用性职业素质	思想政治素质	0.115 1	0	0	0	0	0	0	0	0	0
	职业道德素质	0.161 6	0	0	0	0	0	0	0	0	0
	身体素质	0.019 0	0	0	0	0	0	0	0	0	0
	心理素质	0.070 3	0	0	0	0	0	0	0	0	0
	计算机应用素质	0.029 7	0	0	0	0	0	0	0	0	0
	语言运用素质	0.046 9	0	0.13	0	0	0	1	0	0	0
专业性职业素质	旅游产品设计素质	0.067 8	0	0	0	1	0	1	0	1	0
	营销素质	0.043 7	0	0	0	3	0	1	3	3	0
	客户管理素质	0.096 4	0	0	0	0	0	0	0	0	0
	旅游法规认知素质	0.022 3	0	0	0	0	0	1	0	0	0
	组织运行旅游团队素质	0.029 9	0	0	0	0	0	0	0	0	0

续表

课程目标 / 课程及权重	权重	科学与逻辑方法论	决策方法	应用统计学	旅游公关礼仪	应用信息技术	电子旅游管理	跨文化管理	沟通技巧	互联网思维
财务知识	0.0109	0	0	1.2	0	0	0	0	0	0
与旅游行业相关的知识	0.0153	0	0	0	0	0	0	0	0	0
信息获取与处理素质（方法性职业素质）	0.0734	3	3	3	0	3	3	0	0	3
独立思考与决策素质	0.0302	5	5	5	0	1.13	1	0	0	1
学习掌握新技术素质	0.0546	1	1	1	0	5	5	0	0	5
交际与沟通素质	0.0175	0	0	0	5	0	0	5	5	0
持续学习素质（发展性职业素质）	0.0445	0	0	0	0	0	0	0	0	0
创造创新素质	0.0157	0	0	0	0	0	0	0	0	0
职业适应素质	0.0263	0	0.4	0.07	0.33	0.13	0	0	0	0
自主创业素质	0.0087	0	0.53	0.13	0	0.33	0	0	0	0
课程重要度 W_j	/	0.426	0.450	0.442	0.429	0.534	0.761	0.377	0.420	0.523

表 5-17 课程目标与发展素质课相关关系矩阵

课程及权重		权重	创新教育基础与实践	批判性思维	大学生创业基础	学习力与反思力	职业与人生	情绪管理	感恩与职场
课程目标									
通用性职业素质	思想政治素质	0.115 1	0	0	0	0	0	0	0
	职业道德素质	0.161 6	0	0	0	0	0	0	0
	身体素质	0.019 0	0	0	0	0	0	0	0
	心理素质	0.070 3	0	0	0	0	0	0	0
	计算机应用素质	0.029 7	0	0	0	0	0	0	0
	语言运用素质	0.046 9	0	0	0	0	0	0	0
关键性职业素质	旅游产品设计素质	0.067 8	0	0	0	0	0	0	0
	营销素质	0.043 7	0	0	0	0	0	0	0
	客户管理素质	0.096 4	0	0	0	0	0	0	0
	旅游法规认知素质	0.022 3	0	0	0	0	0	0	0
	组织运行旅游团队素质	0.029 9	0	0	0	0	0	0	0
	财务知识	0.010 9	0	0	0	0	0	0	0
	与旅游行业相关的知识	0.015 3	0	0	0	0	0	0	0

续 表

课程目标		课程及权重	权重	创新教育基础与实践	批判性思维	大学生创业基础	学习力与反思力	职业与人生	情绪管理	感恩与职场
方法性职业素质		信息获取与处理素质	0.073 4	0	0.2	0	0	0	0	0
		独立思考与决策素质	0.030 2	0	3.13	0	0	0	0	0
		学习掌握新技术素质	0.054 6	0	0.6	0	0	0	0	0
		交际与沟通素质	0.017 5	0.07	0.6	0	0	0	0	0
发展性职业素质		持续学习素质	0.044 5	5	0.4	1	5	0	0	1
		创造创新素质	0.015 7	0	5	2	3	3	0	3
		职业适应素质	0.026 3	1	0	5	0.07	5	5	5
		自主创业素质	0.008 7	0	0	5	0	1	0.8	0.07
课程重要度 W_j			/	0.090	0.249	0.112	0.271	0.187	0.138	0.224

表 5-18 通用性素质课排序

	国防教育	形势与政策	大学生就业指导	思想道德修养与法律基础	毛泽东思想和中国特色社会主义理论体系概论	大学英语	英语听力与口语	商务英语	计算机应用基础	体育
课程重要度 W_j	1.458	0.832	1.515	1.465	1.409	0.484	0.768	0.767	0.913	0.306
课程重要度排序	3	6	1	2	4	9	7	8	5	10

表 5-19 专业性素质课排序

	旅游经济学	旅游学概论	旅游会计	旅游法律法规	旅游及休闲产业产品介绍	旅游项目管理	消费者行为学	服务管理	旅游营销学	人力资源管理
课程重要度 W_j	0.594	0.267	0.162	0.174	0.395	0.619	0.579	0.672	0.435	0.218
课程重要度排序	3	7	10	9	6	2	4	1	5	8

表 5-20 方法性素质课排序

	科学与逻辑方法论	决策方法	应用统计学	旅游公关礼仪	应用信息技术	电子旅游管理	跨文化管理	沟通技巧	互联网思维
课程重要度 W_j	0.426	0.450	0.442	0.429	0.534	0.761	0.377	0.420	0.523
课程重要度排序	7	4	5	6	2	1	9	8	3

表 5-21 发展性素质课排序

	创新教育基础与实践	批判性思维	大学生创业基础	学习力与反思力	职业与人生	情绪管理	感恩与职场
课程重要度 W_j	0.090	0.249	0.112	0.271	0.187	0.138	0.224
课程重要度排序	7	2	6	1	4	5	3

5.2.4 课程设置优化——基于课程相关关系矩阵

本阶段的核心任务是通过考虑所有课程的关联性以建立相关关系矩阵,对选取的课程采用量化指标表示,并根据关联度——关系矩阵量化指标的高低判断课程重复率,以便优化课程设置。在课程相关关系矩阵中,对选取课程采用量化指标 q_{ij} 来表示。将课程之间的相关矩阵定义为:

$$Q = |q_{ij}|_{n \times n}, i = 1, 2, \cdots, n; j = 1, 2, \cdots, n$$

定义中 q_{ij} 为课程 i 和课程 j 之间的相关系数。若课程 i 与课程 j 不相关,则 $q_{ij} = 0$,课程与其自身相关度最大,故 $q_{ij} = 1$,因为 $q_{ij} = q_{ij}$,所以课程自相关矩阵为对称矩阵。

为使课程相关关系矩阵更加合理,笔者邀请了职业教育中外合作办学旅游管理专业 80 名学生、30 名教师(含学科专家)、20 名企业专家,对已获得的课程之间的相关关系打分,打分表采用 0—9 级量表(如表 5-22 所示)。

表 5-22　0—9 级关联程度表

评价等级关联关系
0　两者之间不相关
1　两者之间有微弱的关系
3　两者之间有较弱的关系
5　两者之间有一般的关系
7　两者之间有密切的关系
9　两者之间有非常密切的关系
2、4、6、8 介于两个相邻等级之间

按表 5-22 所示,如果 A1 与 A2 非常密切相关,A1 与 A3 关系一般,A3 与 A2 关系较弱,在矩阵中如 5-23 所示进行填写("/"表示无须填写)。

最终获得有效问卷 130 份,确定课程的相关性和重复率,并将得到的相关关系矩阵进行归一化处理,使得 $q_{ij} \in [0, 1)$。由于本章选取的课程较多,在构建相关关系矩阵时,将课程按照课程结构分为通用性素质课、专业性素质课、方法性素质课和发展性素质课四个模块,对四个模块课程进行两两比较,并将统计结果进行规范化处理得到表 5-24 至表 5-33。

表 5-23 评 分 示 例

矩 阵	A1	A2	A3
A1	1	9	5
A2	/	1	1/3
A3	/	/	1

表 5-24 通用素质课自相关关系矩阵

通用素质课	国防教育	形势与政策	大学生就业指导	思想道德修养与法律基础	毛泽东思想和中国特色社会主义理论体系概论	大学英语	英语听力与口语	商务英语	计算机应用基础	体育
国防教育	1	0.15	0.12	0.18	0.22	0	0	0	0	0
形势与政策	/	1	0.3	0.11	0.17	0	0	0	0	0
大学生就业指导	/	/	1	0.21	0	0	0	0	0	0
思想道德修养与法律基础	/	/	/	1	0.51	0	0	0	0	0
毛泽东思想和中国特色社会主义理论体系概论	/	/	/	/	1	0	0	0	0	0
大学英语	/	/	/	/	/	1	0.56	0.53	0	0
英语听力与口语	/	/	/	/	/	/	1	0.88	0	0
商务英语	/	/	/	/	/	/	/	1	0	0
计算机应用基础	/	/	/	/	/	/	/	/	1	0
体育	/	/	/	/	/	/	/	/	/	1

表 5-25 通用素质课与专业素质课相关关系矩阵

课程名称	旅游经济学	旅游学概论	旅游会计	旅游法律法规	旅游及休闲产业产品介绍	旅游项目管理	消费者行为学	服务管理	旅游营销学	人力资源管理
国防教育	0	0	0	0	0	0	0	0	0	0
形势与政策	0	0	0	0	0	0	0	0	0	0

续表

课程名称	旅游经济学	旅游学概论	旅游会计	旅游法律法规	旅游及休闲产业产品介绍	旅游项目管理	消费者行为学	服务管理	旅游营销学	人力资源管理
大学生就业指导	0	0	0	0	0	0	0	0	0	0
思想道德修养与法律基础	0	0	0	0	0	0	0	0	0	0
毛泽东思想和中国特色社会主义理论体系概论	0	0	0	0	0	0	0	0	0	0
大学英语	0	0	0	0	0	0	0	0	0	0
英语听力与口语	0	0	0	0	0	0	0	0	0	0
商务英语	0	0	0	0	0	0	0	0	0	0
计算机应用基础	0	0	0	0	0	0	0	0	0	0
体育	0	0	0	0	0	0	0	0	0	0

表 5-26 通用素质课与方法素质课相关关系矩阵

课程名称	科学与逻辑方法论	决策方法	应用统计学	旅游公关礼仪	应用信息技术	电子旅游管理	跨文化管理	沟通技巧	互联网思维
国防教育	0	0	0	0	0	0	0	0	0
形势与政策	0	0	0	0	0	0	0	0	0
大学生就业指导	0	0	0	0	0	0	0	0	0
思想道德修养与法律基础	0	0	0	0	0	0	0	0	0
毛泽东思想和中国特色社会主义理论体系概论	0	0	0	0	0	0	0	0	0
大学英语	0	0	0	0	0	0	0	0	0
英语听力与口语	0	0	0	0	0	0	0	0.15	0
商务英语	0	0	0	0	0	0	0	0.22	0
计算机应用基础	0	0	0	0	0.35	0	0	0	0
体育	0	0	0	0	0	0	0	0	0

表 5-27 通用素质课与发展素质课相关关系矩阵

课程名称	创新教育基础与实践	批判性思维	大学生创业基础	学习力与反思力	职业与人生	情绪管理	感恩与职场
国防教育	0	0	0	0	0	0	0
形势与政策	0	0	0	0	0	0	0
大学生就业指导	0.22	0.18	0.25	0	0.28	0.15	0.28
思想道德修养与法律基础	0	0	0	0	0	0	0
毛泽东思想和中国特色社会主义理论体系概论	0	0	0	0	0	0	0
大学英语	0	0	0	0	0	0	0
英语听力与口语	0	0	0	0	0	0	0
商务英语	0	0	0	0	0	0	0
计算机应用基础	0	0	0	0	0	0	0
体育	0	0	0	0	0	0	0

表 5-28 专业素质课自相关关系矩阵

专业素质课	旅游经济学	旅游学概论	旅游会计	旅游法律法规	旅游及休闲产业产品介绍	旅游项目管理	消费者行为学	服务管理	旅游营销学	人力资源管理
旅游经济学	1	0.11	0	0	0	0	0	0	0	0
旅游学概论	/	1	0.13	0.11	0	0	0	0	0	0
旅游会计	/	/	1	0	0	0.26	0	0	0	0
旅游法律法规	/	/	/	1	0	0	0	0	0	0
旅游及休闲产业产品介绍	/	/	/	/	1	0	0	0	0	0
旅游项目管理	/	/	/	/	/	1	0	0	0.18	0.14
消费者行为学	/	/	/	/	/	/	1	0.22	0.16	0
服务管理	/	/	/	/	/	/	/	1	0.33	0
旅游营销学	/	/	/	/	/	/	/	/	1	0
人力资源管理	/	/	/	/	/	/	/	/	/	1

表 5-29 专业素质课与方法素质课相关关系矩阵

课程名称	科学与逻辑方法论	决策方法	应用统计学	旅游公关礼仪	应用信息技术	电子旅游管理	跨文化管理	沟通技巧	互联网思维
旅游经济学	0	0	0	0	0	0	0	0	0
旅游学概论	0	0	0	0.12	0	0	0	0	0
旅游会计	0	0	0	0	0	0	0	0	0
旅游法律法规	0	0	0	0	0	0	0	0	0
旅游及休闲产业产品介绍	0	0	0	0	0	0	0	0	0
旅游项目管理	0.33	0.46	0	0.25	0	0.36	0	0.48	0
消费者行为学	0	0	0	0.31	0	0	0	0.35	0
服务管理	0	0	0	0.55	0	0	0	0.56	0
旅游营销学	0	0	0	0.38	0	0	0	0	0
人力资源管理	0	0	0	0	0	0	0	0	0

表 5-30 专业素质课与发展素质课相关关系矩阵

课程名称	创新教育基础与实践	批判性思维	大学生创业基础	学习力与反思力	职业与人生	情绪管理	感恩与职场
旅游经济学	0	0	0	0	0	0	0
旅游学概论	0	0	0	0	0	0	0
旅游会计	0	0	0	0	0	0	0
旅游法律法规	0	0	0	0	0	0	0
旅游及休闲产业产品介绍	0	0	0	0	0	0	0
旅游项目管理	0.31	0	0.48	0.25	0.33	0	0.38
消费者行为学	0	0	0	0	0	0	0
服务管理	0	0	0	0	0.33	0	0.36
旅游营销学	0	0	0	0	0	0	0
人力资源管理	0	0	0	0	0	0	0

5 职业教育中外合作办学专业课程体系构建的实践验证

表 5-31 方法素质课自相关关系矩阵

方法素质课	科学与逻辑方法论	决策方法	应用统计学	旅游公关礼仪	应用信息技术	电子旅游管理	跨文化管理	沟通技巧	互联网思维
科学与逻辑方法论	1	0.64	0	0	0	0	0	0	0
决策方法	/	1	0.54	0	0	0	0	0	0
应用统计学	/	/	1	0	0	0	0	0	0
旅游公关礼仪	/	/	/	1	0	0	0.31	0.52	0
应用信息技术	/	/	/	/	1	0.33	0	0	0.23
电子旅游管理	/	/	/	/	/	1	0	0	0
跨文化管理	/	/	/	/	/	/	1	0.36	0
沟通技巧	/	/	/	/	/	/	/	1	0
互联网思维	/	/	/	/	/	/	/	/	1

表 5-32 方法素质课与发展素质课相关关系矩阵

课 程 名 称	创新教育基础与实践	批判性思维	大学生创业基础	学习力与反思力	职业与人生	情绪管理	感恩与职场
科学与逻辑方法论	0	0.18	0	0	0	0	0
决策方法	0.21	0.33	0.58	0	0	0	0
应用统计学	0	0	0	0	0	0	0
旅游公关礼仪	0	0	0.5	0	0	0.42	0
应用信息技术	0.48	0	0.33	0	0	0	0
电子旅游管理	0	0	0	0	0	0	0
跨文化管理	0	0	0	0	0	0	0
沟通技巧	0.36	0	0.55	0	0.55	0.38	0.58
互联网思维	0.25	0	0.33	0	0	0	0

表 5-33 发展素质课自相关关系矩阵

发展素质课	创新教育基础与实践	批判性思维	大学生创业基础	学习力与反思力	职业与人生	情绪管理	感恩与职场
创新教育基础与实践	1	0.48	0.58	0.18	0.37	0	0.24
批判性思维	/	1	0.25	0.46	0	0	0

续 表

发展素质课	创新教育基础与实践	批判性思维	大学生创业基础	学习力与反思力	职业与人生	情绪管理	感恩与职场
大学生创业基础	/	/	1	0.24	0.55	0	0.33
学习力与反思力	/	/	/	1	0.22	0	0.15
职业与人生	/	/	/	/	1	0.45	0.88
情绪管理	/	/	/	/	/	1	0.48
感恩与职场	/	/	/	/	/	/	1

将课程之间的相关系进行量化处理后，可以清晰地明确课程之间的相关性，其中 $q_{ij} \in [0,0.3)$ 为弱相关，$q_{ij} \in [0.3,0.6)$ 为中等相关，$q_{ij} \in [0.6,1]$ 为强相关。由以上统计结果可看出，S大学职业教育学院中外合作办学旅游管理专业课程体系构建相对合理，总体相关度较低，说明课程内容之间的独立性强，学生通过每一门课程都可以在不同的职业素质方面有所提升和促进。但是，在少部分课程之间依然存在着相关度过高即课程之间的重复率过高的现象。下面按照课程模块进行具体分析。

第一，通用性素质课相关关系矩阵。从表5-24至表5-27中可以看出，通用性素质课程在自相关关系矩阵中，商务英语和英语听力与口语相关系数最高为0.88，属于强相关，可以虑将这两门课程进行整合或者在课程内容上进行明确的划分。另外，商务英语与大学英语、英语听力与口语和大学英语的相关系数分别为0.53、0.56，都处于中等相关范围，说明这三组课程在课程内容上存在一定程度的相似和重复之处，这要求教师在课程实施中有不同的侧重点。通用性素质课与专业性素质课之间不存在相关系数，通用性素质课与方法性素质课之间仅在三组课程之间存在相关系数，其中应用信息技术和计算机应用基础之间的相关系数为0.35，属于中等相关，这主要是由于计算机应用基础是应用信息技术的前序课程。沟通技巧与商务英语、英语听力与口语的课程相关系数分别是0.22、0.15，都属于弱相关。而在通用性素质课与发展性素质课的相关关系中，笔者发现大学生就业指导与发展性素质课中的创新教育基础与实践、批判性思维、大学生创业基础、职业与人生、情绪管理、感恩与职场都存在弱相关关系，主要原因在于大学生就业指导属于这些课程的前序课程，为这些发展性课程的学习提供了基础。

第二,专业性素质课相关关系矩阵。如表 5-28 至表 5-30 所示,在专业性素质课自相关关系矩阵中,旅游营销学与旅游项目管理、服务管理、消费者行为学的课程相关系数分别为 0.18、0.33、0.16,服务管理和消费者行为学的课程相关系数为 0.22,基本处于弱相关范围,这是由于这几门课程都是以顾客为导向的服务类课程。旅游项目管理和人力资源管理、旅游会计的课程相关系数分别为 0.14、0.26,旅游学概论与旅游经济学、旅游会计、旅游法律法规的课程相关系数分别为 0.11、0.13、0.11,都存在弱相关关系。专业性素质课与方法性素质课的相关关系矩阵中,属于中等相关关系范围的有:旅游项目管理和科学和逻辑方法论、决策方法、电子旅游管理、沟通技巧的课程相关系数分别为 0.33、0.46、0.36、0.48;旅游公关礼仪和消费者行为学、服务管理、旅游营销学的课程相关系数分别为 0.31、0.55、0.38;沟通技巧和消费者行为学、服务管理的课程相关系数分别为 0.35、0.56。旅游项目管理和旅游公关礼仪的课程相关系数为 0.25,处于弱相关范围。从专业性素质课和发展性素质课的相关关系矩阵中可以看出,相关关系主要集中在旅游项目管理和创新教育基础与实践、大学生创业基础、学习力与反思力、职业与人生、感恩与职场,其课程相关系数分别为 0.31、0.48、0.25、0.33、0.38,基本处于中等相关范围。另外,服务管理和职业与人生、感恩与职场的课程相关系数分别为 0.33、0.36,都是中等相关关系。

第三,方法性素质课相关关系矩阵。如表 5-31、表 5-32 所示,在方法性素质课程自相关关系矩阵中,决策方法和科学与逻辑方法论的课程相关系数高达 0.64,处于强相关范围,建议将两门课程进行整合。决策方法与应用统计学的课程相关系数为 0.54,处于中等相关范围,需要在课程实施中加以注意。旅游公关礼仪和跨文化管理、沟通技巧的课程相关系数分别为 0.31、0.52,也处于中等相关范围。应用信息技术和电子旅游管理、互联网思维的课程相关系数分别为 0.33、0.23,跨文化管理和沟通技巧的课程相关系数为 0.36,基本上是中等相关关系,需要在课程实施中加以注意。在方法性素质课与发展性素质课相关关系矩阵中,沟通技巧与创新教育基础与实践、大学生创业基础、职业与人生、情绪管理、感恩与职场存在中等相关关系,课程相关系数分别为 0.36、0.55、0.55、0.38、0.58;互联网思维与创新教育基础与实践、大学生创业基础的课程相关系数分别为 0.25、0.33;应用信息技术与创新教育基础与实践、大学生创业基础的课程相关系数分别为 0.48、0.33;决策方法与创新教育基础与实践、批判性思维、大学生创业基础的课程相关系数分别为 0.21、0.33、0.58；旅游公关礼仪与大学生创业基础、情绪管理的课程相关系数分别为 0.5、0.42；批判性思维和科学与逻辑方法论的课程相关系数为 0.18，属于弱相关关系。

第四，发展性素质课相关关系矩阵。如表 5-33 所示，在发展性素质自相关关系矩阵中，存在较多的课程相关关系。其中感恩与职场和职业与人生的课程相关系数高达 0.88，建议将两门课程进行整合。职业与人生和创新教育基础与实践、大学生创业基础、学习力与反思力、情绪管理的课程相关系数分别为 0.37、0.55、0.22、0.45，感恩与职场和创新教育基础与实践、大学生创业基础、学习力与反思力、情绪管理的课程相关系数分别为 0.24、0.33、0.15、0.48，学习力与反思力和创新教育基础与实践、批判性思维、大学生创业基础的课程相关系数分别为 0.18、0.46、0.24，大学生创业基础和创新教育基础与实践、批判性思维的课程相关系数分别为 0.58、0.25，批判性思维和创新教育基础与实践的课程相关系数为 0.48，都处于中等相关或弱相关范围。

最终重构的 S 大学职业教育学院中外合作办学旅游管理专业课程方案见表 5-34。

5.3 职业教育旅游管理专业课程体系构建评价及反馈

笔者基于本书构建的模型构建了职业教育旅游管理专业课程方案，本部分从学生、教师和企业三个视角对该方案进行满意度测评，选择的评价工具是"职业教育中外合作办学专业课程体系构建现状调查问卷（学生卷）"（见附录 A-4）、"职业教育中外合作办学专业课程体系构建现状调查问卷（教师卷）"（见附录 A-5）和"职业教育中外合作办学专业课程体系构建现状调查问卷（企业卷）"（见附录 A-6）的第三部分的涉及课程目标、课程结构、课程内容、课程顺序四个维度的 14 项观测指标，每个问项采用 Likert 5 级评分法，答案可以在"1. 非常不同意　2. 不同意　3. 一般　4. 同意　5. 非常同意"中进行选择。本部分研究的调查问卷于 2012 年 12 月进行回收。在回收的 80 份学生问卷、30 份教师问卷和 20 份企业问卷中，根据问卷题项的内容将数据输入 Excel-2010，调查内容和调查结果以数据的形式录入数据库，然后导入 SPSS19.0 统计分析软件进行分析。

表 5-34 S 大学职业教育学院中外合作办学旅游管理专业课程方案

课程性质	课程名称	学分	总学时	讲课学时	实验学时	上机学时	考核方式	各学期学分分配					
								一 16周	二 16周	三 16周	四 16周	五 16周	六 16周
公共基础必修课	国防教育	(1.0)	(16)	(16)	0	0		(1)					
	形势与政策	(2.0)	(40)	(40)	0	0		(2)	(2)	(2)	(2)		(2)
	大学生就业指导	(1.0)	(16)	(16)	0	0						(1)	
	思想道德修养与法律基础	3	48	32	16	0	*	3					
	毛泽东思想和中国特色社会主义理论体系概论	4	64	32	32	0				4			
	大学英语(一)	4	64	32	32	0	*	4					
	大学英语(二)	4	64	32	32	0	*		4				
	大学英语(三)	2	32	6	26	0	*			2			
	大学英语(四)	2	32	16	16	0					2		
	商务英语(一)	2	32	16	16	0						2	
	商务英语(二)	2	32	16	16	0							2

续表

课程性质	课程名称	学分	总学时	讲课学时	实验学时	上机学时	考核方式	各学期学分分配					
								一 16周	二 16周	三 16周	四 16周	五 16周	六 16周
公共基础必修课	计算机应用基础(一)	4	64	16	48	64	*	4					
	计算机应用基础(二)	2	32	8	24	32			2				
	体育(一)	1	16	16	0	0		1					
	体育(二)	1	16	16	0	0			1				
	体育(三)	0.5	16	16	0	0				0.5			
	体育(四)	0.5	16	16	0	0					0.5		
小　计		32	528	270	258	96	0	12	7	6.5	2.5	2	2
专业性素质课	旅游学概论	4	64	32	32	16		4					
	旅游经济学	4	64	32	32				4				
	旅游会计	4	64	32	32	16			4				
	旅游法律法规	2	32	16	16	8				2			
	旅游及休闲产业产品介绍	4	64	48	16					4			

续表

课程性质	课程名称	学分	总学时	讲课学时	实验学时	上机学时	考核方式	各学期学分分配					
								一 16周	二 16周	三 16周	四 16周	五 16周	六 16周
专业性素质课	旅游项目管理	4	64	48	16						4		
	消费者行为学	2	32	16	16						2		
	服务管理	4	64	32	32								4
	旅游营销学	4	64	32	32							4	
	人力资源管理	2	32	16	16						2		
	小计	34	544	304	240	24	0	4	8	6	8	4	4
方法性素质课	决策方法	4	64	32	32				4				
	应用统计学	2	32	16	16					2			
	旅游公关礼仪	2	32	16	16					2			
	应用信息技术	2	32	16	16					2			
	电子旅游管理	2	32	16	16							2	
	跨文化管理	2	32	16	16							2	

169

续 表

课程性质	课程名称	学分	总学时	讲课学时	实验学时	上机学时	考核方式	各学期学分分配					
								一 16周	二 16周	三 16周	四 16周	五 16周	六 16周
方法性素质课	沟通技巧	2	32	16	16						2		
	互联网思维	2	32	16	16							2	
	小计	18	288	144	144	0	0	0	4	6	2	2	0
发展性素质课	创新教育基础与实践	2	32	16	16	8		2					
	批判性思维	2	32	16	16	16				2			
	大学生创业基础	2	32	16	16						2		
	学习力与反思力	4	64	32	32	8		4					
	职业与人生	2	32	16	16					2			
	情绪管理	2	32	16	16						2		
	小计	14	224	112	112	32	0	6	0	4	4	0	0

续 表

课程性质		课程名称	学分	总学时	讲课学时	实验学时	上机学时	考核方式	各学期学分分配					
									一	二	三	四	五	六
									16周	16周	16周	16周	16周	16周
集中实训课		军训	(2)	2w					(2w)					
		合作教育（一）	(1)	(3w)						(3w)				
		合作教育（二）	1	(4w)								(4w)		
		毕业论文	8	8w										8w
		小计	9							0	0	0	0	0	0
课堂教学总计			98	1 584	830	754	152	0	22	19	23	17	12	6
全程总计			107	1 854				0						

5.3.1 学生评价及反馈

(1) 学生对职业教育中外合作办学旅游管理专业课程体系构建的评价

1) 学生对课程目标的满意度

如表5-35所示,学生对"课程目标十分明确"的态度是:48.8%的学生表示"同意",27.5%表示"一般",18.8%表示"非常同意",2.5%表示"不同意",2.5%表示"非常不同意"。可知,大多数学生认为课程目标十分明确,仅有5%的学生认为课程目标不明确,需要进行调整和修改。

表5-35 学生问卷中关于"课程目标十分明确"的现状分布表

课程目标十分明确	频率(次)	百分比(%)	有效百分比(%)	累计百分比(%)
非常不同意	2	2.5	2.5	2.5
不同意	2	2.5	2.5	5.0
一般	22	27.5	27.5	32.5
同意	39	48.8	48.8	81.3
非常同意	15	18.8	18.8	100.0
合计	80	100.0	100.0	

如表5-36所示,学生对"课程目标中的要求与学生未来的求职或升学方向一致"的态度是:50%的学生表示"同意",31.3%表示"一般",15%表示"非常同意",2.5%表示"不同意",1.3%表示"非常不同意"。可知,大多数学生认为课程目标中的要求与学生未来的求职或升学方向一致,仅有3.8%的学生认为课程目标中的要求与学生未来的求职或升学方向不一致。

表5-36 学生问卷中关于"课程目标中的要求与学生未来的求职或升学方向一致"的现状分布表

课程目标中的要求与学生未来的求职或升学方向一致	频率(次)	百分比(%)	有效百分比(%)	累计百分比(%)
非常不同意	1	1.3	1.3	1.3
不同意	2	2.5	2.5	3.8
一般	25	31.3	31.3	35.0
同意	40	50.0	50.0	85.0
非常同意	12	15.0	15.0	100.0
合计	80	100.0	100.0	

如表5-37所示,学生对"课程目标为专业课程体系构建提供了合理的依据"的态度是:46.3%的学生表示"同意",26.3%表示"一般",20%表示"非常同意",3.8%表示"不同意",3.8%表示"非常不同意"。可知,大多数学生认为课程目标为专业课程体系构建提供了合理的依据,仅有7.6%的学生认为课程目标没有为专业课程体系构建提供合理的依据。

表5-37 学生问卷中关于"课程目标为专业课程体系构建提供了合理的依据"的现状分布表

课程目标为专业课程体系构建提供了合理的依据	频率(次)	百分比(%)	有效百分比(%)	累计百分比(%)
非常不同意	3	3.8	3.8	3.8
不同意	3	3.8	3.8	7.5
一般	21	26.3	26.3	33.8
同意	37	46.3	46.3	80.0
非常同意	16	20.0	20.0	100.0
合计	80	100.0	100.0	

如表5-38所示,学生对"课程目标能满足社会对专业人才培养的要求和期待"的态度是:45%的学生表示"同意",37.5%表示"一般",15%表示"非常同意",1.3%表示"不同意",1.3%表示"非常不同意"。可知,大多数学生认为课程目标能满足社会对专业人才培养的要求和期待,仅有2.6%的学生认为课程目标不能满足社会对专业人才培养的要求和期待。

表5-38 学生问卷中关于"课程目标能满足社会对专业人才培养的要求和期待"的现状分布表

课程目标能满足社会对专业人才培养的要求和期待	频率(次)	百分比(%)	有效百分比(%)	累计百分比(%)
非常不同意	1	1.3	1.3	1.3
不同意	1	1.3	1.3	2.5
一般	30	37.5	37.5	40.0
同意	36	45.0	45.0	85.0
非常同意	12	15.0	15.0	100.0
合计	80	100.0	100.0	

2）学生对课程结构的满意度

如表5-39所示,学生对"开设的课程类型具有多样性"的态度是:41.3%的学生表示"一般",32.5%表示"同意",23.8%表示"非常同意",1.3%表示"不同意",1.3%表示"非常不同意"。可知,大多数学生认为开设的课程类型具有多样性,仅有2.6%的学生认为开设的课程类型不具有多样性。

表5-39 学生问卷中关于"开设的课程类型具有多样性"的现状分布表

开设的课程类型 具有多样性	频率 (次)	百分比 (%)	有效百分 比(%)	累计百分 比(%)
非常不同意	1	1.3	1.3	1.3
不同意	1	1.3	1.3	2.5
一般	33	41.3	41.3	43.8
同意	26	32.5	32.5	76.3
非常同意	19	23.8	23.8	100.0
合计	80	100.0	100.0	

如表5-40所示,学生对"各类课程开设门类的数量和比例合理"的态度是:43.8%的学生表示"同意",32.5%表示"一般",20%表示"非常同意",2.5%表示"非常不同意",1.3%表示"不同意"。可知,大多数学生认为各类课程开设门类的数量和比例合理,仅有3.8%的学生认为各类课程开设门类的数量和比例不合理。

表5-40 学生问卷中关于"各类课程开设门类的
数量和比例合理"的现状分布表

各类课程开设门类的 数量和比例合理	频率 (次)	百分比 (%)	有效百分 比(%)	累计百分 比(%)
非常不同意	2	2.5	2.5	2.5
不同意	1	1.3	1.3	3.8
一般	26	32.5	32.5	36.3
同意	35	43.8	43.8	80.0
非常同意	16	20.0	20.0	100.0
合计	80	100.0	100.0	

如表5-41所示,学生对"开设的课程门类满足了学生的学习需求和兴趣"的态度是:41.3%的学生表示"一般",41.3%表示"同意",15%表示"非常同

意",1.3%表示"不同意",1.3%表示"非常不同意"。可知,大多数学生认为开设的课程门类满足了学生的学习需求和兴趣,仅有2.6%的学生认为开设的课程门类没有满足学生的学习需求和兴趣。

表 5-41 学生问卷中关于"开设的课程门类满足了学生的学习需求和兴趣"的现状分布表

开设的课程门类满足了学生的学习需求和兴趣	频率（次）	百分比（%）	有效百分比（%）	累计百分比（%）
非常不同意	1	1.3	1.3	1.3
不同意	1	1.3	1.3	2.5
一般	33	41.3	41.3	43.8
同意	33	41.3	41.3	85.0
非常同意	12	15.0	15.0	100.0
合计	80	100.0	100.0	

如表 5-42 所示,学生对"开设的课程门类更加灵活和实用"的态度是:46.3%的学生表示"同意",32.5%表示"一般",16.3%表示"非常同意",2.5%表示"不同意",2.5%表示"非常不同意"。可知,大多数学生认为开设的课程门类更加灵活和实用,仅有5%的学生认为开设的课程门类并非更加灵活和实用。

表 5-42 学生问卷中关于"开设的课程门类更加灵活和实用"的现状分布表

开设的课程门类更加灵活和实用	频率（次）	百分比（%）	有效百分比（%）	累计百分比（%）
非常不同意	2	2.5	2.5	2.5
不同意	2	2.5	2.5	5.0
一般	26	32.5	32.5	37.5
同意	37	46.3	46.3	83.8
非常同意	13	16.3	16.3	100.0
合计	80	100.0	100.0	

3）学生对课程内容的满意度

如表 5-43 所示,学生对"课程内容符合学生专业的学习需求"的态度是:41.3%的学生表示"同意",33.8%表示"一般",22.5%表示"非常同意",1.3%表示"不同意",1.3%表示"非常不同意"。可知,大多数学生认为课程内容符合学生专业的学习需求,仅有2.6%的学生认为课程内容不符合学生专业的学习需求。

表 5-43 学生问卷中关于"课程内容符合学生专业的学习需求"的现状分布表

课程内容符合学生专业的学习需求	频率（次）	百分比（%）	有效百分比（%）	累计百分比（%）
非常不同意	1	1.3	1.3	1.3
不同意	1	1.3	1.3	2.5
一般	27	33.8	33.8	36.3
同意	33	41.3	41.3	77.5
非常同意	18	22.5	22.5	100.0
合计	80	100.0	100.0	

如表5-44所示,学生对"课程内容具有学科前沿性"的态度是:46.3%的学生表示"同意",31.3%表示"一般",15%表示"非常同意",3.8%表示"不同意",3.8%表示"非常不同意"。可知,大多数学生认为课程内容具有学科前沿性,仅有7.6%的学生认为课程内容不具有学科前沿性。

表 5-44 学生问卷中关于"课程内容具有学科前沿性"的现状分布表

课程内容具有学科前沿性	频率（次）	百分比（%）	有效百分比（%）	累计百分比（%）
非常不同意	3	3.8	3.8	3.8
不同意	3	3.8	3.8	7.5
一般	25	31.3	31.3	38.8
同意	37	46.3	46.3	85.0
非常同意	12	15.0	15.0	100.0
合计	80	100.0	100.0	

如表5-45所示,学生对"课程内容具有很强的理论性和学术性"的态度是:45%的学生表示"同意",28.8%表示"一般",21.3%表示"非常同意",2.5%表示

"不同意",2.5%表示"非常不同意"。可知,大多数学生认为课程内容具有较强的理论性和学术性,仅有5%的学生认为课程内容不具有很强的理论性和学术性。

表5-45 学生问卷中关于"课程内容具有很强的理论性和学术性"的现状分布表

课程内容具有很强的理论性和学术性	频率(次)	百分比(%)	有效百分比(%)	累计百分比(%)
非常不同意	2	2.5	2.5	2.5
不同意	2	2.5	2.5	5.0
一般	23	28.8	28.8	33.8
同意	36	45.0	45.0	78.8
非常同意	17	21.3	21.3	100.0
合计	80	100.0	100.0	

如表5-46所示,学生对"课程内容具有实用性"的态度是:53.8%的学生表示"同意",23.8%表示"一般",16.3%表示"非常同意",3.8%表示"非常不同意",2.5%表示"不同意"。可知,大多数学生认为课程内容具有实用性。

表5-46 学生问卷中关于"课程内容具有实用性"的现状分布表

课程内容具有实用性	频率(次)	百分比(%)	有效百分比(%)	累计百分比(%)
非常不同意	3	3.8	3.8	3.8
不同意	2	2.5	2.5	6.3
一般	19	23.8	23.8	30.0
同意	43	53.8	53.8	83.8
非常同意	13	16.3	16.3	100.0
合计	80	100.0	100.0	

4)学生对课程顺序的满意度

如表5-47所示,学生对"课程的学时安排合理"的态度是:47.5%的学生表示"同意",35%表示"一般",15%表示"非常同意",1.3%表示"不同意",1.3%表示"非常不同意"。可知,大多数学生认为课程学时安排合理,仅有2.5%的学生认为课程的学时安排不合理。

表 5-47 学生问卷中关于"课程的学时安排合理"的现状分布表

课程的学时安排合理	频率（次）	百分比（%）	有效百分比（%）	累计百分比（%）
非常不同意	1	1.3	1.3	1.3
不同意	1	1.3	1.3	2.5
一般	28	35.0	35.0	37.5
同意	38	47.5	47.5	85.0
非常同意	12	15.0	15.0	100.0
合计	80	100.0	100.0	

如表 5-48 所示，学生对"课程开设的顺序包括逻辑性、衔接性等合理"的态度是：41.3%的学生表示"一般"，41.3%表示"同意"，12.5%表示"非常同意"，2.5%表示"不同意"，2.5%表示"非常不同意"。可知，大多数学生认为课程开设的顺序包括逻辑性、衔接性等合理。

表 5-48 学生问卷中关于"课程开设的顺序包括逻辑性、衔接性等合理"的现状分布表

课程开设的顺序包括逻辑性、衔接性等合理	频率（次）	百分比（%）	有效百分比（%）	累计百分比（%）
非常不同意	2	2.5	2.5	2.5
不同意	2	2.5	2.5	5.0
一般	33	41.3	41.3	46.3
同意	33	41.3	41.3	87.5
非常同意	10	12.5	12.5	100.0
合计	80	100.0	100.0	

(2) 学生对职业教育中外合作办学旅游管理专业课程体系构建的反馈

第一，大多数学生认为课程目标十分明确，仅有 5% 的学生认为课程目标不明确，需要进行调整和修改。大多数学生认为课程目标中的要求与学生未来的求职或升学方向一致，仅有 3.8% 的学生认为课程目标中的要求与学生未来的求职或升学方向不一致。大多数学生认为课程目标为专业课程体系构建提供了合理的依据，仅有 7.6% 的学生认为课程目标没有为专业课程体系构建提供合理的依据。大多数学生认为课程目标能满足社会对专业人才培养的要

求和期待,仅有 2.6% 的学生认为课程目标不能满足社会对专业人才培养的要求和期待。

第二,多数学生认为开设的课程类型具有多样性,仅有 2.6% 的学生认为开设的课程类型不具有多样性。多数学生认为各类课程开设门类的数量和比例合理,仅有 3.8% 的学生认为各类课程开设门类的数量和比例不合理。多数学生认为开设的课程门类满足了学生的学习需求和兴趣,仅有 2.6% 的学生认为开设的课程门类没有满足学生的学习需求和兴趣。大多数学生认为开设的课程门类更加灵活和实用,仅有 5% 的学生认为开设的课程门类并非更加灵活和实用。

第三,大多数学生认为课程内容符合学生专业的学习需求,仅有 2.6% 的学生认为课程内容不符合学生专业的学习需求。大多数学生认为课程内容具有学科前沿性,仅有 7.6% 的学生认为课程内容不具有学科前沿性。大多数学生认为课程内容具有较强的理论性和学术性,仅有 5% 的学生认为课程内容不具有很强的理论性和学术性。大多数学生认为课程内容具有实用性。

第四,大多数学生认为课程学时安排合理,仅有 2.5% 的学生认为课程学时安排不合理。大多数学生认为课程开设的顺序包括逻辑性、衔接性等合理。

5.3.2 教师评价及反馈

(1) 教师对职业教育中外合作办学旅游管理专业课程体系构建的评价

1) 教师对课程目标的满意度

如表 5-49 所示,教师对"课程目标十分明确"的态度是:66.7% 的教师表示"同意",23.3% 表示"非常同意",10% 表示"一般"。可知,绝大多数教师认为课程目标十分明确。

表 5-49 教师问卷中关于"课程目标十分明确"的现状分布表

课程目标十分明确	频率(次)	百分比(%)	有效百分比(%)	累计百分比(%)
一般	3	10.0	10.0	10.0
同意	20	66.7	66.7	76.7
非常同意	7	23.3	23.3	100.0
合计	30	100.0	100.0	

如表 5-50 所示,教师对"课程目标中的要求与学生未来的求职或升学方向一致"的态度是:63.3%的教师表示"同意",23.3%表示"非常同意",13.3%表示"一般"。可知,绝大多数教师认为课程目标中的要求与学生未来的求职或升学方向一致。

表 5-50 教师问卷中关于"课程目标中的要求与学生未来的求职或升学方向一致"的现状分布表

课程目标中的要求与学生未来的求职或升学方向一致	频率(次)	百分比(%)	有效百分比(%)	累计百分比(%)
一般	4	13.3	13.3	13.3
同意	19	63.3	63.3	76.7
非常同意	7	23.3	23.3	100.0
合计	30	100.0	100.0	

如表 5-51 所示,教师对"课程目标为专业课程体系构建提供了合理的依据"的态度是:56.7%的教师表示"同意",36.7%表示"非常同意",6.7%表示"一般"。可知,绝大多数教师认为课程目标为专业课程体系构建提供了合理的依据。

表 5-51 教师问卷中关于"课程目标为专业课程体系构建提供了合理的依据"的现状分布表

课程目标为专业课程体系构建提供了合理的依据	频率(次)	百分比(%)	有效百分比(%)	累计百分比(%)
一般	2	6.7	6.7	6.7
同意	17	56.7	56.7	63.3
非常同意	11	36.7	36.7	100.0
合计	30	100.0	100.0	

如表 5-52 所示,教师对"课程目标能满足社会对专业人才培养的要求和期待"的态度是:63.3%的教师表示"同意",20%表示"非常同意",16.7%表示"一般"。可知,绝大多数教师认为课程目标能满足社会对专业人才培养的要求和期待。

5 职业教育中外合作办学专业课程体系构建的实践验证

表 5-52 教师问卷中关于"课程目标能满足社会对专业
人才培养的要求和期待"的现状分布表

课程目标能满足社会对专业人才培养的要求和期待	频率（次）	百分比（%）	有效百分比（%）	累计百分比（%）
一般	5	16.7	16.7	16.7
同意	19	63.3	63.3	80.0
非常同意	6	20.0	20.0	100.0
合计	30	100.0	100.0	

2）教师对课程结构的满意度

如表 5-53 所示，教师对"开设的课程类型具有多样性"的态度是：63.3%的教师表示"同意"，20%表示"一般"，16.7%表示"非常同意"。可知，绝大多数教师认为开设的课程类型具有多样性。

表 5-53 教师问卷中关于"开设的课程类型具有多样性"的现状分布表

开设的课程类型具有多样性	频率（次）	百分比（%）	有效百分比（%）	累计百分比（%）
一般	6	20.0	20.0	20.0
同意	19	63.3	63.3	83.3
非常同意	5	16.7	16.7	100.0
合计	30	100.0	100.0	

如表 5-54 所示，教师对"各类课程开设门类的数量和比例合理"的态度是：70%的教师表示"同意"，16.7%表示"一般"，13.3%表示"非常同意"。可知，绝大多数教师认为各类课程开设门类的数量和比例合理。

表 5-54 教师问卷中关于"各类课程开设门类的
数量和比例合理"的现状分布表

各类课程开设门类的数量和比例合理	频率（次）	百分比（%）	有效百分比（%）	累计百分比（%）
一般	5	16.7	16.7	16.7
同意	21	70.0	70.0	86.7
非常同意	4	13.3	13.3	100.0
合计	30	100.0	100.0	

如表 5-55 所示,教师对"开设的课程门类满足了学生的学习需求和兴趣"的态度是:63.3%的教师表示"同意",20%表示"一般",16.7%表示"非常同意"。可知,绝大多数教师认为开设的课程门类满足了学生的学习需求和兴趣。

表 5-55 教师问卷中关于"开设的课程门类满足了学生的学习需求和兴趣"的现状分布表

开设的课程门类满足了学生的学习需求和兴趣	频率(次)	百分比(%)	有效百分比(%)	累计百分比(%)
一般	6	20.0	20.0	20.0
同意	19	63.3	63.3	83.3
非常同意	5	16.7	16.7	100.0
合计	30	100.0	100.0	

如表 5-56 所示,教师对"开设的课程门类更加灵活和实用"的态度是:63.3%的教师表示"同意",23.3%表示"一般",13.3%表示"非常同意"。可知,绝大多数教师认为开设的课程门类更加灵活和实用。

表 5-56 教师问卷中关于"开设的课程门类更加灵活和实用"的现状分布表

开设的课程门类更加灵活和实用	频率(次)	百分比(%)	有效百分比(%)	累计百分比(%)
一般	7	23.3	23.3	23.3
同意	19	63.3	63.3	86.7
非常同意	4	13.3	13.3	100.0
合计	30	100.0	100.0	

3) 教师对课程内容的满意度

如表 5-57 所示,教师对"课程内容符合学生专业的学习需求"的态度是:60%的教师表示"同意",30%表示"非常同意",10%表示"一般"。可知,绝大多数教师认为课程内容符合学生专业的学习需求。

如表 5-58 所示,教师对"课程内容具有学科前沿性"的态度是:70%的教师表示"同意",20%表示"非常同意",10%表示"一般"。可知,绝大多数教师认为课程内容具有学科前沿性。

5 职业教育中外合作办学专业课程体系构建的实践验证

表 5-57 教师问卷中关于"课程内容符合学生专业的学习需求"的现状分布表

课程内容符合学生专业的学习需求	频率（次）	百分比（%）	有效百分比（%）	累计百分比（%）
一般	3	10.0	10.0	10.0
同意	18	60.0	60.0	70.0
非常同意	9	30.0	30.0	100.0
合计	30	100.0	100.0	

表 5-58 教师问卷中关于"课程内容具有学科前沿性"的现状分布表

课程内容具有学科前沿性	频率（次）	百分比（%）	有效百分比（%）	累计百分比（%）
一般	3	10.0	10.0	10.0
同意	21	70.0	70.0	80.0
非常同意	6	20.0	20.0	100.0
合计	30	100.0	100.0	

如表 5-59 所示，教师对"课程内容具有很强的理论性和学术性"的态度是：63.3%的教师表示"同意"，20%表示"一般"，16.7%表示"非常同意"。可知，绝大多数教师认为课程内容具有很强的理论性和学术性。

表 5-59 教师问卷中关于"课程内容具有很强的理论性和学术性"的现状分布表

课程内容具有很强的理论性和学术性	频率（次）	百分比（%）	有效百分比（%）	累计百分比（%）
一般	6	20.0	20.0	20.0
同意	19	63.3	63.3	83.3
非常同意	5	16.7	16.7	100.0
合计	30	100.0	100.0	

如表 5-60 所示，教师对"课程内容具有实用性"的态度是：80%的教师表示"同意"，16.7%表示"非常同意"，3.3%表示"一般"。可知，绝大多数教师认为课程内容具有实用性。

表 5-60 教师问卷中关于"课程内容具有实用性"的现状分布表

课程内容具有实用性	频率（次）	百分比（%）	有效百分比（%）	累计百分比（%）
一般	1	3.3	3.3	3.3
同意	24	80.0	80.0	83.3
非常同意	5	16.7	16.7	100.0
合计	30	100.0	100.0	

4）教师对课程顺序的满意度

如表 5-61 所示，教师对"课程的学时安排合理"的态度是：46.7%的教师表示"同意"，40%表示"一般"，13.3%表示"非常同意"。可知，绝大多数教师认为课程的学时安排合理。

表 5-61 教师问卷中关于"课程的学时安排合理"的现状分布表

课程的学时安排合理	频率（次）	百分比（%）	有效百分比（%）	累计百分比（%）
一般	12	40.0	40.0	40.0
同意	14	46.7	46.7	86.7
非常同意	4	13.3	13.3	100.0
合计	30	100.0	100.0	

如表 5-62 所示，教师对"课程开设的顺序包括逻辑性、衔接性等合理"的态度是：40%的教师表示"同意"，33.3%表示"一般"，26.7%表示"非常同意"。可知，绝大多数教师认为课程开设的顺序包括逻辑性、衔接性等合理。

表 5-62 教师问卷中关于"课程开设的顺序包括逻辑性、衔接性等合理"的现状分布表

课程开设的顺序包括逻辑性、衔接性等合理	频率（次）	百分比（%）	有效百分比（%）	累计百分比（%）
一般	10	33.3	33.3	33.3
同意	12	40.0	40.0	73.3
非常同意	8	26.7	26.7	100.0
合计	30	100.0	100.0	

(2) 教师对职业教育中外合作办学旅游管理专业课程体系构建的反馈

第一,绝大多数教师认为课程目标十分明确。绝大多数教师认为课程目标中的要求与学生未来的求职或升学方向一致。绝大多数教师认为课程目标为专业课程体系构建提供了合理的依据。绝大多数教师认为课程目标能满足社会对专业人才培养的要求和期待。

第二,绝大多数教师认为开设的课程类型具有多样性。绝大多数教师认为各类课程开设门类的数量和比例合理。绝大多数教师认为开设的课程门类满足了学生的学习需求和兴趣。绝大多数教师认为开设的课程门类更加灵活和实用。

第三,绝大多数教师认为课程内容符合学生专业的学习需求。绝大多数教师认为课程内容具有学科前沿性。绝大多数教师认为课程内容具有很强的理论性和学术性。绝大多数教师认为课程内容具有实用性。

第四,绝大多数教师认为课程的学时安排合理。绝大多数教师认为课程开设的顺序包括逻辑性、衔接性等合理。

5.3.3 企业评价及反馈

(1) 企业对职业教育中外合作办学旅游管理专业课程体系构建的评价

1) 企业对课程目标的满意度

如表 5-63 所示,企业对"课程目标十分明确"的态度是:45%的企业受访者表示"同意",30%表示"一般",20%表示"不同意",5%表示"非常同意"。可知,多数企业受访者认为课程目标十分明确,20%的企业受访者认为课程目标不明确,需要进行调整和修改。

表 5-63 企业问卷中关于"课程目标十分明确"的现状分布表

课程目标十分明确	频率(次)	百分比(%)	有效百分比(%)	累计百分比(%)
不同意	4	20.0	20.0	20.0
一般	6	30.0	30.0	50.0
同意	9	45.0	45.0	95.0
非常同意	1	5.0	5.0	100.0
合计	20	100.0	100.0	

如表 5-64 所示,企业受访者对"课程目标中的要求与学生未来的求职或升学方向一致"的态度是:50%的企业受访者表示"同意",35%表示"一般",10%表示"非常不同意",5%表示"非常同意"。可知,多数企业受访者认为课程目标中的要求与学生未来的求职或升学方向一致,仅有10%的企业受访者认为课程目标中的要求与学生未来的求职或升学方向不一致。

表 5-64 企业问卷中关于"课程目标中的要求与学生未来的求职或升学方向一致"的现状分布表

课程目标中的要求与学生未来的求职或升学方向一致	频率（次）	百分比（%）	有效百分比（%）	累计百分比（%）
非常不同意	2	10.0	10.0	10.0
一般	7	35.0	35.0	45.0
同意	10	50.0	50.0	95.0
非常同意	1	5.0	5.0	100.0
合计	20	100.0	100.0	

如表 5-65 所示,企业受访者对"课程目标为专业课程体系构建提供了合理的依据"的态度是:45%的企业受访者表示"一般",30%表示"同意",15%表示"非常同意",10%表示"不同意"。可知,多数企业受访者认为课程目标为专业课程体系构建提供了合理的依据,仅有10%的企业受访者认为课程目标没有为专业课程体系构建提供合理的依据。

表 5-65 企业问卷中关于"课程目标为专业课程体系构建提供了合理的依据"的现状分布表

课程目标为专业课程体系构建提供了合理的依据	频率（次）	百分比（%）	有效百分比（%）	累计百分比（%）
不同意	2	10.0	10.0	10.0
一般	9	45.0	45.0	55.0
同意	6	30.0	30.0	85.0
非常同意	3	15.0	15.0	100.0
合计	20	100.0	100.0	

如表 5-66 所示,企业受访者对"课程目标能满足社会对专业人才培养的要求和期待"的态度是:55%的企业受访者表示"同意",20%表示"一般",15%表示"不同意",10%表示"非常同意"。可知,大多数企业受访者认为课程目标能满足社会对专业人才培养的要求和期待,仅有 15%的企业受访者认为课程目标不能满足社会对专业人才培养的要求和期待。

表 5-66 企业问卷中关于"课程目标能满足社会对专业人才培养的要求和期待"的现状分布表

课程目标能满足社会对专业人才培养的要求和期待	频率(次)	百分比(%)	有效百分比(%)	累计百分比(%)
不同意	3	15.0	15.0	15.0
一般	4	20.0	20.0	35.0
同意	11	55.0	55.0	90.0
非常同意	2	10.0	10.0	100.0
合计	20	100.0	100.0	

2) 企业对课程结构的满意度

如表 5-67 所示,企业受访者对"开设的课程类型具有多样性"的态度是:70%的企业受访者表示"同意",15%表示"不同意",10%表示"一般",5%表示"非常同意"。可知,大多数企业受访者认为开设的课程类型具有多样性,仅有 15%的企业受访者认为开设的课程类型不具有多样性。

表 5-67 企业问卷中关于"开设的课程类型具有多样性"的现状分布表

开设的课程类型具有多样性	频率(次)	百分比(%)	有效百分比(%)	累计百分比(%)
不同意	3	15.0	15.0	15.0
一般	2	10.0	10.0	25.0
同意	14	70.0	70.0	95.0
非常同意	1	5.0	5.0	100.0
合计	20	100.0	100.0	

如表 5-68 所示,企业受访者对"各类课程开设门类的数量和比例合理"的态度是:30%的企业受访者表示"一般",30%表示"同意",15%表示"不同

意",15%表示"非常不同意",10%表示"非常同意"。可知,多数企业受访者认为各类课程开设门类的数量和比例合理,30%的企业受访者认为各类课程开设门类的数量和比例不合理。

表 5-68 企业问卷中关于"各类课程开设门类的数量和比例合理"的现状分布表

各类课程开设门类的数量和比例合理	频率(次)	百分比(%)	有效百分比(%)	累计百分比(%)
非常不同意	3	15.0	15.0	15.0
不同意	3	15.0	15.0	30.0
一般	6	30.0	30.0	60.0
同意	6	30.0	30.0	90.0
非常同意	2	10.0	10.0	100.0
合计	20	100.0	100.0	

如表 5-69 所示,企业受访者对"开设的课程门类满足了学生的学习需求和兴趣"的态度是:45%的企业受访者表示"一般",40%表示"同意",15%表示"不同意"。可知,多数企业受访者认为开设的课程门类满足了学生的学习需求和兴趣,仅有15%的企业受访者认为开设的课程门类没有满足学生的学习需求和兴趣。

表 5-69 企业问卷中关于"开设的课程门类满足了学生的学习需求和兴趣"的现状分布表

开设的课程门类满足了学生的学习需求和兴趣	频率(次)	百分比(%)	有效百分比(%)	累计百分比(%)
不同意	3	15.0	15.0	15.0
一般	9	45.0	45.0	60.0
同意	8	40.0	40.0	100.0
合计	20	100.0	100.0	

如表 5-70 所示,企业受访者对"开设的课程门类更加灵活和实用"的态度是:45%的企业受访者表示"同意",20%表示"一般",15%表示"不同意",15%表示"非常不同意"。可知,多数企业受访者认为开设的课程门类更加灵活和实

用,30%的企业受访者认为开设的课程门类并非更加灵活和实用。

表 5-70 企业问卷中关于"开设的课程门类更加灵活和实用"的现状分布表

开设的课程门类更加灵活和实用	频率（次）	百分比（%）	有效百分比（%）	累计百分比（%）
非常不同意	3	15.0	15.0	15.0
不同意	3	15.0	15.0	30.0
一般	4	20.0	20.0	50.0
同意	9	45.0	45.0	95.0
非常同意	1	5.0	5.0	100.0
合计	20	100.0	100.0	

3）企业对课程内容的满意度

如表 5-71 所示,企业受访者对"课程内容符合学生专业的学习需求"的态度是：50%的企业受访者表示"同意",25%表示"不同意",15%表示"一般",5%表示"非常不同意"。可知,多数企业受访者认为课程内容符合学生专业的学习需求,30%的企业受访者认为课程内容不符合学生专业的学习需求。

表 5-71 企业问卷中关于"课程内容符合学生专业的学习需求"的现状分布表

课程内容符合学生专业的学习需求	频率（次）	百分比（%）	有效百分比（%）	累计百分比（%）
非常不同意	1	5.0	5.0	5.0
不同意	5	25.0	25.0	30.0
一般	3	15.0	15.0	45.0
同意	10	50.0	50.0	95.0
非常同意	1	5.0	5.0	100.0
合计	20	100.0	100.0	

如表 5-72 所示,企业受访者对"课程内容具有学科前沿性"的态度是：50%的企业受访者表示"一般",20%表示"同意",20%表示"不同意",10%表示"非常不同意"。可知,大多数企业受访者认为课程内容具有学科前沿性,30%的企业受访者认为课程内容不具有学科前沿性。

表5-72　企业问卷中关于"课程内容具有学科前沿性"的现状分布表

课程内容具有学科前沿性	频率（次）	百分比（%）	有效百分比（%）	累计百分比（%）
非常不同意	2	10.0	10.0	10.0
不同意	4	20.0	20.0	30.0
一般	10	50.0	50.0	80.0
同意	4	20.0	20.0	100.0
合计	20	100.0	100.0	

如表5-73所示，企业受访者对"课程内容具有很强的理论性和学术性"的态度是：40%的企业受访者表示"同意"，35%表示"一般"，15%表示"不同意"，10%表示"非常同意"。可知，多数企业受访者认为课程内容具有很强的理论性和学术性，15%的企业受访者认为课程内容不具有很强的理论性和学术性。

表5-73　企业问卷中关于"课程内容具有很强的理论性和学术性"的现状分布表

课程内容具有很强的理论性和学术性	频率（次）	百分比（%）	有效百分比（%）	累计百分比（%）
不同意	3	15.0	15.0	15.0
一般	7	35.0	35.0	50.0
同意	8	40.0	40.0	90.0
非常同意	2	10.0	10.0	100.0
合计	20	100.0	100.0	

如表5-74所示，企业受访者对"课程内容具有实用性"的态度是：50%的企业受访者表示"一般"，35%表示"同意"，15%表示"非常同意"。可知，绝大多数企业受访者认为课程内容具有实用性。

表5-74　企业问卷中关于"课程内容具有实用性"的现状分布表

课程内容具有实用性	频率（次）	百分比（%）	有效百分比（%）	累计百分比（%）
一般	10	50.0	50.0	50.0
同意	7	35.0	35.0	85.0
非常同意	3	15.0	15.0	100.0
合计	20	100.0	100.0	

4) 企业对课程顺序的满意度

如表 5-75 所示,企业受访者对"课程的学时安排合理"的态度是：40％的企业受访者表示"一般",35％表示"同意",25％表示"不同意"。可知,大多数企业受访者认为课程的学时安排合理。

表 5-75 企业问卷中关于"课程的学时安排合理"的现状分布表

课程的学时安排合理	频率（次）	百分比（％）	有效百分比（％）	累计百分比（％）
不同意	5	25.0	25.0	25.0
一般	8	40.0	40.0	65.0
同意	7	35.0	35.0	100.0
合计	20	100.0	100.0	

如表 5-76 所示,企业受访者对"课程开设的顺序包括逻辑性、衔接性等合理"的态度是：45％的企业受访者表示"一般",35％表示"同意",20％表示"不同意"。可知,多数企业受访者认为课程开设的顺序包括逻辑性、衔接性等合理。

表 5-76 企业问卷中关于"课程开设的顺序包括逻辑性、衔接性等合理"的现状分布表

课程开设的顺序包括逻辑性、衔接性等合理	频率（次）	百分比（％）	有效百分比（％）	累计百分比（％）
不同意	4	20.0	20.0	20.0
一般	9	45.0	45.0	65.0
同意	7	35.0	35.0	100.0
合计	20	100.0	100.0	

(2) 企业对职业教育中外合作办学旅游管理专业课程体系构建的反馈

第一,多数企业受访者认为课程目标十分明确,20％的企业受访者认为课程目标不明确,需要进行调整和修改。多数企业受访者认为课程目标中的要求与学生未来的求职或升学方向一致,仅有 10％的企业受访者认为课程目标中的要求与学生未来的求职或升学方向不一致。多数企业受访者认为课程目标为专业课程体系构建提供了合理的依据,仅有 10％的企业受访者认为课程目标没有为专业课程体系构建提供合理的依据。大多数企业受访者认为课程目标能满足社会对专业人才培养的要求和期待,仅有 15％的企业受访者认为课程目标不能满

足社会对专业人才培养的要求和期待。

第二,大多数企业受访者认为开设的课程类型具有多样性,仅有15%的企业受访者认为开设的课程类型不具有多样性。多数企业受访者认为各类课程开设门类的数量和比例合理,30%的企业受访者认为各类课程开设门类的数量和比例不合理。多数企业受访者认为开设的课程门类满足了学生的学习需求和兴趣,仅有15%的企业受访者认为开设的课程门类没有满足学生的学习需求和兴趣。多数企业受访者认为开设的课程门类更加灵活和实用,30%的企业受访者认为开设的课程门类并非更加灵活和实用。

第三,多数企业受访者认为课程内容符合学生专业的学习需求,30%的企业受访者认为课程内容不符合学生专业的学习需求。大多数企业受访者认为课程内容具有学科前沿性,30%的企业受访者认为课程内容不具有学科前沿性。大多数企业受访者认为课程内容具有很强的理论性和学术性,15%的企业受访者认为课程内容不具有很强的理论性和学术性。绝大多数企业受访者认为课程内容具有实用性。

第四,大多数企业受访者认为课程的学时安排合理。多数企业受访者认为课程开设的顺序包括逻辑性、衔接性等合理。

5.3.4 学生、教师、企业评价的差异比较

(1) 关于课程目标满意度的差异比较分析

1) 关于"课程目标十分明确"的差异比较分析

在表5-77中,学生的均值为3.79,教师的均值为4.13,企业受访者的均值为3.35,其中企业受访者对"课程目标十分明确"的总体评价最低,教师对"课程目标十分明确"的总体评价最高。$F=5.631$,$p=0.005<0.05$,表明学生、教师和企业受访者关于"课程目标十分明确"的评价存在显著差异。

表5-77 学生、教师、企业问卷中关于"课程目标十分明确"的描述性分析比较

	N	均值	标准差	标准误	均值的95%置信区间		极小值	极大值
					下限	上限		
学生	80	3.79	0.867	0.097	3.59	3.98	1	5
教师	30	4.13	0.571	0.104	3.92	4.35	3	5

续表

	N	均值	标准差	标准误	均值的95%置信区间		极小值	极大值
					下限	上限		
企业	20	3.35	0.875	0.196	2.94	3.76	2	5
总数	130	3.80	0.839	0.074	3.65	3.95	1	5

单因素方差分析

	平方和	DF	均方	F	显著性
组间	7.396	2	3.698	5.631	0.005
组内	83.404	127	0.657		
总数	90.800	129			

2) 关于"课程目标中的要求与学生未来的求职或升学方向一致"的差异比较分析

在表5-78中,学生的均值为3.75,教师的均值为4.10,企业受访者的均值为3.40,其中企业受访者对"课程目标中的要求与学生未来的求职或升学方向一致"的总体评价最低,教师对"课程目标中的要求与学生未来的求职或升学方向一致"的总体评价最高。$F=4.878$,$p=0.009<0.05$,表明学生、教师和企业受访者关于"课程目标中的要求与学生未来的求职或升学方向一致"的评价存在显著差异。

表5-78 学生、教师、企业问卷中关于"课程目标中的要求与学生未来的求职或升学方向一致"的描述性分析比较

	N	均值	标准差	标准误	均值的95%置信区间		极小值	极大值
					下限	上限		
学生	80	3.75	0.788	0.088	3.57	3.93	1	5
教师	30	4.10	0.607	0.111	3.87	4.33	3	5
企业	20	3.40	0.995	0.222	2.93	3.87	1	5
总数	130	3.78	0.809	0.071	3.64	3.92	1	5

单因素方差分析

	平方和	DF	均方	F	显著性
组间	6.031	2	3.015	4.878	0.009
组内	78.500	127	0.618		
总数	84.531	129			

3) 关于"课程目标为专业课程体系构建提供了合理的依据"的差异比较分析

在表5-79中,学生的均值为3.75,教师的均值为4.30,企业受访者的均值为3.50,其中企业受访者对"课程目标为专业课程体系构建提供了合理的依据"的总体评价最低,教师对"课程目标为专业课程体系构建提供了合理的依据"的总体评价最高。$F=6.137, p=0.003<0.05$,表明学生、教师和企业受访者关于"课程目标为专业课程体系构建提供了合理的依据"的评价存在显著差异。

表5-79 学生、教师、企业问卷中关于"课程目标为专业课程体系构建提供了合理的依据"的描述性分析比较

	N	均值	标准差	标准误	均值的95%置信区间		极小值	极大值
					下限	上限		
学生	80	3.75	0.948	0.106	3.54	3.96	1	5
教师	30	4.30	0.596	0.109	4.08	4.52	3	5
企业	20	3.50	0.889	0.199	3.08	3.92	2	5
总数	130	3.84	0.905	0.079	3.68	4.00	1	5

单因素方差分析

	平方和	DF	均方	F	显著性
组间	9.308	2	4.654	6.137	0.003
组内	96.300	127	0.758		
总数	105.608	129			

4) 关于"课程目标能满足社会对专业人才的要求和期待"的差异比较分析

在表 5-80 中,学生的均值为 3.71,教师的均值为 4.03,企业受访者的均值为 3.60,其中企业受访者对"课程目标能满足社会对专业人才的要求和期待"的总体评价最低,教师对"课程目标能满足社会对专业人才的要求和期待"的总体评价最高。$F=2.503$,$p=0.086>0.05$,表明学生、教师和企业受访者关于"课程目标能满足社会对专业人才的要求和期待"的评价不存在显著差异。

表 5-80 学生、教师、企业问卷中关于"课程目标能满足社会对专业人才的要求和期待"的描述性分析比较

	N	均值	标准差	标准误	均值的95%置信区间 下限	均值的95%置信区间 上限	极小值	极大值
学生	80	3.71	0.783	0.088	3.54	3.89	1	5
教师	30	4.03	0.615	0.112	3.80	4.26	3	5
企业	20	3.60	0.883	0.197	3.19	4.01	2	5
总数	130	3.77	0.773	0.068	3.64	3.90	1	5

单因素方差分析

	平方和	DF	均方	F	显著性
组间	2.923	2	1.461	2.503	0.086
组内	74.154	127	0.584		
总数	77.077	129			

(2) 关于课程结构满意度的差异比较分析

1) 关于"开设的课程类型具有多样性"的差异比较分析

在表 5-81 中,学生的均值为 3.76,教师的均值为 3.97,企业受访者的均值为 3.65,其中企业受访者对"开设的课程类型具有多样性"的总体评价最低,教师对"开设的课程类型具有多样性"的总体评价最高。$F=1.049$,$p=0.353>0.05$,表明学生、教师和企业受访者关于"开设的课程类型具有多样性"的评价不存在显著差异。

表 5-81　学生、教师、企业问卷中关于"开设的课程类型具有多样性"的描述性分析比较

	N	均值	标准差	标准误	均值的95%置信区间		极小值	极大值
					下限	上限		
学生	80	3.76	0.875	0.098	3.57	3.96	1	5
教师	30	3.97	0.615	0.112	3.74	4.20	3	5
企业	20	3.65	0.813	0.182	3.27	4.03	2	5
总数	130	3.79	0.814	0.071	3.65	3.93	1	5

单因素方差分析

	平方和	DF	均方	F	显著性
组间	1.388	2	0.694	1.049	0.353
组内	84.004	127	0.661		
总数	85.392	129			

2)"各类课程开设门类的数量和比例合理"的差异比较分析

在表 5-82 中,学生的均值为 3.78,教师的均值为 3.97,企业受访者的均值为 3.05,其中企业受访者对"各类课程开设门类的数量和比例合理"的总体评价最低,教师对"各类课程开设门类的数量和比例合理"的总体评价最高。$F=7.154$,$p=0.001<0.05$,表明学生、教师和企业受访者对"各类课程开设门类的数量和比例合理"的评价存在显著差异。

表 5-82　学生、教师、企业问卷中关于"各类课程开设门类的数量和比例合理"的描述性分析比较

	N	均值	标准差	标准误	均值的95%置信区间		极小值	极大值
					下限	上限		
学生	80	3.78	0.871	0.097	3.58	3.97	1	5
教师	30	3.97	0.556	0.102	3.76	4.17	3	5
企业	20	3.05	1.234	0.276	2.47	3.63	1	5
总数	130	3.71	0.919	0.081	3.55	3.87	1	5

单因素方差分析

	平方和	DF	均方	F	显著性
组间	11.026	2	5.513	7.154	0.001
组内	97.867	127	0.771		
总数	108.892	129			

3) 关于"开设的课程门类满足了学生的学习需求和兴趣"的差异比较分析

在表5-83中,学生的均值为3.68,教师的均值为3.97,企业受访者的均值为3.25,其中企业受访者对"开设的课程门类满足了学生的学习需求和兴趣"的总体评价最低,教师对"开设的课程门类满足了学生的学习需求和兴趣"的总体评价最高。$F=5.571$,$p=0.005<0.05$,表明学生、教师和企业受访者关于"开设的课程门类满足了学生的学习需求和兴趣"的评价存在显著差异。

表5-83 学生、教师、企业问卷中关于"开设的课程门类满足了学生的学习需求和兴趣"的描述性分析比较

	N	均值	标准差	标准误	均值的95%置信区间		极小值	极大值
					下限	上限		
学生	80	3.68	0.792	0.089	3.50	3.85	1	5
教师	30	3.97	0.615	0.112	3.74	4.20	3	5
企业	20	3.25	0.716	0.160	2.91	3.59	2	4
总数	130	3.68	0.770	0.068	3.54	3.81	1	5

单因素方差分析

	平方和	DF	均方	F	显著性
组间	6.164	2	3.082	5.571	0.005
组内	70.267	127	0.553		
总数	76.431	129			

4) 关于"开设的课程门类更加灵活和实用"的差异比较分析

在表 5-84 中,学生的均值为 3.71,教师的均值为 3.90,企业受访者的均值为 3.10,其中企业受访者对"开设的课程门类更加灵活和实用"的总体评价最低,教师对"开设的课程门类更加灵活和实用"的总体评价最高。$F=5.388$,$p=0.006<0.05$,表明学生、教师和企业受访者关于"开设的课程门类更加灵活和实用"的评价存在显著差异。

表 5-84　学生、教师、企业问卷中关于"开设的课程门类更加灵活和实用"的描述性分析比较

	N	均值	标准差	标准误	均值的95%置信区间		极小值	极大值
					下限	上限		
学生	80	3.71	0.860	0.096	3.52	3.90	1	5
教师	30	3.90	0.607	0.111	3.67	4.13	3	5
企业	20	3.10	1.210	0.270	2.53	3.67	1	5
总数	130	3.66	0.903	0.079	3.50	3.82	1	5

单因素方差分析

	平方和	DF	均方	F	显著性
组间	8.220	2	4.110	5.388	0.006
组内	96.888	127	0.763		
总数	105.108	129			

(3) 关于课程内容满意度的差异比较分析

1) 关于"课程内容符合学生专业的学习需求"的差异比较分析

在表 5-85 中,学生的均值为 3.83,教师的均值为 4.20,企业受访者的均值为 3.25,其中企业受访者对"课程内容符合学生专业的学习需求"的总体评价最低,教师对"课程内容符合学生专业的学习需求"的总体评价最高。$F=7.807$,$p=0.001<0.05$,表明学生、教师和企业受访者关于"课程内容符合学生专业的学习需求"的评价存在显著差异。

表 5-85 学生、教师、企业问卷中关于"课程内容符合学生专业的学习需求"的描述性分析比较

	N	均值	标准差	标准误	均值的95%置信区间		极小值	极大值
					下限	上限		
学生	80	3.83	0.839	0.094	3.64	4.01	1	5
教师	30	4.20	0.610	0.111	3.97	4.43	3	5
企业	20	3.25	1.070	0.239	2.75	3.75	1	5
总数	130	3.82	0.876	0.077	3.67	3.98	1	5

单因素方差分析

	平方和	DF	均方	F	显著性
组间	10.831	2	5.415	7.807	0.001
组内	88.100	127	0.694		
总数	98.931	129			

2) 关于"课程内容具有学科前沿性"的差异比较分析

在表 5-86 中,学生的均值为 3.65,教师的均值为 4.10,企业受访者的均值为 2.80,其中企业受访者对"课程内容具有学科前沿性"的总体评价最低,教师对"课程内容具有学科前沿性"的总体评价最高。$F=14.399$,$p=0.000<0.05$,表明学生、教师和企业受访者关于"课程内容具有学科前沿性"的评价存在显著差异。

表 5-86 学生、教师、企业问卷中关于"课程内容具有学科前沿性"的描述性分析比较

	N	均值	标准差	标准误	均值的95%置信区间		极小值	极大值
					下限	上限		
学生	80	3.65	0.915	0.102	3.45	3.85	1	5
教师	30	4.10	0.548	0.100	3.90	4.30	3	5
企业	20	2.80	0.894	0.200	2.38	3.22	1	4
总数	130	3.62	0.926	0.081	3.46	3.78	1	5

单因素方差分析

	平方和	DF	均方	F	显著性
组间	20.431	2	10.215	14.399	0.000
组内	90.100	127	0.709		
总数	110.531	129			

3) 关于"课程内容具有很强的理论性和学术性"的差异比较分析

在表5-87中,学生的均值为3.80,教师的均值为3.97,企业受访者的均值为3.45,其中企业受访者对"课程内容具有很强的理论性和学术性"的总体评价最低,教师对"课程内容具有很强的理论性和学术性"的总体评价最高。F=2.328,p=0.102＞0.05,表明学生、教师和企业受访者关于"课程内容具有很强的理论性和学术性"的评价不存在显著差异。

表5-87 学生、教师、企业问卷中关于"课程内容具有很强的理论性和学术性"的描述性分析比较

	N	均值	标准差	标准误	均值的95%置信区间		极小值	极大值
					下限	上限		
学生	80	3.80	0.892	0.100	3.60	4.00	1	5
教师	30	3.97	0.615	0.112	3.74	4.20	3	5
企业	20	3.45	0.887	0.198	3.03	3.87	2	5
总数	130	3.78	0.844	0.074	3.64	3.93	1	5

单因素方差分析

	平方和	DF	均方	F	显著性
组间	3.253	2	1.626	2.328	0.102
组内	88.717	127	0.699		
总数	91.969	129			

4) 关于"课程内容具有实用性"的差异比较分析

在表 5-88 中,学生的均值为 3.76,教师的均值为 4.13,企业受访者的均值为 3.65,其中企业受访者对"课程内容具有实用性"的总体评价最低,教师对"课程内容具有实用性"的总体评价最高。$F=3.052$,$p=0.051>0.05$,表明学生、教师和企业受访者关于"课程内容具有实用性"的评价不存在显著差异。

表 5-88　学生、教师、企业问卷中关于"课程内容具有实用性"的描述性分析比较

	N	均值	标准差	标准误	均值的95%置信区间 下限	均值的95%置信区间 上限	极小值	极大值
学生	80	3.76	0.889	0.099	3.56	3.96	1	5
教师	30	4.13	0.434	0.079	3.97	4.30	3	5
企业	20	3.65	0.745	0.167	3.30	4.00	3	5
总数	130	3.83	0.799	0.070	3.69	3.97	1	5

单因素方差分析

	平方和	DF	均方	F	显著性
组间	3.773	2	1.886	3.052	0.051
组内	78.504	127	0.618		
总数	82.277	129			

(4) 关于课程顺序满意度的差异比较分析

1) 关于"课程的学时安排合理"的差异比较分析

在表 5-89 中,学生的均值为 3.74,教师的均值为 3.73,企业受访者的均值为 3.10,其中企业受访者对"课程的学时安排合理"的总体评价最低,学生对"课程的学时安排合理"的总体评价最高。$F=5.949$,$p=0.003<0.05$,表明学生、教师和企业受访者关于"课程的学时安排合理"的评价存在显著差异。

表 5-89 学生、教师、企业问卷中关于"课程的学时安排合理"的描述性分析比较

	N	均值	标准差	标准误	均值的95%置信区间		极小值	极大值
					下限	上限		
学生	80	3.74	0.775	0.087	3.56	3.91	1	5
教师	30	3.73	0.691	0.126	3.48	3.99	3	5
企业	20	3.10	0.788	0.176	2.73	3.47	2	4
总数	130	3.64	0.788	0.069	3.50	3.78	1	5

单因素方差分析

	平方和	DF	均方	F	显著性
组间	6.854	2	3.427	5.949	0.003
组内	73.154	127	0.576		
总数	80.008	129			

2) 关于"课程开设的顺序包括逻辑性、衔接性等合理"的差异比较分析

在表 5-90 中,学生的均值为 3.59,教师的均值为 3.93,企业受访者的均值为 3.15,其中企业受访者对"课程开设的顺序包括逻辑性、衔接性等合理"的总体评价最低,教师对"课程开设的顺序包括逻辑性、衔接性等合理"的总体评价最高。$F=5.604$,$p=0.005<0.05$,表明学生、教师和企业受访者关于"课程开设的顺序包括逻辑性、衔接性等合理"的评价存在显著差异。

表 5-90 学生、教师、企业问卷中关于"课程开设的顺序包括逻辑性、衔接性等合理"的描述性分析比较

	N	均值	标准差	标准误	均值的95%置信区间		极小值	极大值
					下限	上限		
学生	80	3.59	0.837	0.094	3.40	3.77	1	5
教师	30	3.93	0.785	0.143	3.64	4.23	3	5
企业	20	3.15	0.745	0.167	2.80	3.50	2	4
总数	130	3.60	0.841	0.074	3.45	3.75	1	5

单因素方差分析

	平方和	DF	均 方	F	显著性
组间	7.396	2	3.698	5.604	0.005
组内	83.804	127	0.660		
总数	91.200	129			

5.3.5 结论

学生、教师和企业对课程目标、课程结构、课程内容、课程顺序的建议和需求,可以通过职业教育专业课程体系构建模型实现动态的调整和有效的满足。

随着经济技术环境的不断创新和更迭,作为专业课程体系顾客的学生、教师和企业的需求也会随之不断地发生变化,在一些方面学生、教师和企业对课程方案有预期空间,比如关于"各类课程开设门类的数量和比例合理""开设的课程门类更加灵活和实用""课程内容符合学生专业的学习需求""课程内容具有学科前沿性"的调查显示,企业受访者的认可率不算太高,这就意味着需要对课程方案进行进一步的优化调整。

参 考 文 献

一、中文文献

(一) 图书

[1] 陈侠.课程论[M].北京：人民教育出版社,1989.

[2] 顾明远.教育大辞典(增编合订本)[Z].上海：上海教育出版社,1997.

[3] 江山野.简明国际教育百科全书·课程[M].北京：教育科学出版社,1991.

[4] 廖哲勋,田慧生.课程新论[M].北京：教育科学出版社,2003.

[5] 林智中,陈健生,张爽.课程组织[M].北京：教育科学出版社,2006.

[6] 马尔特比,等.生态系统管理：科学与社会问题[M].康乐,韩兴国,等译.北京：科学出版社,2003.

[7] 潘懋元,王伟廉.高等教育学[M].福州：福建教育出版社,1995.

[8] 秦现生.质量管理学[M].北京：科学出版社,2009.

[9] 斯宾塞.教育论[M].胡毅,译.北京：人民教育出版社,1962.

[10] 王铁.中国大百科全书·教育[M].北京：中国大百科全书出版社,1986.

[11] 吴也显.教学论新编[M].北京：教育科学出版社,1991.

[12] 张楚廷.教育哲学[M].北京：教育科学出版社,2006.

[13] 中国社会科学院语言研究所词典编辑室.现代汉语词典[M].上海：商务印书馆,2016.

[14] 钟启泉.现代课程论[M].上海：上海教育出版社,1989.

[15] 朱熹.朱子全书[M].上海：上海古籍出版社；合肥：安徽教育出版社,2010.

(二) 期刊

[1] 吕立杰,袁秋红.校本课程开发中的课程组织逻辑[J].教育研究,2014(9).

[2] 王海英.孔颖达《五经正义》与唐代文论[J].中国文学研究,2001(2).

[3] 王明伦.高职教育课程设置定位研究[J].中小学信息技术教育,2001(8).

[4] 袁振国.校长的文化使命[J].中小学校长谋略,2004(1).

(三) 其他

[1] 教育部.关于全面提高高等职业教育教学质量的若干意见(教高〔2000〕16号).

[2] 教育部.关于制订高职高专教育专业教学计划的原则意见(教高〔2000〕2号).

[3] 秦敬民.基于QFD的高校创业教育质量评价研究[D].天津:天津大学,2009.

[4] www.crs.jsj.edu.cn/index.php/default/index,中华人民共和国教育部中外合作办学监管工作信息平台.

二、外文文献

(一) 图书

[1] BARNETT R, COATE K. Engaging the curriculum in higher education. The Society for Research in Higher Education[M]. Maidenhead: Open University Press, 2005.

[2] KLEIN R L. New techniques for listening to the voice of the customer [M]. Transactions from the Second Symposium on Quality Function Deployment, 1990.

[3] MAZUR G H. QFD for service industries: From voice of customer to task deployment[M]. Transactions from the Fifth Symposium on Quality Function Deployment, 1993.

[4] MAZUR G. Voice of the customer table: A tutorial[M]. Transactions from the Fourth Symposium on Quality Function Deployment, 1992.

[5] MAZUR M, KURMAN R. Methods of Endometrial Evaluation[M]. Springer, New York, 1995.

[6] POSNER G. Analyzing the Curriculum[M]. 西安:陕西师范大学出版社,2005.

[7] REVELLE J B. Quality Essentials: A Reference from A to Z. Milwaukee [M]. Wis.: ASQ Quality Press, 2004.

[8] ROSS H, PARYANI K. QFD status in the U.S. automotive industry [M]. Transactions from the Seventh Symposium on Quality Function

Deployment, 1995.

[9] SHILLITO M L. Increasing product innovation effectiveness through QFD and value engineering[M]. Visions, PDMA's Product Development E-magazine, 1999.

[10] SMITH G F. Quality Problem Solving. Milwaukee[M]. Wis.: ASQ Quality Press, 1998.

[11] TWINING J. Vocational education and training in the United Kingdom [M]. European Centre for the Development of Vocational Training, Office for Official Publications of the European Communities, 1999.

[12] ULWICK A W. Turn customer input into innovation[M]. Harvard Business Review, 2002.

[13] WULWICK N. The Hamiltonian formalism and optimal growth theory [M]. 1995.

(二) 期刊

[1] AKAO Y. History of quality function deployment in Japan[J]. In ZELLER H J (Ed.). The Best on Quality: Targets, Improvement, Systems, Muchen: C. Hanser. 1990, 3: 183－194.

[2] BROVELLI M, MIGLIACCIO F. The direct estimation of the potential coefficients by biorthogonal sequences[J]. Annals of Geophysics, 1993, 36(5－6): 421－441. DOI: 10.4401/ag－4242.

[3] ECFOV Training. Vocational education and training in France: short description [J]. Office for Official Publications of the European Communities, 2000.

[4] GONZALEZ M E, QUESADA G, BAHILL A T. Improving product design using quality function deployment: The school furniture case in developing countries[J]. Quality Engineering, 2003, 76: 45－54.

[5] HEPLER C, MAZUR G. Finding customer delights using QFD[J]. Transactions from the Eighteenth Symposium on Quality Function Deployment, 2006, 5: 1－12.

[6] LOCKAMY A, KHURANA A. Quality Function Deployment: Total Quality Management for New Product Design[J]. International Journal of

Quality & Reliability Management, 1995, 12(6): 73-84.

[7] MAZUR G. Voice of the customer table: A tutorial[J]. Transactions from the Fourth Symposium on Quality Function Deployment, 1992, 11: 104-111.

[8] NAKUI S. Gaining the strategic advantage: Implementing proactive quality function deployment[J]. Transactions from the Fourth Symposium on Quality Function Deployment, 1992, 5: 361-368.

[9] NAYATANI Y, EIGA T, FUTAMI R, et al. The seven QC tools: New tools for a new era[J]. Total Quality Environmental Management, 1994, 9: 101-109.

[10] TAN B L, BENNETT D J. Development and application of an electronic-manufacturing selection framework for SMEs[J]. International Journal of Innovation and Technology Management, 2007, 4: 241-265.

[11] ULWICK A W. Turn Customer Input into Innovation[J]. Harvard Business Review, 2002, 80(1): 91-97.

[12] WHITE B. Using a spec document, the customer voice table, and a QFD matrix to generate a CTQ (critical to quality) list[J]. Transactions from the Eighteenth Symposium on Quality Function Deployment, 2006, 2: 41-53.

(三) 其他

[1] Alberta Education. Curriculum development processes, from knowledge to action. Retrieved from http://www.education.alberta.ca/media/6809242/d_chapter1.pdf, 2012.

[2] KATAYAMA M, OZEKI H, MAJIMA A. Six cases of CHARGE association, 1990.

[3] KRIEWALL T J, WIDIN G P. An Application of Quality Function Deployment to Medical Device Development[C]//Medical Instrument Design, IEEE Case Studies in IEEE, 1991.

[4] Training E. Vocational education and training in United Kingdom. CEDEFOP, European Centre for the Development of Vocational Training, 1999.

附　　录

附录 A　调查问卷

附录 A-1　职业教育中外合作办学专业课程体系构建现状调查问卷（学生卷）

亲爱的同学：

　　您好！

　　感谢您阅读这份问卷！本问卷是为了了解中外合作办学职业教育专业的课程设置而设计的。请您对问卷中的问题做如实、认真的回答，您的意见非常重要，将为进一步推进职业教育中外合作办学专业的课程设置及课程建设提供重要的参考数据。本调查问卷是无记名调查，仅供课题研究使用。我们承诺对您提供的信息保密。

　　对您填写该表所付出的时间和配合表示真挚的感谢！

　　说明：题目若无特殊说明均为单选，请在您认为合适的选项下打"√"。

第一部分　基 本 情 况

1. 您的性别：A. 男　　B. 女
2. 您的年级：A. 大一　　B. 大二　　C. 大三
3. 您就读学校所在地区：A. 华东地区　　B. 华南地区　　C. 华中地区　　D. 华北地区　　E. 西北地区　　F. 西南地区

第二部分　关于课程设置满意度的调查

4. 您认为对就业影响最大的因素是什么？
　　A. 专业广度　　B. 课程设置　　C. 职业指导　　D. 学校名声　　E. 专业能力

5. 您认为学校培养社会所需人才应当聚焦于哪个方面?

A. 传授专业理论知识

B. 培养学生的专业实践能力

C. 课程设置培养学生的综合素质

D. 培养学生的创业意识

6. 您对目前专业的课程设置是否满意?

A. 非常满意 B. 比较满意 C. 一般满意 D. 比较不满意 E. 非常不满意

7. 您对当前课程设置最不满意的是哪个方面?

A. 缺乏区别对待原则,没有突出职业教育专业的技术性和实用性特点

B. 课程目标与就业需求不衔接

C. 课程设置与培养目标不相符

D. 课程结构不合理

E. 课程内容缺乏创新性和超前意识

F. 课程学时和顺序安排不合理

第三部分 关于课程设置现状的调查

(一)课程设置依据(1. 非常不同意 2. 不同意 3. 一般 4. 同意 5. 非常同意)						
8.	职业教育中外合作办学专业课程体系构建的首要依据是学生的职业发展需求	1	2	3	4	5
9.	职业教育中外合作办学专业课程体系构建的首要依据是外国成功的办学经验	1	2	3	4	5
10.	职业教育中外合作办学专业课程体系构建的首要依据是区域性经济的特点	1	2	3	4	5
11.	职业教育中外合作办学专业课程体系构建的首要依据是课程发展的最新趋势	1	2	3	4	5
12.	职业教育中外合作办学专业课程体系构建的首要依据是学科知识系统	1	2	3	4	5
(二)课程目标(1. 非常不同意 2. 不同意 3. 一般 4. 同意 5. 非常同意)						
13.	课程目标十分明确	1	2	3	4	5
14.	课程目标中的要求与学生未来的求职或升学方向一致	1	2	3	4	5
15.	课程目标为专业课程体系构建提供了合理的依据	1	2	3	4	5

续 表

16.	课程目标能满足社会对专业人才培养的要求和期待	1	2	3	4	5
17.	课程目标能增加学生对已就读专业的信心和归属感	1	2	3	4	5
(三)课程结构(1.非常不同意 2.不同意 3.一般 4.同意 5.非常同意)						
18.	开设的课程类型具有多样性	1	2	3	4	5
19.	课程开设门类提供给学生很大的自由选择空间	1	2	3	4	5
20.	各类课程开设门类的数量和比例合理	1	2	3	4	5
21.	开设的课程门类满足了学生的学习需求和兴趣	1	2	3	4	5
22.	开设的课程门类更加灵活和实用	1	2	3	4	5
(四)课程内容(1.非常不同意 2.不同意 3.一般 4.同意 5.非常同意)						
23.	课程内容符合学生专业的学习需求	1	2	3	4	5
24.	课程内容能激发学生的学习兴趣	1	2	3	4	5
25.	课程内容具有学科前沿性	1	2	3	4	5
26.	课程内容具有很强的理论性和学术性	1	2	3	4	5
27.	课程内容具有实用性	1	2	3	4	5
(五)课程顺序(1.非常不同意 2.不同意 3.一般 4.同意 5.非常同意)						
28.	课程的学时安排合理	1	2	3	4	5
29.	课程开设的顺序包括逻辑性、衔接性等合理	1	2	3	4	5

对您的配合和支持再次表示诚挚的感谢!

附录A-2 职业教育中外合作办学专业课程体系构建现状调查问卷(教师卷)

尊敬的老师:

您好!

感谢您阅读这份问卷!本问卷是为了了解中外合作办学职业教育专业的课

程设置而设计的。请您对问卷中的问题做如实、认真的回答,您的意见非常重要,将为进一步推进职业教育中外合作办学专业的课程设置及课程建设提供重要的参考数据。本调查问卷是无记名调查,仅供课题研究使用。我们承诺对您提供的信息保密。

对您填写该表所付出的时间和配合表示真挚的感谢!

说明:题目若无特殊说明均为单选,请在您认为合适的选项下打"√"。

第一部分　基本情况

1. 您的性别:A. 男　B. 女
2. 您的年龄:A. 20—29 岁　B. 30—39 岁　C. 40—49 岁　D. 50 岁以上
3. 您的职务:A. 教师　B. 辅导员　C. 院系中高层干部　D. 其他
4. 您的学历:A. 专科　B. 本科　C. 硕士研究生　D. 博士研究生
5. 您工作学校所在地区:A. 华东地区　B. 华南地区　C. 华中地区　D. 华北地区　E. 西北地区　F. 西南地区

第二部分　关于课程设置满意度的调查

6. 您认为对就业影响最大的因素是什么?

A. 专业广度　B. 课程设置　C. 职业指导　D. 学校名声　E. 专业能力

7. 您认为学校培养社会所需人才应当聚焦于哪个方面?

A. 传授专业理论知识

B. 培养学生的专业实践能力

C. 课程设置培养学生的综合素质

D. 培养学生的创业意识

8. 您对目前专业的课程设置是否满意?

A. 非常满意　B. 比较满意　C. 一般满意　D. 比较不满意　E. 非常不满意

9. 您对当前课程设置最不满意的是哪个方面?

A. 缺乏区别对待原则,没有突出职业教育专业的技术性和实用性特点

B. 课程目标与就业需求不衔接

C. 课程设置与培养目标不相符

D. 课程结构不合理

E. 课程内容缺乏创新性和超前意识

F. 课程学时和顺序安排不合理

第三部分 关于课程设置现状的调查

（一）课程设置依据(1. 非常不同意 2. 不同意 3. 一般 4. 同意 5. 非常同意)

10.	职业教育中外合作办学专业课程体系构建的首要依据是学生的职业发展需求	1	2	3	4	5
11.	职业教育中外合作办学专业课程体系构建的首要依据是外国成功的办学经验	1	2	3	4	5
12.	职业教育中外合作办学专业课程体系构建的首要依据是区域性经济的特点	1	2	3	4	5
13.	职业教育中外合作办学专业课程体系构建的首要依据是课程发展的最新趋势	1	2	3	4	5
14.	职业教育中外合作办学专业课程体系构建的首要依据是学科知识系统	1	2	3	4	5

（二）课程目标(1. 非常不同意 2. 不同意 3. 一般 4. 同意 5. 非常同意)

15.	课程目标十分明确	1	2	3	4	5
16.	课程目标中的要求与学生未来的求职或升学方向一致	1	2	3	4	5
17.	课程目标为专业课程体系构建提供了合理的依据	1	2	3	4	5
18.	课程目标能满足社会对专业人才培养的要求和期待	1	2	3	4	5
19.	课程目标能增加学生对已就读专业的信心和归属感	1	2	3	4	5

（三）课程结构(1. 非常不同意 2. 不同意 3. 一般 4. 同意 5. 非常同意)

20.	开设的课程类型具有多样性	1	2	3	4	5
21.	课程开设门类提供给学生很大的自由选择空间	1	2	3	4	5
22.	各类课程开设门类的数量和比例合理	1	2	3	4	5
23.	开设的课程门类满足了学生的学习需求和兴趣	1	2	3	4	5
24.	开设的课程门类更加灵活和实用	1	2	3	4	5

（四）课程内容(1. 非常不同意 2. 不同意 3. 一般 4. 同意 5. 非常同意)

25.	课程内容符合学生专业的学习需求	1	2	3	4	5
26.	课程内容能激发学生的学习兴趣	1	2	3	4	5

续表

27.	课程内容具有学科前沿性	1	2	3	4	5
28.	课程内容具有很强的理论性和学术性	1	2	3	4	5
29.	课程内容具有实用性	1	2	3	4	5
（五）课程顺序(1. 非常不同意　2. 不同意　3. 一般　4. 同意　5. 非常同意)						
30.	课程的学时安排合理	1	2	3	4	5
31.	课程开设的顺序包括逻辑性、衔接性等合理	1	2	3	4	5

对您的配合和支持再次表示诚挚的感谢！

附录A-3　职业教育中外合作办学专业课程体系构建现状调查问卷(企业卷)

尊敬的先生/女士：

您好！

感谢您阅读这份问卷！本问卷是为了了解中外合作办学职业教育专业的课程设置而设计的。请您对问卷中的问题做如实、认真的回答，您的意见非常重要，将为进一步推进职业教育中外合作办学专业的课程设置及课程建设提供重要的参考数据。本调查问卷是无记名调查，仅供课题研究使用。我们承诺对您提供的信息保密。

对您填写该表所付出的时间和配合表示真挚的感谢！

说明：题目若无特殊说明均为单选，请在您认为合适的选项下打"√"。

第一部分　基本情况

1. 贵企业在本行业中属于哪种规模：A. 大型　B. 中型　C. 小型

2. 企业所有制性质：A. 民营企业　B. 国有企业　C. 外资　D. 合资公司　E. 其他(请注明)

3. 企业类型：A. 旅行社　B. 酒店　C. 旅游景区　D. 旅游协会、旅游局等机关事业单位

4. 企业所在地区：A. 华东地区　B. 华南地区　C. 华中地区　D. 华北地区　E. 西北地区　F. 西南地区

第二部分　关于课程设置满意度的调查

5. 您认为对就业影响最大的因素是什么？

A. 专业广度　B. 课程设置　C. 职业指导　D. 学校名声　E. 专业能力

6. 您认为学校培养社会所需人才应当聚焦于哪个方面？

A. 传授专业理论知识

B. 培养学生的专业实践能力

C. 课程设置培养学生的综合素质

D. 培养学生的创业意识

7. 贵企业对目前毕业生的工作能力是否满意？

A. 非常满意　B. 比较满意　C. 一般满意　D. 比较不满意　E. 非常不满意

8. 您对当前课程设置最不满意的是哪个方面？

A. 缺乏区别对待原则，没有突出职业教育专业的技术性和实用性特点

B. 课程目标与就业需求不衔接

C. 课程设置与培养目标不相符

D. 课程结构不合理

E. 课程内容缺乏创新性和超前意识

F. 课程学时和顺序安排不合理

9. 您认为该课程设置是否能培养出公司需要的人才？

A. 能　B. 有改进的空间　C. 不能　D. 不确定

第三部分　关于课程设置现状的调查

(一)课程设置依据(1.非常不同意　2.不同意　3.一般　4.同意　5.非常同意)						
10.	职业教育中外合作办学专业课程体系构建的首要依据是学生的职业发展需求	1	2	3	4	5
11.	职业教育中外合作办学专业课程体系构建的首要依据是外国成功的办学经验	1	2	3	4	5
12.	职业教育中外合作办学专业课程体系构建的首要依据是区域性经济的特点	1	2	3	4	5
13.	职业教育中外合作办学专业课程体系构建的首要依据是课程发展的最新趋势	1	2	3	4	5
14.	职业教育中外合作办学专业课程体系构建的首要依据是学科知识系统	1	2	3	4	5

续 表

(二)课程目标(1.非常不同意　2.不同意　3.一般　4.同意　5.非常同意)						
15.	课程目标十分明确	1	2	3	4	5
16.	课程目标中的要求与学生未来的求职或升学方向一致	1	2	3	4	5
17.	课程目标为专业课程体系构建提供了合理的依据	1	2	3	4	5
18.	课程目标能满足社会对专业人才培养的要求和期待	1	2	3	4	5
19.	课程目标能增加学生对已就读专业的信心和归属感	1	2	3	4	5
(三)课程结构(1.非常不同意　2.不同意　3.一般　4.同意　5.非常同意)						
20.	开设的课程类型具有多样性	1	2	3	4	5
21.	课程开设门类提供给学生很大的自由选择空间	1	2	3	4	5
22.	各类课程开设门类的数量和比例合理	1	2	3	4	5
23.	开设的课程门类满足了学生的学习需求和兴趣	1	2	3	4	5
24.	开设的课程门类更加灵活和实用	1	2	3	4	5
(四)课程内容(1.非常不同意　2.不同意　3.一般　4.同意　5.非常同意)						
25.	课程内容符合学生专业的学习需求	1	2	3	4	5
26.	课程内容能激发学生的学习兴趣	1	2	3	4	5
27.	课程内容具有学科前沿性	1	2	3	4	5
28.	课程内容具有很强的理论性和学术性	1	2	3	4	5
29.	课程内容具有实用性	1	2	3	4	5
(五)课程顺序(1.非常不同意　2.不同意　3.一般　4.同意　5.非常同意)						
30.	课程的学时安排合理	1	2	3	4	5
31.	课程开设的顺序包括逻辑性、衔接性等合理	1	2	3	4	5

对您的配合和支持再次表示诚挚的感谢!

附录 A-4　职业教育中外合作办学专业课程体系构建现状调查问卷(学生卷)

亲爱的同学：

您好！

感谢您阅读这份问卷！本问卷是为了了解中外合作办学职业教育专业的课程设置而设计的。请您对问卷中的问题做如实、认真的回答,您的意见非常重要,将为进一步推进职业教育中外合作办学专业的课程设置及课程建设提供重要的参考数据。本调查问卷是无记名调查,仅供课题研究使用。我们承诺对您提供的信息保密。

对您填写该表所付出的时间和配合表示真挚的感谢！

说明：题目若无特殊说明均为单选,请在您认为合适的选项下打"√"。

第一部分　基本情况

1. 您的性别：A. 男　B. 女
2. 您的年级：A. 大一　B. 大二　C. 大三
3. 您就读学校所在地区：A. 华东地区　B. 华南地区　C. 华中地区　D. 华北地区　E. 西北地区　F. 西南地区

第二部分　关于课程设置满意度的调查

4. 您认为对就业影响最大的因素是什么？

　　A. 专业广度　B. 课程设置　C. 职业指导　D. 学校名声　E. 专业能力

5. 您认为学校培养社会所需人才应当聚焦于哪个方面？

　　A. 传授专业理论知识

　　B. 培养学生的专业实践能力

　　C. 通过课程设置培养学生的综合素质

　　D. 培养学生的创业意识

6. 您对目前专业的课程设置是否满意？

　　A. 非常满意　B. 比较满意　C. 一般满意　D. 比较不满意　E. 非常不满意

7. 您对当前学校课程设置最不满意的是哪个方面？

　　A. 缺乏区别对待原则,没有突出职业教育专业的技术性和实用性特点

　　B. 课程目标与就业需求不衔接

　　C. 课程设置与培养目标不相符

D. 课程结构不合理

E. 课程内容缺乏创新性和超前意识

F. 课程学时和顺序安排不合理

第三部分 关于课程设置现状的调查

(一)课程设置依据(1. 非常不同意 2. 不同意 3. 一般 4. 同意 5. 非常同意)						
8.	职业教育中外合作办学专业课程体系构建的首要依据是学生的职业发展需求	1	2	3	4	5
9.	职业教育中外合作办学专业课程体系构建的首要依据是外国成功的办学经验	1	2	3	4	5
10.	职业教育中外合作办学专业课程体系构建的首要依据是区域性经济的特点	1	2	3	4	5
11.	职业教育中外合作办学专业课程体系构建的首要依据是课程发展的最新趋势	1	2	3	4	5
12.	职业教育中外合作办学专业课程体系构建的首要依据是学科知识系统	1	2	3	4	5
(二)课程目标(1. 非常不同意 2. 不同意 3. 一般 4. 同意 5. 非常同意)						
13.	课程目标十分明确	1	2	3	4	5
14.	课程目标中的要求与学生未来的求职或升学方向一致	1	2	3	4	5
15.	课程目标为专业课程体系构建提供了合理的依据	1	2	3	4	5
16.	课程目标能满足社会对专业人才培养的要求和期待	1	2	3	4	5
(三)课程结构(1. 非常不同意 2. 不同意 3. 一般 4. 同意 5. 非常同意)						
17.	开设的课程类型具有多样性	1	2	3	4	5
18.	各类课程开设门类的数量和比例合理	1	2	3	4	5
19.	开设的课程门类满足了学生的学习需求和兴趣	1	2	3	4	5
20.	开设的课程门类更加灵活和实用	1	2	3	4	5
(四)课程内容(1. 非常不同意 2. 不同意 3. 一般 4. 同意 5. 非常同意)						
21.	课程内容符合学生专业的学习需求	1	2	3	4	5

续　表

22.	课程内容具有学科前沿性	1	2	3	4	5
23.	课程内容具有很强的理论性和学术性	1	2	3	4	5
24.	课程内容具有实用性	1	2	3	4	5
(五)课程顺序(1.非常不同意　2.不同意　3.一般　4.同意　5.非常同意)						
25.	课程的学时安排合理	1	2	3	4	5
26.	课程开设的顺序包括逻辑性、衔接性等合理	1	2	3	4	5

对您的配合和支持再次表示诚挚的感谢!

附录 A-5　职业教育中外合作办学专业课程体系构建现状调查问卷(教师卷)

尊敬的老师:

　　您好!

　　感谢您阅读这份问卷!本问卷是为了了解中外合作办学职业教育专业的课程设置而设计的。请您对问卷中的问题做如实、认真的回答,您的意见非常重要,将为进一步推进职业教育中外合作办学专业的课程设置及课程建设提供重要的参考数据。本调查问卷是无记名调查,仅供课题研究使用,我们承诺对您提供的信息保密。

　　对您填写该表所付出的时间和配合表示真挚的感谢!

　　说明:题目若无特殊说明均为单选,请在您认为合适的选项下打"√"。

第一部分　基本情况

1. 您的性别: A. 男　B. 女
2. 您的年龄: A. 20—29 岁　B. 30—39 岁　C. 40—49 岁　D. 50 岁以上
3. 您的职务: A. 教师　B. 辅导员　C. 院系中高层干部　D. 其他
4. 您的学历: A. 专科　B. 本科　C. 硕士研究生　D. 博士研究生
5. 您工作学校所在地区: A. 华东地区　B. 华南地区　C. 华中地区　D. 华北地区　E. 西北地区　F. 西南地区

第二部分 关于课程设置满意度的调查

6. 您认为对就业影响最大的因素是什么?

   A. 专业广度　B. 课程设置　C. 职业指导　D. 学校名声　E. 专业能力

7. 您认为学校培养社会所需人才应当聚焦于哪个方面?

   A. 传授专业理论知识

   B. 培养学生的专业实践能力

   C. 通过课程设置培养学生的综合素质

   D. 培养学生的创业意识

8. 您对目前专业的课程设置是否满意?

   A. 非常满意　B. 比较满意　C. 一般满意　D. 比较不满意　E. 非常不满意

9. 您对当前课程设置最不满意的是哪个方面?

   A. 缺乏区别对待原则,没有突出职业教育专业的技术性和实用性特点

   B. 课程目标与就业需求不衔接

   C. 课程设置与培养目标不相符

   D. 课程结构不合理

   E. 课程内容缺乏创新性和超前意识

   F. 课程学时和顺序安排不合理

第三部分 关于课程设置现状的调查

(一)课程设置依据(1. 非常不同意　2. 不同意　3. 一般　4. 同意　5. 非常同意)						
10.	职业教育中外合作办学专业课程体系构建的首要依据是学生的职业发展需求	1	2	3	4	5
11.	职业教育中外合作办学专业课程体系构建的首要依据是外国成功的办学经验	1	2	3	4	5
12.	职业教育中外合作办学专业课程体系构建的首要依据是区域性经济的特点	1	2	3	4	5
13.	职业教育中外合作办学专业课程体系构建的首要依据是课程发展的最新趋势	1	2	3	4	5
14.	职业教育中外合作办学专业课程体系构建的首要依据是学科知识系统	1	2	3	4	5
(二)课程目标(1. 非常不同意　2. 不同意　3. 一般　4. 同意　5. 非常同意)						
15.	课程目标十分明确	1	2	3	4	5

续 表

16.	课程目标中的要求与学生未来的求职或升学方向一致	1	2	3	4	5
17.	课程目标为专业课程体系构建提供了合理的依据	1	2	3	4	5
18.	课程目标能满足社会对专业人才培养的要求和期待	1	2	3	4	5
(三)课程结构(1.非常不同意 2.不同意 3.一般 4.同意 5.非常同意)						
19.	开设的课程类型具有多样性	1	2	3	4	5
20.	各类课程开设门类的数量和比例合理	1	2	3	4	5
21.	开设的课程门类满足了学生的学习需求和兴趣	1	2	3	4	5
22.	开设的课程门类更加灵活和实用	1	2	3	4	5
(四)课程内容(1.非常不同意 2.不同意 3.一般 4.同意 5.非常同意)						
23.	课程内容符合学生专业的学习需求	1	2	3	4	5
24.	课程内容具有学科前沿性	1	2	3	4	5
25.	课程内容具有很强的理论性和学术性	1	2	3	4	5
26.	课程内容具有实用性	1	2	3	4	5
(五)课程顺序(1.非常不同意 2.不同意 3.一般 4.同意 5.非常同意)						
27.	课程的学时安排合理	1	2	3	4	5
28.	课程开设的顺序包括逻辑性、衔接性等合理	1	2	3	4	5

对您的配合和支持再次表示诚挚的感谢!

附录A-6 职业教育中外合作办学专业课程体系构建现状调查问卷(企业卷)

尊敬的先生/女士:

您好!

感谢您阅读这份问卷!本问卷是为了了解中外合作办学职业教育专业的课程设置而设计的。请您对问卷中的问题做如实、认真的回答,您的意见非常重要,将为进一步推进职业教育中外合作办学专业的课程设置及课程建设提供重要的参考数据。本调查问卷是无记名调查,仅供课题研究使用。我们承诺对您提供的信息保密。

对您填写该表所付出的时间和配合表示真挚的感谢！

说明：题目若无特殊说明均为单选，请在您认为合适的选项下打"√"。

第一部分　基本情况

1. 贵企业在本行业中属于哪种规模：A. 大型　B. 中型　C. 小型

2. 企业所有制性质：A. 民营企业　B. 国有企业　C. 外资　D. 合资公司　E. 其他(请注明)

3. 企业类型：A. 旅行社　B. 酒店　C. 旅游景区　D. 旅游协会、旅游局等机关事业单位

4. 企业所在地区：A. 华东地区　B. 华南地区　C. 华中地区　D. 华北地区　E. 西北地区　　F. 西南地区

第二部分　关于课程设置满意度的调查

5. 您认为对就业影响最大的因素是什么？

　A. 专业广度　B. 课程设置　C. 职业指导　D. 学校名声　E. 专业能力

6. 您认为学校培养社会所需人才应当聚焦于哪个方面？

　A. 传授专业理论知识

　B. 培养学生的专业实践能力

　C. 通过课程设置培养学生的综合素质

　D. 培养学生的创业意识

7. 贵企业对目前毕业生的工作能力是否满意？

　A. 非常满意　B. 比较满意　C. 一般满意　D. 比较不满意　E. 非常不满意

8. 您对当前课程设置最不满意的是哪个方面？

　A. 缺乏区别对待原则，没有突出职业教育专业的技术性和实用性特点

　B. 课程目标与就业需求不衔接

　C. 课程设置与培养目标不相符

　D. 课程结构不合理

　E. 课程内容缺乏创新性和超前意识

　F. 课程学时和顺序安排不合理

9. 您认为目前的课程设置是否能培养出公司需要的人才？

　A. 能　B. 有改进的空间　C. 不能　D. 不确定

第三部分 关于课程设置现状的调查

(一)课程设置依据(1.非常不同意 2.不同意 3.一般 4.同意 5.非常同意)						
10.	职业教育中外合作办学专业课程体系构建的首要依据是学生的职业发展需求	1	2	3	4	5
11.	职业教育中外合作办学专业课程体系构建的首要依据是外国成功的办学经验	1	2	3	4	5
12.	职业教育中外合作办学专业课程体系构建的首要依据是区域性经济的特点	1	2	3	4	5
13.	职业教育中外合作办学专业课程体系构建的首要依据是课程发展的最新趋势	1	2	3	4	5
14.	职业教育中外合作办学专业课程体系构建的首要依据是学科知识系统	1	2	3	4	5
(二)课程目标(1.非常不同意 2.不同意 3.一般 4.同意 5.非常同意)						
15.	课程目标十分明确	1	2	3	4	5
16.	课程目标中的要求与学生未来的求职或升学方向一致	1	2	3	4	5
17.	课程目标为专业课程体系构建提供了合理的依据	1	2	3	4	5
18.	课程目标能满足社会对专业人才培养的要求和期待	1	2	3	4	5
(三)课程结构(1.非常不同意 2.不同意 3.一般 4.同意 5.非常同意)						
19.	开设的课程类型具有多样性	1	2	3	4	5
20.	各类课程开设门类的数量和比例合理	1	2	3	4	5
21.	开设的课程门类满足了学生的学习需求和兴趣	1	2	3	4	5
22.	开设的课程门类更加灵活和实用	1	2	3	4	5
(四)课程内容(1.非常不同意 2.不同意 3.一般 4.同意 5.非常同意)						
23.	课程内容符合学生专业的学习需求	1	2	3	4	5
24.	课程内容具有学科前沿性	1	2	3	4	5
25.	课程内容具有很强的理论性和学术性	1	2	3	4	5
26.	课程内容具有实用性	1	2	3	4	5

续　表

（五）课程顺序(1.非常不同意　2.不同意　3.一般　4.同意　5.非常同意)					
27.	课程的学时安排合理	1	2	3	4	5
28.	课程开设的顺序包括逻辑性、衔接性等合理	1	2	3	4	5

对您的配合和支持再次表示诚挚的感谢！

附录 B 学生问卷调查数据分析

附录 B-1 独立样本检验

<table>
<tr><th rowspan="3"></th><th colspan="2">方差方程的 Levene 检验</th><th colspan="7">均值方程的 t 检验</th></tr>
<tr><th rowspan="2">F</th><th rowspan="2">Sig.</th><th rowspan="2">t</th><th rowspan="2">DF</th><th rowspan="2">Sig.
(双侧)</th><th rowspan="2">均值
差值</th><th rowspan="2">标准误
差值</th><th colspan="2">差分的 95% 置信区间</th></tr>
<tr><th>下限</th><th>上限</th></tr>
<tr><td>题8 假设方差相等
假设方差不相等</td><td>25.219</td><td>0.000</td><td>−47.675
−47.667</td><td>1 061
1 027.580</td><td>0.000
0.000</td><td>−1.958
−1.958</td><td>0.041
0.041</td><td>−2.038
−2.038</td><td>−1.877
−1.877</td></tr>
<tr><td>题9 假设方差相等
假设方差不相等</td><td>13.785</td><td>0.000</td><td>−39.762
−39.765</td><td>1 061
1 051.981</td><td>0.000
0.000</td><td>−1.748
−1.748</td><td>0.044
0.044</td><td>−1.834
−1.834</td><td>−1.662
−1.662</td></tr>
<tr><td>题10 假设方差相等
假设方差不相等</td><td>76.032</td><td>0.000</td><td>−61.860
−61.849</td><td>1 061
1 025.465</td><td>0.000
0.000</td><td>−2.594
−2.594</td><td>0.042
0.042</td><td>−2.676
−2.676</td><td>−2.511
−2.511</td></tr>
<tr><td>题11 假设方差相等
假设方差不相等</td><td>101.470</td><td>0.000</td><td>−42.528
−48.146</td><td>1 061
873.461</td><td>0.000
0.000</td><td>−1.958
−1.958</td><td>0.046
0.041</td><td>−2.048
−2.038</td><td>−1.868
−1.878</td></tr>
<tr><td>题12 假设方差相等
假设方差不相等</td><td>0.026</td><td>0.873</td><td>−37.711
−37.705</td><td>1 061
1 057.379</td><td>0.000
0.000</td><td>−1.664
−1.664</td><td>0.044
0.044</td><td>−1.750
−1.750</td><td>−1.577
−1.577</td></tr>
</table>

续 表

	方差方程的 Levene 检验		均值方程的 t 检验						
								差分的 95% 置信区间	
	F	Sig.	t	DF	Sig.（双侧）	均值差值	标准误差值	下限	上限
题13 假设方差相等 假设方差不相等	59.161	0.000	−38.671 −38.665	1 061 1 026.353	0.000 0.000	−1.616 −1.616	0.042 0.042	−1.698 −1.698	−1.534 −1.534
题14 假设方差相等 假设方差不相等	22.182	0.000	−38.437 −38.435	1 061 1 057.211	0.000 0.000	−1.484 −1.484	0.039 0.039	−1.560 −1.560	−1.408 −1.408
题15 假设方差相等 假设方差不相等	50.587	0.000	−47.289 −47.273	1 061 936.253	0.000 0.000	−1.644 −1.644	0.035 0.035	−1.712 −1.712	−1.575 −1.575
题16 假设方差相等 假设方差不相等	13.640	0.000	−44.138 −44.145	1 061 1 030.151	0.000 0.000	−1.621 −1.621	0.037 0.037	−1.693 −1.693	−1.549 −1.549
题17 假设方差相等 假设方差不相等	15.390	0.000	−1.948 −1.947	1 061 530.000	0.052 0.052	−0.013 −0.013	0.007 0.007	−0.026 −0.026	0.000 0.000
题18 假设方差相等 假设方差不相等	125.408	0.000	−38.319 −38.338	1 061 1 030.455	0.000 0.000	−1.550 −1.550	0.040 0.040	−1.629 −1.629	−1.470 −1.470
题19 假设方差相等 假设方差不相等	2.689	0.101	−1.635 −1.634	1 061 733.476	0.102 0.103	−0.008 −0.008	0.005 0.005	−0.017 −0.017	0.002 0.002
题20 假设方差相等 假设方差不相等	80.533	0.000	−37.645 −37.649	1 061 1 051.494	0.000 0.000	−1.466 −1.466	0.039 0.039	−1.543 −1.543	−1.390 −1.390
题21 假设方差相等 假设方差不相等	94.726	0.000	−35.092 −35.098	1 061 1 025.755	0.000 0.000	−1.517 −1.517	0.043 0.043	−1.602 −1.602	−1.432 −1.432

续 表

	方差方程的 Levene 检验		均值方程的 t 检验						差分的 95%置信区间	
	F	Sig.	t	DF	Sig.(双侧)	均值差值	标准误差值		下限	上限
题22 假设方差相等 假设方差不相等	53.632	0.000	−35.171 −35.175	1 061 1 049.895	0.000 0.000	−1.380 −1.380	0.039 0.039		−1.457 −1.457	−1.303 −1.303
题23 假设方差相等 假设方差不相等	65.852	0.000	−52.605 −52.633	1 061 1 026.309	0.000 0.000	−2.405 −2.405	0.046 0.046		−2.494 −2.494	−2.315 −2.315
题24 假设方差相等 假设方差不相等	1.344	0.247	−1.734 −1.733	1 061 953.881	0.083 0.083	−0.006 −0.006	0.003 0.003		−0.012 −0.012	0.001 0.001
题25 假设方差相等 假设方差不相等	21.176	0.000	−47.171 −47.194	1 061 1 033.995	0.000 0.000	−1.833 −1.833	0.039 0.039		−1.909 −1.909	−1.757 −1.757
题26 假设方差相等 假设方差不相等	0.681	0.410	−45.687 −45.684	1 061 1 057.681	0.000 0.000	−1.907 −1.907	0.042 0.042		−1.988 −1.988	−1.825 −1.825
题27 假设方差相等 假设方差不相等	162.843	0.000	−48.230 −48.250	1 061 885.786	0.000 0.000	−1.982 −1.982	0.041 0.041		−2.063 −2.063	−1.901 −1.901
题28 假设方差相等 假设方差不相等	652.333	0.000	−10.688 −10.678	1 061 530.000	0.000 0.000	−0.576 −0.576	0.054 0.054		−0.682 −0.682	−0.470 −0.470
题29 假设方差相等 假设方差不相等	753.997	0.000	−11.105 −11.095	1 061 530.000	0.000 0.000	−0.663 −0.663	0.060 0.060		−0.780 −0.780	−0.546 −0.546

附录 B-2 学生数据因子分析——公因子方差

题 项	初 始	提 取
题 8	1.000	0.850
题 9	1.000	0.728
题 10	1.000	0.747
题 11	1.000	0.722
题 12	1.000	0.685
题 13	1.000	0.852
题 14	1.000	0.848
题 15	1.000	0.827
题 16	1.000	0.803
题 17	1.000	0.749
题 18	1.000	0.818
题 19	1.000	0.799
题 20	1.000	0.793
题 21	1.000	0.590
题 22	1.000	0.815
题 23	1.000	0.826
题 24	1.000	0.791
题 25	1.000	0.815
题 26	1.000	0.796

提取方法：主成分分析

附录 B-3 学生数据因子分析——总的解释方差

成分	初始特征值			提取平方和载入			旋转平方和载入		
	合计	方差的百分比(%)	累计百分比(%)	合计	方差的百分比(%)	累计百分比(%)	合计	方差的百分比(%)	累计百分比(%)
题 8	7.758	40.832	40.832	7.758	40.832	40.832	3.433	18.070	18.070
题 9	2.829	14.889	55.721	2.829	14.889	55.721	3.340	17.577	35.648

续　表

成分	初始特征值			提取平方和载入			旋转平方和载入		
	合计	方差的百分比（％）	累计百分比（％）	合计	方差的百分比（％）	累计百分比（％）	合计	方差的百分比（％）	累计百分比（％）
题 10	1.997	10.508	66.229	1.997	10.508	66.229	3.312	17.433	53.081
题 11	1.305	6.869	73.097	1.305	6.869	73.097	2.994	15.759	68.839
题 12	0.966	5.086	78.183	0.966	5.086	78.183	1.775	9.343	78.183
题 13	0.594	3.126	81.309						
题 14	0.550	2.893	84.202						
题 15	0.389	2.045	86.247						
题 16	0.337	1.776	88.023						
题 17	0.312	1.640	89.663						
题 18	0.299	1.576	91.239						
题 19	0.268	1.412	92.651						
题 20	0.255	1.341	93.992						
题 21	0.229	1.207	95.199						
题 22	0.218	1.145	96.344						
题 23	0.205	1.078	97.422						
题 24	0.197	1.038	98.461						
题 25	0.170	0.893	99.354						
题 26	0.123	0.646	100.000						

提取方法：主成分分析

附录 B-4　成分矩阵

	成分				
	1	2	3	4	5
题 8	0.294	0.848	0.069	−0.188	−0.065
题 9	0.620	0.529	0.151	−0.199	−0.025
题 10	0.246	0.805	0.056	−0.170	−0.075
题 11	0.636	0.447	0.303	0.062	0.146

续 表

	成 分				
	1	2	3	4	5
题 12	0.606	0.524	0.167	−0.119	0.036
题 13	0.805	−0.132	−0.220	0.075	−0.365
题 14	0.796	−0.127	−0.178	0.070	−0.403
题 15	0.807	−0.116	−0.236	0.056	−0.321
题 16	0.791	−0.140	−0.216	0.071	−0.325
题 17	0.759	−0.096	−0.309	0.021	0.261
题 18	0.751	−0.097	−0.366	0.012	0.334
题 19	0.771	−0.095	−0.325	0.004	0.298
题 20	0.726	−0.074	−0.347	0.017	0.374
题 21	0.189	−0.460	0.573	−0.116	−0.011
题 22	0.677	−0.333	0.414	−0.273	0.024
题 23	0.623	−0.381	0.471	−0.259	0.065
题 24	0.657	−0.342	0.408	−0.273	0.024
题 25	0.375	0.102	0.371	0.725	−0.008
题 26	0.423	0.104	0.427	0.639	0.123

附录 B-5 旋转成分矩阵

因 子	题项	成 分				
		1	2	3	4	5
因子1：课程设置依据	题 8	−0.005	0.908	0.040	−0.153	0.006
	题 9	0.205	0.772	0.220	0.188	0.080
	题 10	−0.028	0.847	0.033	−0.168	0.000
	题 11	0.268	0.659	0.097	0.244	0.384
	题 12	0.230	0.741	0.171	0.168	0.159
因子2：课程目标	题 13	0.337	0.126	0.824	0.181	0.106
	题 14	0.286	0.138	0.832	0.204	0.114
	题 15	0.373	0.142	0.793	0.174	0.089

续 表

因　子	题项	成　分				
		1	2	3	4	5
因子3：课程结构	题16	0.355	0.116	0.786	0.186	0.104
	题17	0.763	0.123	0.352	0.148	0.080
	题18	0.833	0.108	0.310	0.115	0.054
	题19	0.802	0.128	0.335	0.151	0.065
	题20	0.835	0.120	0.258	0.107	0.067
因子4：课程内容	题21	−0.118	−0.180	−0.001	0.724	0.140
	题22	0.242	0.121	0.263	0.818	0.065
	题23	0.217	0.066	0.194	0.854	0.088
	题24	0.235	0.104	0.255	0.810	0.057
因子5：课程顺序	题25	0.030	0.095	0.166	0.069	0.879
	题26	0.117	0.146	0.070	0.168	0.853

成分转换矩阵

成分	1	2	3	4	5
1	0.571	0.368	0.569	0.403	0.229
2	−0.113	0.863	−0.158	−0.458	0.093
3	−0.471	0.199	−0.309	0.682	0.421
4	0.010	−0.284	0.107	−0.397	0.866
5	0.663	−0.025	−0.738	0.065	0.105

附录B-6　学生问卷的描述统计量

	N	极小值	极大值	均值	标准差	偏　度		峰　度	
	统计量	统计量	统计量	统计量	统计量	统计量	标准误	统计量	标准误
题8	1 063	1	5	2.56	1.186	0.287	0.075	−0.725	0.150
题9	1 063	1	5	2.99	1.130	0.106	0.075	−0.727	0.150
题10	1 063	1	5	2.52	1.466	0.220	0.075	−1.448	0.150

续 表

	N	极小值	极大值	均值	标准差	偏 度		峰 度	
	统计量	统计量	统计量	统计量	统计量	统计量	标准误	统计量	标准误
题 11	1 063	1	5	3.09	1.144	−0.058	0.075	−0.698	0.150
题 12	1 063	1	5	3.06	1.100	0.034	0.075	−0.630	0.150
题 13	1 063	1	5	3.33	1.057	−0.383	0.075	−0.126	0.150
题 14	1 063	1	5	3.35	0.973	−0.272	0.075	−0.006	0.150
题 15	1 063	1	5	3.46	0.998	−0.446	0.075	−0.002	0.150
题 16	1 063	1	5	3.44	1.008	−0.347	0.075	−0.069	0.150
题 17	1 063	1	5	3.23	1.017	−0.329	0.075	−0.238	0.150
题 18	1 063	1	5	3.25	0.970	−0.263	0.075	−0.157	0.150
题 19	1 063	1	5	3.26	1.035	−0.420	0.075	0.019	0.150
题 20	1 063	1	5	3.27	0.941	−0.342	0.075	0.164	0.150
题 21	1 063	1	5	2.71	1.415	−0.019	0.075	−1.430	0.150
题 22	1 063	1	5	3.43	1.114	−0.272	0.075	−0.578	0.150
题 23	1 063	1	5	3.34	1.171	−0.061	0.075	−0.947	0.150
题 24	1 063	1	5	3.46	1.196	−0.498	0.075	−0.432	0.150
题 25	1 063	1	5	1.29	0.925	3.187	0.075	8.863	0.150
题 26	1 063	1	5	1.33	1.028	2.971	0.075	7.248	0.150
有效的 N（列表状态）	1 063								

附录 C 教师问卷调查数据分析

附录 C-1 独立样本检验

	方差方程的 Levene 检验		均值方程的 t 检验					差分的 95%置信区间	
	F	Sig.	t	DF	Sig.(双侧)	均值差值	标准误差值	下限	上限
题 10 假设方差相等	235.681	0.000	−18.704	254	0.000	−1.961	0.105	−2.167	−1.754
假设方差不相等			−18.704	171.723	0.000	−1.961	0.105	−2.168	−1.754
题 11 假设方差相等	28.453	0.000	−18.920	254	0.000	−1.914	0.101	−2.113	−1.715
假设方差不相等			−18.920	242.264	0.000	−1.914	0.101	−2.113	−1.715
题 12 假设方差相等	3.936	0.048	−19.560	254	0.000	−1.987	0.102	−2.188	−1.787
假设方差不相等			−19.546	251.064	0.000	−1.987	0.102	−2.188	−1.787
题 13 假设方差相等	38.709	0.000	−12.987	254	0.000	−1.297	0.100	−1.494	−1.100
假设方差不相等			−12.987	178.262	0.000	−1.297	0.100	−1.494	−1.100
题 14 假设方差相等	185.879	0.000	−14.174	254	0.000	−1.703	0.120	−1.940	−1.466
假设方差不相等			−14.174	166.120	0.000	−1.703	0.120	−1.940	−1.466

续 表

	方差方程的 Levene 检验		均值方程的 t 检验					差分的 95%置信区间	
	F	Sig.	t	DF	Sig.(双侧)	均值差值	标准误差值	下限	上限
题15 假设方差相等	9.673	0.002	−2.997	254	0.003	−0.359	0.120	−0.595	−0.123
假设方差不相等			−2.997	251.252	0.003	−0.359	0.120	−0.595	−0.123
题16 假设方差相等	19.322	0.000	−16.613	254	0.000	−1.227	0.074	−1.372	−1.081
假设方差不相等			−16.613	232.618	0.000	−1.227	0.074	−1.372	−1.081
题17 假设方差相等	22.000	0.000	−19.059	254	0.000	−0.893	0.047	−0.986	−0.801
假设方差不相等			−19.097	240.541	0.000	−0.893	0.047	−0.985	−0.801
题18 假设方差相等	11.302	0.001	−13.171	254	0.000	−0.805	0.061	−0.925	−0.684
假设方差不相等			−13.171	253.409	0.000	−0.805	0.061	−0.925	−0.684
题19 假设方差相等	0.000	1.000	−1.414	254	0.159	−0.016	0.011	−0.037	0.006
假设方差不相等			−1.414	254.000	0.159	−0.016	0.011	−0.037	0.006
题20 假设方差相等	45.812	0.000	−11.377	254	0.000	−1.078	0.095	−1.265	−0.892
假设方差不相等			−11.377	189.645	0.000	−1.078	0.095	−1.265	−0.891
题21 假设方差相等	2.716	0.101	−1.637	254	0.103	−0.031	0.019	−0.069	0.006
假设方差不相等			−1.637	176.132	0.103	−0.031	0.019	−0.069	0.006
题22 假设方差相等	52.099	0.000	−11.002	254	0.000	−1.117	0.102	−1.317	−0.917
假设方差不相等			−11.002	175.002	0.000	−1.117	0.102	−1.318	−0.917
题23 假设方差相等	38.635	0.000	−13.383	254	0.000	−1.188	0.089	−1.362	−1.013
假设方差不相等			−13.383	199.844	0.000	−1.188	0.089	−1.362	−1.013

续 表

	方差方程的 Levene 检验		均值方程的 t 检验					差分的 95% 置信区间	
	F	Sig.	t	DF	Sig.(双侧)	均值差值	标准误差值	下限	上限
题24 假设方差相等	73.696	0.000	−11.758	254	0.000	−1.250	0.106	−1.459	−1.041
假设方差不相等			−11.758	169.698	0.000	−1.250	0.106	−1.460	−1.040
题25 假设方差相等	76.633	0.000	−12.937	254	0.000	−1.359	0.105	−1.566	−1.152
假设方差不相等			−13.005	177.549	0.000	−1.359	0.104	−1.565	−1.153
题26 假设方差相等	1.347	0.247	−1.737	254	0.084	−0.023	0.013	−0.050	0.003
假设方差不相等			−1.737	229.081	0.084	−0.023	0.013	−0.050	0.003
题27 假设方差相等	27.603	0.000	−12.226	254	0.000	−1.219	0.100	−1.415	−1.022
假设方差不相等			−12.226	183.444	0.000	−1.219	0.100	−1.415	−1.022
题28 假设方差相等	3.750	0.054	−16.337	254	0.000	−1.320	0.081	−1.479	−1.161
假设方差不相等			−16.337	202.464	0.000	−1.320	0.081	−1.480	−1.161
题29 假设方差相等	0.019	0.892	−18.062	254	0.000	−1.445	0.080	−1.603	−1.288
假设方差不相等			−18.062	220.096	0.000	−1.445	0.080	−1.603	−1.288
题30 假设方差相等	66.104	0.000	−3.669	254	0.000	−0.320	0.087	−0.492	−0.148
假设方差不相等			−3.669	127.000	0.000	−0.320	0.087	−0.493	−0.148
题31 假设方差相等	37.119	0.000	−2.858	254	0.005	−0.164	0.057	−0.277	−0.051
假设方差不相等			−2.858	127.000	0.005	−0.164	0.057	−0.278	−0.050

附录 C-2　教师数据因子分析——公因子方差

题　项	初　始	提　取
题 10	1.000	0.693
题 11	1.000	0.769
题 12	1.000	0.741
题 13	1.000	0.695
题 14	1.000	0.900
题 15	1.000	0.872
题 16	1.000	0.862
题 17	1.000	0.895
题 18	1.000	0.861
题 19	1.000	0.873
题 20	1.000	0.881
题 21	1.000	0.827
题 22	1.000	0.694
题 23	1.000	0.761
题 24	1.000	0.804
题 25	1.000	0.630
题 26	1.000	0.594
题 27	1.000	0.839
题 28	1.000	0.895

提取方法：主成分分析

附录 C-3　教师数据因子分析——总的解释方差

成分	初始特征值			提取平方和载入			旋转平方和载入		
	合计	方差的百分比（%）	累计百分比（%）	合计	方差的百分比（%）	累计百分比（%）	合计	方差的百分比（%）	累计百分比（%）
1	7.608	40.041	40.041	7.608	40.041	40.041	3.870	20.371	20.371
2	3.009	15.838	55.879	3.009	15.838	55.879	3.747	19.719	40.090

续 表

成分	初始特征值			提取平方和载入			旋转平方和载入		
	合计	方差的百分比（%）	累计百分比（%）	合计	方差的百分比（%）	累计百分比（%）	合计	方差的百分比（%）	累计百分比（%）
3	1.905	10.028	65.906	1.905	10.028	65.906	3.447	18.140	58.230
4	1.423	7.491	73.397	1.423	7.491	73.397	2.575	13.552	71.781
5	1.140	6.000	79.397	1.140	6.000	79.397	1.447	7.616	79.397
6	0.648	3.410	82.807						
7	0.576	3.033	85.840						
8	0.490	2.577	88.418						
9	0.463	2.437	90.854						
10	0.353	1.857	92.711						
11	0.324	1.705	94.416						
12	0.214	1.124	95.540						
13	0.197	1.039	96.579						
14	0.154	0.812	97.390						
15	0.131	0.688	98.079						
16	0.119	0.628	98.707						
17	0.108	0.567	99.274						
18	0.090	0.473	99.747						
19	0.048	0.253	100.000						

提取方法：主成分分析

附录 C-4 成分矩阵

	成分				
	1	2	3	4	5
题 10	0.569	0.048	0.514	0.111	−0.301
题 11	0.579	0.088	0.514	0.149	−0.375
题 12	0.549	−0.268	0.473	−0.121	−0.360
题 13	0.734	−0.249	0.185	−0.041	−0.241

续 表

	成 分				
	1	2	3	4	5
题 14	0.784	−0.233	−0.439	0.053	−0.186
题 15	0.748	−0.136	−0.499	0.103	−0.186
题 16	0.767	−0.158	−0.441	0.099	−0.211
题 17	0.752	−0.170	−0.536	0.033	−0.112
题 18	0.768	−0.275	0.314	−0.089	0.299
题 19	0.745	−0.347	0.090	−0.155	0.406
题 20	0.771	−0.302	0.136	−0.143	0.396
题 21	0.736	−0.412	0.087	−0.148	0.292
题 22	0.736	−0.315	0.181	−0.056	0.126
题 23	−0.088	0.841	0.017	−0.070	0.203
题 24	0.532	0.708	0.017	0.054	0.126
题 25	0.506	0.594	0.110	0.065	0.059
题 26	0.404	0.643	0.070	−0.086	0.070
题 27	0.634	0.652	−0.041	0.087	0.054
题 28	0.603	0.710	−0.101	0.048	0.122

附录 C-5　旋转成分矩阵

因　子	题项	成 分				
		1	2	3	4	5
因子 1：课程设置依据	题 10	0.884	0.101	0.078	0.080	−0.014
	题 11	0.764	0.070	0.084	0.186	0.007
	题 12	0.749	0.007	0.044	0.097	−0.147
	题 13	0.861	0.256	0.106	0.145	0.007
	题 14	0.914	0.226	0.089	0.034	−0.032
因子 2：课程目标	题 15	0.263	0.066	0.185	0.760	0.090
	题 16	0.292	0.092	0.117	0.807	0.105
	题 17	−0.051	0.146	0.311	0.781	−0.105

续 表

因　子	题项	成　分				
		1	2	3	4	5
因子3：课程结构	题18	0.071	0.421	0.398	0.594	−0.032
	题19	0.111	0.879	0.291	0.170	0.005
	题20	0.182	0.885	0.207	0.108	0.034
	题21	0.168	0.868	0.223	0.173	0.033
	题22	0.162	0.888	0.280	0.039	−0.016
因子4：课程内容	题23	0.162	0.170	0.819	0.361	0.062
	题24	0.098	0.288	0.872	0.141	0.010
	题25	0.149	0.265	0.868	0.184	0.017
	题26	0.017	0.338	0.817	0.213	0.000
因子5：课程顺序	题27	−0.214	−0.048	0.041	0.092	0.797
	题28	0.059	0.077	0.005	−0.030	0.867

成分转换矩阵

成分	1	2	3	4	5
1	0.451	0.574	0.548	0.408	0.011
2	0.870	−0.220	−0.405	−0.103	−0.143
3	0.021	−0.706	0.225	0.664	0.102
4	0.079	0.115	−0.244	0.054	0.958
5	0.183	−0.333	0.652	−0.616	0.226

附录C-6　教师问卷的描述统计量

	N	极小值	极大值	均值	标准差	偏　度		峰　度	
	统计量	统计量	统计量	统计量	统计量	统计量	标准误	统计量	标准误
题10	256	1	5	3.33	1.291	−0.727	0.152	−0.503	0.303
题11	256	1	5	3.20	1.254	−0.322	0.152	−0.697	0.303

续 表

	N	极小值	极大值	均值	标准差	偏 度		峰 度	
	统计量	统计量	统计量	统计量	统计量	统计量	标准误	统计量	标准误
题12	256	1	5	3.31	1.284	−0.246	0.152	−0.815	0.303
题13	256	1	5	3.68	1.028	−1.091	0.152	0.906	0.303
题14	256	1	5	3.65	1.284	−1.011	0.152	−0.076	0.303
题15	256	2	5	3.77	0.974	−0.362	0.152	−0.840	0.303
题16	256	2	5	3.98	0.852	−0.500	0.152	−0.390	0.303
题17	256	3	5	4.33	0.583	−0.215	0.152	−0.649	0.303
题18	256	3	5	4.06	0.633	−0.047	0.152	−0.492	0.303
题19	256	1	5	3.85	0.930	−1.294	0.152	1.957	0.303
题20	256	1	5	3.75	0.985	−1.424	0.152	2.083	0.303
题21	256	1	5	3.80	0.925	−0.890	0.152	0.661	0.303
题22	256	1	5	3.68	1.055	−1.249	0.152	1.107	0.303
题23	256	1	5	3.95	1.080	−1.375	0.152	1.485	0.303
题24	256	1	5	3.79	1.003	−1.305	0.152	1.872	0.303
题25	256	1	5	3.63	0.924	−0.699	0.152	0.561	0.303
题26	256	1	5	3.83	0.966	−0.685	0.152	0.583	0.303
题27	256	1	5	1.16	0.715	4.487	0.152	19.165	0.303
题28	256	1	4	1.08	0.466	5.688	0.152	31.405	0.303
有效的N（列表状态）	256								

附录 D 企业问卷调查数据分析

附录 D-1 独立样本检验

		方差方程的 Levene 检验		均值方程的 t 检验					差分的 95%置信区间	
		F	Sig.	t	DF	Sig.(双侧)	均值差值	标准误差值	下限	上限
题 10	假设方差相等	6.621	0.012	−16.161	98	0.000	−2.180	0.135	−2.448	−1.912
	假设方差不相等			−16.161	86.293	0.000	−2.180	0.135	−2.448	−1.912
题 11	假设方差相等	10.018	0.002	−14.013	98	0.000	−2.040	0.146	−2.329	−1.751
	假设方差不相等			−14.013	89.423	0.000	−2.040	0.146	−2.329	−1.751
题 12	假设方差相等	8.447	0.005	−15.434	98	0.000	−2.040	0.132	−2.302	−1.778
	假设方差不相等			−15.434	88.723	0.000	−2.040	0.132	−2.303	−1.777
题 13	假设方差相等	0.568	0.453	−16.724	98	0.000	−2.420	0.145	−2.707	−2.133
	假设方差不相等			−16.724	94.174	0.000	−2.420	0.145	−2.707	−2.133
题 14	假设方差相等	27.697	0.000	−14.287	98	0.000	−2.160	0.151	−2.460	−1.860
	假设方差不相等			−14.287	72.786	0.000	−2.160	0.151	−2.461	−1.859

续 表

	方差方程的 Levene 检验		均值方程的 t 检验					差分的 95% 置信区间	
	F	Sig.	t	DF	Sig.(双侧)	均值差值	标准误差值	下限	上限
题15 假设方差相等 假设方差不相等	1.536	0.218	−8.743 −8.768	98 96.973	0.000 0.000	−1.099 −1.099	0.126 0.125	−1.349 −1.348	−0.850 −0.850
题16 假设方差相等 假设方差不相等	7.987	0.006	−10.345 −10.345	98 91.425	0.000 0.000	−1.240 −1.240	0.120 0.120	−1.478 −1.478	−1.002 −1.002
题17 假设方差相等 假设方差不相等	14.264	0.000	−8.747 −8.747	98 83.105	0.000 0.000	−1.140 −1.140	0.130 0.130	−1.399 −1.399	−0.881 −0.881
题18 假设方差相等 假设方差不相等	4.322	0.040	−7.476 −7.476	98 91.807	0.000 0.000	−0.860 −0.860	0.115 0.115	−1.088 −1.088	−0.632 −0.632
题19 假设方差相等 假设方差不相等	0.000	1.000	−1.414 −1.414	98 98.000	0.160 0.160	−0.040 −0.040	0.028 0.028	−0.096 −0.096	0.016 0.016
题20 假设方差相等 假设方差不相等	2.767	0.099	−8.780 −8.780	98 94.053	0.000 0.000	−1.140 −1.140	0.130 0.130	−1.398 −1.398	−0.882 −0.882
题21 假设方差相等 假设方差不相等	1.370	0.245	−1.744 −1.744	98 88.683	0.084 0.085	−0.060 −0.060	0.034 0.034	−0.128 −0.128	0.008 0.008
题22 假设方差相等 假设方差不相等	0.015	0.902	−13.256 −13.256	98 97.936	0.000 0.000	−1.820 −1.820	0.137 0.137	−2.092 −2.092	−1.548 −1.548
题23 假设方差相等 假设方差不相等	5.021	0.027	−10.377 −10.377	98 95.966	0.000 0.000	−1.460 −1.460	0.141 0.141	−1.739 −1.739	−1.181 −1.181

续表

		方差方程的 Levene 检验		均值方程的 t 检验					差分的 95% 置信区间	
		F	Sig.	t	DF	Sig.（双侧）	均值差值	标准误差值	下限	上限
题 24	假设方差相等	0.955	0.331	−13.817	98	0.000	−2.120	0.153	−2.424	−1.816
	假设方差不相等			−13.817	97.842	0.000	−2.120	0.153	−2.424	−1.816
题 25	假设方差相等	2.666	0.106	−15.644	98	0.000	−2.280	0.146	−2.569	−1.991
	假设方差不相等			−15.644	97.792	0.000	−2.280	0.146	−2.569	−1.991
题 26	假设方差相等	1.370	0.245	−1.744	98	0.084	−0.060	0.034	−0.128	0.008
	假设方差不相等			−1.744	88.683	0.085	−0.060	0.034	−0.128	0.008
题 27	假设方差相等	82.211	0.000	−11.683	98	0.000	−1.960	0.168	−2.293	−1.627
	假设方差不相等			−11.683	65.299	0.000	−1.960	0.168	−2.295	−1.625
题 28	假设方差相等	4.365	0.039	−16.895	98	0.000	−2.040	0.121	−2.280	−1.800
	假设方差不相等			−16.895	91.804	0.000	−2.040	0.121	−2.280	−1.800
题 29	假设方差相等	3.228	0.075	−13.076	98	0.000	−2.120	0.162	−2.442	−1.798
	假设方差不相等			−13.076	95.620	0.000	−2.120	0.162	−2.442	−1.798
题 30	假设方差相等	11.764	0.001	−8.125	98	0.000	−0.780	0.096	−0.971	−0.589
	假设方差不相等			−8.125	96.887	0.000	−0.780	0.096	−0.971	−0.589
题 31	假设方差相等	16.773	0.000	−12.342	98	0.000	−1.200	0.097	−1.393	−1.007
	假设方差不相等			−12.342	86.607	0.000	−1.200	0.097	−1.393	−1.007

附录 D-2　企业数据因子分析——公因子方差

题　项	初　始	提　取
题 10	1.000	0.955
题 11	1.000	0.862
题 12	1.000	0.819
题 13	1.000	0.942
题 14	1.000	0.865
题 15	1.000	0.787
题 16	1.000	0.742
题 17	1.000	0.768
题 18	1.000	0.675
题 19	1.000	0.737
题 20	1.000	0.878
题 21	1.000	0.898
题 22	1.000	0.883
题 23	1.000	0.927
题 24	1.000	0.864
题 25	1.000	0.851
题 26	1.000	0.901
题 27	1.000	0.800
题 28	1.000	0.712

提取方法：主成分分析

附录 D-3　企业数据因子分析——总的解释方差

成分	初始特征值			提取平方和载入			旋转平方和载入		
	合计	方差的百分比(%)	累计百分比(%)	合计	方差的百分比(%)	累计百分比(%)	合计	方差的百分比(%)	累计百分比(%)
1	6.635	34.919	34.919	6.635	34.919	34.919	4.376	23.030	23.030
2	3.268	17.198	52.117	3.268	17.198	52.117	3.437	18.090	41.120
3	2.817	14.826	66.943	2.817	14.826	66.943	3.369	17.730	58.850

续 表

成分	初始特征值			提取平方和载入			旋转平方和载入		
	合计	方差的百分比（%）	累计百分比（%）	合计	方差的百分比（%）	累计百分比（%）	合计	方差的百分比（%）	累计百分比（%）
4	2.145	11.289	78.232	2.145	11.289	78.232	3.139	16.522	75.372
5	1.001	5.271	83.503	1.001	5.271	83.503	1.545	8.131	83.503
6	0.609	3.208	86.711						
7	0.488	2.570	89.280						
8	0.395	2.079	91.359						
9	0.305	1.608	92.967						
10	0.271	1.427	94.394						
11	0.217	1.142	95.536						
12	0.193	1.016	96.552						
13	0.175	0.921	97.473						
14	0.133	0.701	98.174						
15	0.125	0.657	98.831						
16	0.080	0.423	99.254						
17	0.072	0.381	99.635						
18	0.042	0.224	99.859						
19	0.027	0.141	100.000						

提取方法：主成分分析

附录 D-4　成分矩阵

	成分				
	1	2	3	4	5
题 10	0.840	0.028	−0.306	0.394	0.008
题 11	0.802	0.055	−0.305	0.344	−0.067
题 12	0.843	0.028	−0.237	0.212	−0.084
题 13	0.860	0.095	−0.233	0.372	−0.018
题 14	0.627	0.004	−0.323	0.598	0.102
题 15	−0.568	−0.134	0.188	0.529	−0.363
题 16	−0.629	−0.167	0.185	0.491	−0.210

续 表

	成 分				
	1	2	3	4	5
题 17	−0.720	−0.107	0.053	0.453	−0.175
题 18	−0.588	−0.138	0.154	0.504	−0.180
题 19	−0.282	0.801	0.026	0.068	0.106
题 20	−0.218	0.902	−0.018	0.099	−0.081
题 21	−0.300	0.898	−0.020	0.018	0.034
题 22	−0.139	0.920	−0.020	0.132	−0.013
题 23	0.652	0.151	0.683	0.113	0.024
题 24	0.275	0.004	0.886	0.041	−0.041
题 25	0.583	0.040	0.693	0.162	0.059
题 26	0.564	0.076	0.759	−0.013	0.049
题 27	−0.407	−0.115	0.035	0.377	0.691
题 28	−0.549	−0.168	0.100	0.370	0.485

附录 D-5　旋转成分矩阵

因 子	题项	成 分				
		1	2	3	4	5
因子 1：课程设置依据	题 10	0.938	0.104	−0.082	−0.222	−0.088
	题 11	0.884	0.084	−0.056	−0.208	−0.166
	题 12	0.804	0.147	−0.105	−0.295	−0.231
	题 13	0.916	0.181	−0.024	−0.233	−0.128
	题 14	0.920	0.024	−0.042	−0.014	0.124
因子 2：课程目标	题 15	−0.140	−0.031	0.021	0.875	0.031
	题 16	−0.208	−0.060	0.000	0.816	0.174
	题 17	−0.241	−0.214	0.073	0.786	0.202
	题 18	−0.159	−0.066	0.023	0.780	0.190
因子 3：课程结构	题 19	−0.117	−0.021	0.843	0.019	0.107
	题 20	−0.028	−0.031	0.930	0.067	−0.078
	题 21	−0.136	−0.070	0.935	0.001	0.018

续 表

因子	题项	成分				
		1	2	3	4	5
因子4：课程内容	题22	0.047	0.007	0.938	0.015	−0.028
	题23	0.268	0.905	0.032	−0.163	−0.088
	题24	−0.120	0.916	−0.052	0.070	−0.049
	题25	0.240	0.884	−0.057	−0.090	−0.010
	题26	0.097	0.921	−0.038	−0.191	−0.076
因子5：课程顺序	题27	−0.080	−0.079	0.018	0.183	0.868
	题28	−0.206	−0.090	−0.013	0.364	0.727

成分转换矩阵

成分	1	2	3	4	5
1	0.689	0.405	−0.185	−0.511	−0.257
2	0.059	0.074	0.977	−0.162	−0.106
3	−0.379	0.905	−0.010	0.185	0.049
4	0.615	0.098	0.108	0.691	0.352
5	−0.016	0.037	0.021	−0.449	0.892

附录D-6　企业问卷的描述统计量

	N	极小值	极大值	均值	标准差	偏　度		峰　度	
	统计量	统计量	统计量	统计量	统计量	统计量	标准误	统计量	标准误
题10	100	1	5	2.81	1.285	0.276	0.241	−1.034	0.478
题11	100	1	5	2.98	1.255	0.257	0.241	−1.002	0.478
题12	100	1	5	2.54	1.218	0.367	0.241	−0.695	0.478
题13	100	1	5	2.73	1.413	0.187	0.241	−1.271	0.478
题14	100	1	5	2.44	1.321	0.535	0.241	−0.830	0.478
题15	100	1	5	3.03	0.834	0.263	0.241	0.248	0.478

续 表

	N	极小值	极大值	均值	标准差	偏 度		峰 度	
	统计量	统计量	统计量	统计量	统计量	统计量	标准误	统计量	标准误
题16	100	1	5	2.94	0.862	0.503	0.241	−0.146	0.478
题17	100	2	5	3.17	0.865	0.616	0.241	−0.072	0.478
题18	100	2	5	3.03	0.717	0.627	0.241	0.804	0.478
题19	100	1	5	2.89	0.863	−0.265	0.241	0.198	0.478
题20	100	1	5	3.01	1.141	0.022	0.241	−0.837	0.478
题21	100	1	5	2.89	1.014	0.284	0.241	−0.167	0.478
题22	100	1	5	3.14	1.311	−0.017	0.241	−1.092	0.478
题23	100	1	5	2.80	1.356	0.025	0.241	−1.255	0.478
题24	100	1	5	2.70	1.291	0.696	0.241	−0.611	0.478
题25	100	1	5	2.68	1.188	0.206	0.241	−0.972	0.478
题26	100	1	5	2.82	1.336	0.208	0.241	−0.992	0.478
题27	100	2	4	2.89	0.618	0.070	0.241	−0.372	0.478
题28	100	2	5	2.78	0.773	0.672	0.241	−0.175	0.478
有效的N（列表状态）	100								

附录 E 课程设置意见咨询表

附录 E-1 职业教育中外合作办学旅游管理专业课程目标顾客意见咨询表(AHP)

亲爱的同学/老师/企业任职人员：

您好！

本问卷谨请教您对职业教育中外合作办学旅游管理专业课程目标的意见。请您对课程目标进行两两比较，根据表1中的标准对课程目标的相关度进行判定，并填写相应的数值。本次调查所有信息与答案仅用做学术研究，并确保信息的保密性。衷心感谢您的支持与合作！

表1 职业教育旅游管理专业课程体系构建目标的层次结构

一次配置	二次配置	三次配置
职业教育旅游管理专业课程体系构建目标	通用性职业素质	思想政治素质
		职业道德素质
		身体素质
		心理素质
		计算机应用素质
		语言运用素质
	关键性职业素质	旅游产品设计素质
		营销素质
		客户管理素质
		旅游法规认知素质
		组织运行旅游团队素质
		财务知识
		与旅游行业相关的知识

续表

一次配置	二次配置	三次配置
	方法性职业素质	信息获取与处理素质
		独立思考与决策素质
		学习掌握新技术素质
		交际与沟通素质
	发展性职业素质	继续学习素质
		创造创新素质
		职业适应素质
		自主创业素质

表2 评分标准表

定义标度说明		
同等重要	1	两个指标具有相同的重要性
稍微重要	3	两个指标中一个指标比另一个指标稍微重要,反之为1/3
明显重要	5	两个指标中一个指标比另一个指标明显重要,反之为1/5
强烈重要	7	两个指标中一个指标比另一个指标强烈重要,反之为1/7
绝对重要	9	两个指标中一个指标比另一个指标极度重要,反之为1/9
2、4、6、8表示上述相邻判断的中间值		

按表2所示评分标准,例如,A1比A2极度重要,A1比A3明显重要,A3比A2稍微重要,在矩阵中应如表3所示进行填写("/"表示无须填写)。

表3 评分示例

矩阵	A1	A2	A3
A1	1	9	5
A2	/	1	1/3
A3	/	/	1

表 4　课程目标二次配置的权重判断矩阵

判 断 矩 阵	通用性职业素质	专业性职业素质	方法性职业素质	发展性职业素质	W_i
通用性职业素质	1				
关键性职业素质	/	1			
方法性职业素质	/	/	1		
发展性职业素质	/	/	/	1	

表 5　通用性职业素质权重判断矩阵

通用性职业素质	思想政治素质	职业道德素质	身体素质	心理素质	计算机应用素质	语言运用素质
思想政治素质	1					
职业道德素质	/	1				
身体素质	/	/	1			
心理素质	/	/	/	1		
计算机应用素质	/	/	/	/	1	
语言运用素质	/	/	/	/	/	1

表 6　专业性职业素质权重判断矩阵

专业性职业素质	旅游产品设计素质	营销素质	客户管理素质	旅游法规认知素质	组织运行旅游团队素质	财务知识	与旅游行业相关的知识	W_i
旅游产品设计素质	1							
营销素质	/	1						
客户管理素质	/	/	1					
旅游法规认知素质	/	/	/	1				
组织运行旅游团队素质	/	/	/	/	1			

续表

专业性职业素质	旅游产品设计素质	营销素质	客户管理素质	旅游法规认知素质	组织运行旅游团队素质	财务知识	与旅游行业相关的知识	W_i
财务知识	/	/	/	/	/	1		
与旅游行业相关的知识	/	/	/	/	/	/	1	

表7　方法性职业素质权重判断矩阵

方法性职业素质	信息获取与处理素质	独立思考与决策素质	学习掌握新技术素质	交际与沟通素质	W_i
信息获取与处理素质	1				
独立思考与决策素质	/	1			
学习掌握新技术素质	/	/	1		
交际与沟通素质	/	/	/	1	

表8　发展性职业素质权重判断矩阵

发展性职业素质	持续学习素质	创造创新素质	职业适应素质	自主创业素质
持续学习素质	1			
创造创新素质	/	1		
职业适应素质	/	/	1	
自主创业素质	/	/	/	1

附录 E-2　职业教育中外合作办学旅游管理专业课程目标与课程结构及课程内容相关度意见咨询表(AHP)

亲爱的同学/老师/企业任职人员：

您好！

本问卷谨请教您对职业教育中外合作办学旅游管理专业课程目标与课

程结构及课程内容相关度的意见。请您对课程目标进行两两比较,根据表1中的标准对课程目标的相关度进行判定,并填写相应的数值。本次调查所有信息与答案仅用做学术研究,并确保信息的保密性。衷心感谢您的支持与合作!

表1 评分标准

非常有帮助	5
很有帮助	3
有些帮助	1
几乎无帮助	0

1. 您认为课程"思想道德修养与法律基础"对提高通用性职业素质(思想政治素质、职业道德素质、身体素质、心理素质、计算机应用素质、语言运用素质)有多大程度的帮助:

课程目标	相关程度			
	非常有帮助	很有帮助	有些帮助	几乎无帮助
思想政治素质				
职业道德素质				
身体素质				
心理素质				
计算机应用素质				
语言运用素质				

2. 您认为课程"思想道德修养与法律基础"对提高关键性职业素质(旅游产品设计素质、营销素质、客户管理素质、旅游法规认知素质、组织运行旅游团队素质、财务知识、与旅游行业相关的知识、信息获取与处理素质、独立思考与决策素质、学习掌握新技术素质、交际与沟通素质)有多大程度的帮助:

课程目标	相关程度			
	非常有帮助	很有帮助	有些帮助	几乎无帮助
旅游产品设计素质				
营销素质				
客户管理素质				
旅游法规认知素质				
组织运行旅游团队素质				
财务知识				
与旅游行业相关的知识				
信息获取与处理素质				
独立思考与决策素质				
学习掌握新技术素质				
交流与沟通素质				

3. 您认为课程"思想道德修养与法律基础"对提高发展性职业素质(持续学习素质、创造创新素质、职业适应素质、自主创业素质)有多大程度的帮助:

课程目标	相关程度			
	非常有帮助	很有帮助	有些帮助	几乎无帮助
持续学习素质				
创造创新素质				
职业适应素质				
自主创业素质				

附录 E-3　职业教育中外合作办学旅游管理专业课程相关关系意见咨询表(AHP)

亲爱的同学/老师/企业任职人员：

您好！

本问卷谨请教您对职业教育中外合作办学旅游管理专业课程相关关系的意见。请您对课程目标进行两两比较，根据表1中的标准对课程目标的相关度进行判定，并填写相应的数值。本次调查所有信息与答案仅用做学术研究，并确保信息的保密性。衷心感谢您的支持与合作！

表1　0—9级关联程度表

评价等级	关联关系
0	两者之间不相关
1	两者之间有微弱的关系
3	两者之间有较弱的关系
5	两者之间有一般的关系
7	两者之间有密切的关系
9	两者之间有非常密切的关系
2,4,6,8 表示上述相邻判断的中间值	

按表1所示评分标准，例如，A1与A2非常密切相关，A1与A3关系一般，A3与A2关系较弱，在矩阵中如下填写（"/"表示无须填写）：

表2　评分示例

矩　阵	A1	A2	A3
A1	1	9	5
A2	/	1	1/3
A3	/	/	1

附 录

表3 通用素质课自相关关系矩阵

通用素质课	国防教育	形式与政策	大学生就业指导	思想道德修养与法律基础	毛泽东思想和中国特色社会主义理论体系概论	大学英语	英语听力与口语	商务英语	计算机应用基础	体育
国防教育	1									
形式与政策	/	1								
大学生就业指导	/	/	1							
思想道德修养与法律基础	/	/	/	1						
毛泽东思想和中国特色社会主义理论体系	/	/	/	/	1					
大学英语	/	/	/	/	/	1				
英语听力与口语	/	/	/	/	/	/	1			
商务英语	/	/	/	/	/	/	/	1		
计算机应用基础	/	/	/	/	/	/	/	/	1	
体育	/	/	/	/	/	/	/	/	/	1

表4 通用素质课与专业素质课相关关系矩阵

专业素质课 通用素质课	旅游经济学	旅游学概论	旅游会计	旅游法律法规	旅游及休闲产业产品介绍	旅游项目管理	消费者行为学	服务管理	旅游营销学	人力资源管理
国防教育										
形势与政策										

续 表

专业素质课\通用素质课	旅游经济学	旅游学概论	旅游会计	旅游法律法规	旅游及休闲产业产品介绍	旅游项目管理	消费者行为学	服务管理	旅游营销学	人力资源管理
大学生就业指导										
思想道德修养与法律基础										
毛泽东思想和中国特色社会主义理论体系概论										
大学英语										
英语听力与口语										
商务英语										
计算机应用基础										
体育										

表 5　通用素质课与方法素质课相关关系矩阵

方法素质课\通用素质课	科学与逻辑方法论	决策方法	应用统计学	旅游公关礼仪	应用信息技术	电子旅游管理	跨文化管理	沟通技巧	互联网思维
国防教育									
形式与政策									
大学生就业指导									
思想道德修养与法律基础									

续　表

通用素质课＼方法素质课	科学与逻辑方法论	决策方法	应用统计学	旅游公关礼仪	应用信息技术	电子旅游管理	跨文化管理	沟通技巧	互联网思维
毛泽东思想和中国特色社会主义理论体系概论									
大学英语									
英语听力与口语									
商务英语									
计算机应用基础									
体育									

表6　通用素质课与发展素质课相关关系矩阵

通用素质课＼发展素质课	创新教育基础与实践	批判性思维	大学生创业基础	学习力与反思力	职业与人生	情绪管理	感恩与职场
国防教育							
形式与政策							
大学生就业指导							
思想道德修养与法律基础							
毛泽东思想和中国特色社会主义理论体系概论							
大学英语							
英语听力与口语							

续 表

通用素质课 \ 发展素质课	创新教育基础与实践	批判性思维	大学生创业基础	学习力与反思力	职业与人生	情绪管理	感恩与职场
商务英语							
计算机应用基础							
体育							

表7　专业素质课自相关关系矩阵

专业素质课	旅游经济学	旅游学概论	旅游会计	旅游法律法规	旅游及休闲产业产品介绍	旅游项目管理	消费者行为学	服务管理	旅游营销学	人力资源管理
旅游经济学	1									
旅游学概论	/	1								
旅游会计	/	/	1							
旅游法律法规	/	/	/	1						
旅游及休闲产业产品介绍	/	/	/	/	1					
旅游项目管理	/	/	/	/	/	1				
消费者行为学	/	/	/	/	/	/	1			
服务管理	/	/	/	/	/	/	/	1		
旅游营销学	/	/	/	/	/	/	/	/	1	
人力资源管理	/	/	/	/	/	/	/	/	/	1

表8 专业素质课与方法素质课相关关系矩阵

专业素质课＼方法素质课	科学与逻辑方法论	决策方法	应用统计学	旅游公关礼仪	应用信息技术	电子旅游管理	跨文化管理	沟通技巧	互联网思维
旅游经济学									
旅游学概论									
旅游会计									
旅游法律法规									
旅游及休闲产业产品介绍									
旅游项目管理									
消费者行为学									
服务管理									
旅游营销学									
人力资源管理									

表9 专业素质课与发展素质课相关关系矩阵

专业素质课＼发展素质课	创新教育基础	批判性思维	大学生创业基础	学习力与反思力	职业与人生	情绪管理	感恩与职场
旅游经济学							
旅游学概论							
旅游会计							
旅游法律法规							
旅游及休闲产业产品介绍							
旅游项目管理							
消费者行为学							

续 表

专业素质课 \ 发展素质课	创新教育基础	批判性思维	大学生创业基础	学习力与反思力	职业与人生	情绪管理	感恩与职场
服务管理							
旅游营销学							
人力资源管理							

表10 方法素质课自相关关系矩阵

方法素质课	科学与逻辑方法论	决策方法	应用统计学	旅游公关礼仪	应用信息技术	电子旅游管理	跨文化管理	沟通技巧	互联网思维
科学与逻辑方法论	1								
决策方法	/	1							
应用统计学	/	/	1						
旅游公关礼仪	/	/	/	1					
应用信息技术	/	/	/	/	1				
电子旅游管理	/	/	/	/	/	1			
跨文化管理	/	/	/	/	/	/	1		
沟通技巧	/	/	/	/	/	/	/	1	
互联网思维	/	/	/	/	/	/	/	/	1

表11 方法素质课与发展素质课相关关系矩阵

方法素质课 \ 发展素质课	创新教育基础与实践	批判性思维	大学生创业基础	学习力与反思力	职业与人生	情绪管理	感恩与职场
科学与逻辑方法论							
决策方法							

续　表

方法素质课＼发展素质课	创新教育基础与实践	批判性思维	大学生创业基础	学习力与反思力	职业与人生	情绪管理	感恩与职场
应用统计学							
旅游公关礼仪							
应用信息技术							
电子旅游管理							
跨文化管理							
沟通技巧							
互联网思维							

表12　发展素质课自相关关系矩阵

发展素质课	创新教育基础与实践	批判性思维	大学生创业基础	学习力与反思力	职业与人生	情绪管理	感恩与职场
创新教育基础与实践	1						
批判性思维	/	1					
大学生创业基础	/	/	1				
学习力与反思力	/	/	/	1			
职业与人生	/	/	/	/	1		
情绪管理	/	/	/	/	/	1	
感恩与职场	/	/	/	/	/	/	1

后 记

本书的研究始于 2016 年，历经数年的探索与沉淀，终于付梓出版。尽管从研究到出版存在一定的时间滞后，但我坚信，它对于当下的职业教育中外合作办学仍有着重要的借鉴意义。

教育的发展是一个渐进的过程，并非一蹴而就，职业教育中外合作办学亦是如此。在过去的这些年里，教育领域不断变革，新的理念、方法和技术层出不穷，但本书中所阐述的基本原理以及构建的中外合作办学专业课程设置模型，依然具有坚实的理论基础和实践价值。这些原理和模型是在深入研究和实践的基础上总结提炼而成的，它们反映了职业教育中外合作办学的内在规律和本质要求，能够为当前及未来的教育实践提供有益的指导和参考。

在本书的撰写过程中，我参考了大量的文献资料。由于本书以实践研究为主，为了行文的流畅性和简洁性，在正文中未对参考文献进行详细注释，而是统一列于书后。这些文献是众多教育研究者和实践者智慧的结晶，它们为我的研究提供了丰富的理论支持和实践经验借鉴，在此向所有的作者表示衷心的感谢。

在研究过程中，我得到了许多人的帮助和支持，在此我要向他们表达诚挚的谢意。首先，要感谢参与本项研究的各位同行和专家，他们与我分享了宝贵的经验和见解，为研究的开展提供了诸多便利和指导。其次，要感谢参与调研的各职业院校及合作办学机构的师生们，他们积极配合我的调查工作，为我提供了大量真实可靠的数据和案例，使得本书的研究更加贴近实际、更具说服力。此外，还要感谢我的家人和朋友，他们在我撰写本书的过程中给予了我无尽的鼓励和支持，让我能够在繁忙的工作之余坚持完成这项研究。

由于本人的能力和水平有限，书中难免存在一些疏漏和不足之处，恳请广大读者批评指正。同时，我也深知职业教育中外合作办学是一个不断发展和变化的领域，还有许多问题值得进一步深入研究。在未来的工作中，我将继续关注这一领域的发展动态,不断深化对职业教育中外合作办学专业课程设置的研究,努力完善和丰富相关理论与实践成果,为推动我国职业教育的国际化发展贡献自己的力量。

希望本书能够为从事职业教育中外合作办学的教育工作者、研究者以及相关管理人员提供一些启示和帮助,也期待更多的人能够关注和投身于这一具有重要意义的教育事业中,共同推动我国职业教育的改革与发展,为培养具有国际视野和竞争力的高素质职业技术人才贡献力量。